本书系中国社会科学院新疆智库委托课题"中外关系视野下的新疆历史和现实问题研究"的阶段性成果

清入关前步兵研究

张建 著

中国社会科学出版社

图书在版编目(CIP)数据

清入关前步兵研究/张建著. —北京：中国社会科学出版社，2023.4
（2025.2 重印）
ISBN 978-7-5227-1703-6

Ⅰ.①清… Ⅱ.①张… Ⅲ.①步兵—军队史—中国—清代
Ⅳ.①E292

中国国家版本馆 CIP 数据核字（2023）第 068095 号

| 出 版 人 | 赵剑英 |
| --- | --- |
| 责任编辑 | 吴丽平 |
| 责任校对 | 吴焕超 |
| 责任印制 | 李寡寡 |

| 出　　版 | 中国社会科学出版社 |
| --- | --- |
| 社　　址 | 北京鼓楼西大街甲 158 号 |
| 邮　　编 | 100720 |
| 网　　址 | http://www.csspw.cn |
| 发 行 部 | 010-84083685 |
| 门 市 部 | 010-84029450 |
| 经　　销 | 新华书店及其他书店 |

| 印　　刷 | 北京君升印刷有限公司 |
| --- | --- |
| 装　　订 | 廊坊市广阳区广增装订厂 |
| 版　　次 | 2023 年 4 月第 1 版 |
| 印　　次 | 2025 年 2 月第 3 次印刷 |

| 开　　本 | 880×1230　1/32 |
| --- | --- |
| 印　　张 | 12 |
| 字　　数 | 280 千字 |
| 定　　价 | 78.00 元 |

凡购买中国社会科学出版社图书，如有质量问题请与本社营销中心联系调换
电话：010-84083683
版权所有　侵权必究

# 序 一

张建《清入关前步兵研究》一书即将付梓，请我作序，乃欣然应之。我与张建相识，始于 2011 年 7 月首届两岸历史文化研习营，主题是"满学与清史研究"。以研习营形式推进两岸学术交流，在当时还是一个新鲜事，一批青年才俊由此脱颖而出。翌年 5 月，张建于南开大学历史学院举行博士学位答辩，导师常建华教授邀我到校主持。张建顺利通过答辩，申请到近代史所做我的博士后，两年后出站并留所工作。这样，我们就走到了一起。同在一个研究室，且同样专注于清史、满族史、八旗史研究，共同话题自然很多。当时，我的导师蔡美彪先生已近耄耋，仍坚持每日到所。我们师徒三人，同处一个屋檐下，切磋学问，纵论古今，坐拥书海，倒也其乐融融。如今，光阴荏苒，物故人非，唯有脑海中的记忆仍时时浮现，宛如昨日。

2015 年，我从近代史所退休，从此凡与近代史所的公私事务皆由张建代劳，尤为繁冗。交往既深，感情弥笃，才发现我们的缘分远不止于此。张建祖上是满蒙旗人，而我亦出身京城的"半个旗人"（父系汉族，母系满族）。更出乎意料的是，在茫茫人海中，我们居然同为景山学校的校友。我于 1959 年入学，是学校"开天辟地"第一届。张则是1986年入学，中间隔着整整26年。难能可贵的，不管岁月的沟壑如何深邃，都不能隔断我们在价值观上的趋同：追求正义，崇尚自由，尊重知识，一心向学。张建早年求学之路颇不平坦，小学五年级曾因故随父调离北京，转到外地一所普通小学就学，心中的失落不言而喻。后来，他凭着坚忍的意志和不懈努力，终于在2012年重返祖籍之地，并跻身于学术的最高殿堂。多年来，张建在工作之余，常与二三知己奔走于长城内外，踏勘战场遗迹，寻觅火炮遗踪。治学是追求，好武乃天性，作为八旗子弟的嫡裔，张建确实当之无愧。联想到他以研究八旗历史为己任，当然也不是出于偶然。

张建《清入关前步兵研究》，是中国学界研究清初八旗兵制的首部专著，自有学术上的重要价值。清朝为满族所建，八旗是满族军政经合一的组织，也是国家的重要制度。自20世纪初以来，中外学者研究八旗问题硕果累累，但迄今为止还没有一部研究八旗兵制的专著。研究八旗兵制，皆以清初为难。一则清初文献多为满文，尤其《满文原档》，书写既不规范，还兼杂蒙文；二则研究者除具备史学功底外，还需兼具军事学理论和兵器、兵法、兵制等方面知识；三则在国际学术界，日本学者研究八旗兵制起步最早，积蕴也最深。而张建既有问难之志，加之勤奋钻研，史学素养亦渐积深厚，复掌握英、日、俄、满、蒙等文，在研究清初八旗兵制方面，已具有独到的优势。

本书系统研究清初八旗步兵的形成发展史。主要内容包括：步兵从雏形到定型；随着步兵成为独立兵种，攻城器械（战车、火器、挨牌）与攻坚战术发生了显著变化；这些变化，从表面看乃得自明军的影响，实际则是席卷欧亚大陆的"军事革命"

的一个组成部分；明清易代之大变局，亦由此铸就。

本书特点之一，考证精详。实证研究是中国史学的优良传统，考证是实证研究的基本方法。清姚鼐曾说：学问之事有三端：曰义理，曰考证，曰文章。（《述庵文钞》序）。考证就是根据可靠资料对历史现象、典章名物加以考核、辨证和探究的方法。而娴熟运用考证方法，钩沉索隐，辨明真伪，正是张建研究的一大特色。为此，他给自己规定了严格的标准：凡有第一手材料可供考察之处，必选用一手史料，尤其要避免"以今拟古"式的误读；同时坚持多重材料的互证、不同版本史料的互勘。书中有关马步兵比例、绵甲兵演变、火器手沿革的考证，剥茧抽丝，层层递进，鞭辟入里，确如其言。

本书特点之二，不囿成说。前人探究明清攻守之势逆转，多以万历四十七年（1619）萨尔浒之战为嚆矢，张建则将视角前伸至上年四月舍里甸之战，指出明军兵败舍里甸，辽东镇折损三分之二以上精兵，不复有机动作战之能力。八旗兵在此役获胜，无异于打断辽东镇的脊梁，逼迫明朝征调客兵援辽。关于萨尔浒之战，中外学者多将明军之败，归结为女真骑兵的众多。张建论证说，战前满人已实行定居经济，与蒙古游牧经济截然不同，积累军马的途径主要靠武力劫夺和商业交换。在萨尔浒战前，尚未拥有数量庞大的马群。萨尔浒战后，女真骑兵无论在质量抑或数量上才取得长足的进步。随即在铁岭之战击溃一向以骑射见长的蒙古诸部，太祖努尔哈赤从此获得与蒙古贵族平起平坐的政治地位，并在辽东形成明朝、后金和蒙古三足鼎立之局。

前人考察清初兵制，碍于条件所限，或用晚出史料解析早期现象，但这种倒踩年月的方法，难免讹误。后金攻占辽沈地区，编设"黑营"（sahaliyan ing）。关于黑营的性质，前人或视作汉兵——八旗汉军的滥觞，或将其与入关后编设的绿营"营兵"等同。张建通过对满文原档等文献的比对，证明"黑营"之"黑"（sahaliyan），与汉兵（或汉军）的旗纛颜色渺不相涉；黑营自初设始，即是满洲旗下的火器军团；黑营的火器手选自骑兵，其中既有女真（满人），又有汉人。基本澄清了清初八旗兵制中一个引人关注的疑团。再如火器的使用，流行观点认为，自清初起，八旗火器即由汉兵（汉军）掌控，迄至康熙二十九年（1690）满洲火器营成立以前，满、蒙旗兵始终以弓箭作为唯一的投射兵器。张建经过缜密论证，指出这种将火器视作区别八旗内部族群标志的观点不能成立。进而说明，除了汉军，火器兵在满、蒙八旗中，同样是不可替代的兵种。

八旗兵种、兵器的变化直接引导了战略、战术的变革。张建指出，八旗兵在沈辽之战中一反以往铁骑驰射的战法，改用步、骑结合的战术。新战术的要点在于以绵甲军操作战车率先进攻。战车是专门配属绵甲军的兵器，足证配备战车的绵甲军是决定胜负的关键力量。

自天命十一年（1626）宁远之战起，八旗兵在辽西战场的主要作战形态转为"围点打援"，即在攻取战略要点的同时，歼灭来援重兵集团，攻城战和野战并重。这是战略战术的重大发展。彼时八旗步兵，尤其是汉兵（汉军）与汉人王公麾下步兵因为要配合重炮运作，凭借土工作业拔取坚城，他们的器械和战术，与前相比有了明显变化。绵甲军放弃战车，保有穴城工具，在攻城战里开掘隧道，使用土囤，掩护火炮抵近射击，有时还采取穴地爆破的战术。这些变化均反映出在"军事革命"浪潮下，八旗军队的重大进步。清朝之所以能够战胜明朝，问鼎中原，与其借助"军事革命"获得压倒东亚对手的作战能力是密不可分的。张建的上述论证，或驳正旧说，或阐发新意，资料翔实，论证严密。在此基础上，将清初八旗兵制的发展历程，勾勒出一个更加系统清晰的轮廓。

本书特点之三，视野宏阔。张建对清史、满族史、八旗史的研究前沿有着准确把握，对海内外有关明清军事史、兵制史、火器史的研究也了然于胸。他研究清初兵制，具有开阔的视野。除了清史学界所熟谙的安部健夫、阿南惟敬、杜家骥、黄一农等名家的著述，诸如宇田川武久、洞富雄、久芳崇，以及美欧军事史学者帕克（Geoffrey Parker）、罗杰斯（Clifford Rogers）、欧阳泰（Tonio Andrade）的代表作，均列为重点研读的对象。

前人分析清朝崛起之动力，因侧重点不同，而有多种解读：或归因于满人所受周边先进文明（蒙古、汉文化）的影响，或认为其成功盖源于北方游牧民族军政一体的制度，或强调清朝的兴起乃是全球化趋势的产物。观点虽有歧异，与其说是相互排斥，不如说是一种互补关系。张建的研究另辟蹊径，致力于从军事史角度探究清朝的崛起。他借鉴西方军事史学界流行的"军事革命"理论，提出席卷东亚的"明清军事革命"（Ming-Qing Military Revolution），才是促成满洲人成功入关的关键。这一观点有异于学界的主流，但经过他的充分论证，自成一家之言。这不仅推进了清初八旗兵制研究，也为学界从更加多元的视角考察清初史，摆脱思维定势，拓宽视野空间，打开了一扇新的窗口。

一个王朝的兴起从来离不开开国帝王的擘画与运筹。张建谈到清初八旗兵制改革，充分肯定了清太宗皇太极的业绩：较之其父努尔哈赤，皇太极更加高瞻远瞩，他带领弱小的后金国屹立于"军事革命"的潮头，迅速成长为东亚的新兴霸权。他强化汗权，改革八旗制度，创设以汉军为主体的火器军团，奠定了清代八旗火器兵种的发展基础。张建有关皇太极在军事领域突出贡献的论述，丰富了学界对于这一重要历史人物的认知。当然，皇太极作为清朝第二代开国之君，他在施政中的雄才大略几乎是全方位的。他在即位初，提出对"古圣王之成法"仿而行之。他说的"成法"，并非满洲传统，而是历代中原王朝的制度法律。他将禁止卑幼讦告尊长、乱伦婚姻与维系儒家伦理纲常联系起来，号召满人恪守三纲五常的"亘古之制"；复将禁止滥杀无辜，与"体仁行义"的美德联系在一起。他倡导儒家伦理，严禁本族收继婚俗，甚至斥之为"禽兽"之行。他以明朝制度为蓝本，在八旗制度以外设六部、复科举、译书史、颁服制、定仪仗、辨等威。政治上，明确提出"参汉酌金""渐就中国之制"。就是在制度上兼容满汉，并逐渐向"中国之制"过渡。凡此种种，都是决定明清鼎革的基本原因。

张建此书，系在博士学位论文《火器与清朝内陆亚洲边疆之形成》第四章"八旗汉军火器营始末考"基础上改就。论文中有关17世纪中俄关系、16—18世纪中亚火器东传，以及清朝西征准噶尔诸章，经过多年增补完善，亦将陆续出版。根深方能叶茂，厚积始能薄发，我期待着张建在治学之路上取得更大成就。是为序。

刘小萌

2023年3月11日

# 序 二

终于拿到了张建这部《清入关前步兵研究》一书的初稿,真心为他高兴。说"终于",是因为这部大作实在是姗姗来迟。我知道他已经在这个领域探索挖掘很久,如今拿出来的,只是他历经艰苦求索所做项目中的一小部分,但从这个成果,已经可以揭示出这个研究课题在整体上的宏大和厚重了。

我与他算得上是同行。但我治清史、满族史虽亦有年,却基本上未曾踏入过他本书重点探讨的明清之际历史的领域,也因如此,我本来并没有为他的大作写序的资格,既然受他之托作序而不敢却,也只能是写几句我的感想而已。

明清之际的这段历史,历来为学界所重。这段历史的最大特点,在于无论文献记载还是如今的研究,注意力都贯注在一场紧接一场的战争之上而无暇顾及其他,以至于往往被直接说成是战争史,的确也有太多的学术论文和专著题目,就径直以明清之际战争史命名。然而,吊诡之处也正在这里,那就是,虽然人们关注的都是战争,研究也多以战争史著称,却与如今在国外已成显学的军事史互不相干。事实上,国内研究这段历史的学者,对于国外已有多年发展历史、研究达到相当水平、已经形成一个独立专业的军事史,至今仍感隔膜和陌生,对于军事缺乏专业了解的结果,导致了不少有关战争的研究,仅限于表面上的夸夸其谈,却无法深入,倒是名符其实的"纸上谈兵"了。

张建是年轻一代学者中较早意识到这个问题,并且有志于用自己的努力来弥补这个差距的学者,如今这部以清代步兵为题的专著出版,是他在军事史研究方面所下的一盘大棋中,投下的第一个棋子,这即使仅仅是对国内学界的一个提醒,就已经是足以填补空白的很大贡献了。

在这部专著中,张建从西方的军事史中引入了"军事革命"(Military Revolution)的概念,作为他立论的理论根据。据他介绍,"军事革命"和"军事事务革命"(RMA)分别是目前权威的军事史和军事学理论,这些在国内史学界还比较陌生的词汇,其影响力已经遍及全球。而他此书以步兵为题,是因为他强调,自从"军事革命"理论问世起,步兵尤其是手执火绳枪的步兵,就被视作革命的象征,从八旗步兵的发展史来观察"明清军事革命"的过程,是阐释"明清军事革命"的关键。他认为,清军能够击败明军主力,进而攻入山海关,成为中国之主的原因,并非学界相沿成习的结论是骑射无敌,而是如本书所言,是"明清军事革命"(Ming-Qing Military Revolution)的推动者和受益者。从这些阐述就可以看出,他所呈现出来的,是一个以军事史概念阐释这段重要历史的范例,他认为清朝的兴起,根本是"明清军事革命"孕育的产物。认为明清之际社会、政治、经济领域的一系列变革,正是由军事变革所引发。

这个立论相当大胆,已经构成了对以往明清史的传统叙事风格和表达方式的挑战。而在我看来，这正是本书最具有高度、也是最令我赞同的地方。因为考量一项研究成果是否具有学术价值，其标准应该就是，它是否对传统研究提出挑战和质疑，能否引发学界的争论和进一步的深入思考，从本质上说，就是它是否具有颠覆性。而在与明清之际历史相关的研究中，人云亦云的泛泛而谈实在是太多了。

我这里理解的颠覆性，当然不是对前人研究成果的简单否定，也不是像如今一些人热衷的做法那样，引入一套新理论而忽略对具体史实的分析。它需要的是对传统学说中已被视为定论的问题作出有针对性的质疑、反证和纠偏，因此，他的每一个推断都必须拿出确凿的可以服人的证据。这种在遍阅文献的基础上反复的、不惜繁琐的考据，做起来吃力，成文后读起来同样吃力，很有吃力不讨好之嫌，却为这个研究所必须，并成为这部著作的鲜明风格。

能够做到这些，当然有必要的前提，首先，要遍阅文献，就要有大量档案史料足资参阅。清入关前史研究的最大缺陷，就是前人不得不用入关后的史料来解释入关前之事，原因之一就是史料匮乏。近数十年来，这种情况已大为改观，各种重要文献档案已被大量整理和次第开放。张建书中多次提到的重要一例，就是《满文原档》，这部《满文老档》的祖本，即清入关前，以老满文草就之原始档案，珍藏于台北的"故宫博物院"，张建这部著作，即以《满文原档》为准，对勘《满文老档》及其它文献，以揭示其差异，避免"以今拟古"式的错误。这便是老一代治清史的学者无法比拟的条件了。

再者，这种对多种史料文献的比勘互证，对作者的语言能力有多方面的要求。因为这段历史涉及的文献，至少有汉字书写的明朝史、满文书写的后金（满洲）史以及蒙古文献，明清之际历次战争，多是三方参与的结果。能够阅读、参考这几种语言的文献，是做这段历史应该跨越的一个难点，也是治清史的前辈学者多受限制的原因。张建从十多年前初进清史研究之门，便倾注全力攻读满文满语并终有所成，这个过程曾为我所得见，至于其他语言诸如蒙古语、维吾尔语，他掌握到何种程度我还不清楚，但是功夫不负苦心人，满文档案的利用，使他如虎添翼，也是他的著作能够颠覆陈说的原因。

此外，如互联网兴起导致各种信息来源的极大丰富，再如这代学人有机会到世界各地的大学和研究机构的访学、交流和查阅文献等，这些条件都为前辈学者所无法想像。这里就不一一细数了。

当然，还有更重要的，是个人的努力和坚持。我特别提到他的坚持，就是因为在当今学术成果成批量涌现的形势下，肯于不惮艰辛、不孜孜于眼前的名利，肯于下功夫反复琢磨的作品，实在是不多见了。

我知道，张建的这部步兵研究只是他所研究的一个整体的序幕，他已经开始安排和布置他那个全新的、引人入胜的舞台，我期待着大幕拉开之后的精彩。我相信他已经迈出了重写清代历史的第一步。

我一向以"亦师亦友"的方式与张建相处，实际上"友"的因素要更重一些。总是期待他的才华可以尽可能多地施展，总是希望他的勤奋刻苦可以得到更多的理解和回报。然而，学术之路且长且阻，他踏上的这条路，在学界毕竟缺少能与之交流的平台，更多与之相伴的，很可能是清冷孤寂，未必就能收获到理解和喝彩，也未必就有一呼百应的影响，曲高和寡，要的是坚持下去的勇气。希望他有这样的准备，便是我对他的期许。

是为序。

定宜庄
2023 年 2 月于北京

# 目　录

绪论　/　1

## 第一章　建州军队马、步比例浅探（1583—1619）　/　39
　　一　引子：从萨尔浒大战谈起　/　40
　　二　统一建州后的马步比例　/　49
　　三　吞并乌喇前后之马步比例　/　56
　　四　舍里甸之战：建州骑兵之骤增　/　72
　　五　萨尔浒战役后马步变化：以铁岭之战
　　　　为中心的观察　/　86
　　小结　/　100

## 第二章　金国之"绵甲军"（1619—1628）　/　103
　　一　中国绵甲发展史　/　104
　　二　清初的 olbo　/　117
　　三　英明汗与淑勒汗执政初期的 olboi niyalma/
　　　　olboi cooha　/　147
　　小结　/　200

## 第三章　皇太极时代的步兵（1628—1644）　/　203
一　从 olboi niyalma/olboi cooha 到 olbo　/　204
二　清入关前后"绵甲军"的武备与战术　/　230
小结　/　263

## 第四章　金国火器军队之起源　/　266
一　黑营（sahaliyan ing）与汉兵（nikan i cooha）之兴废　/　268
二　金国"火器营"献疑　/　293
三　重建"汉兵"后的女真火器手　/　304
小结　/　318

结论　/　320
参考文献　/　338
跋　/　362

# 绪　　论

## 研究意义与基本观点

　　自从公元 1644 年，髡顶蓄辫的八旗武士簇拥着顺治帝进入燕京，宣告清朝正式君临天下的那一天开始，就不断有人发出疑问，为何清人能够入关，成为中国之主？他们这样问的原因，实在因为清朝相比其对手，力量过于弱小。档案揭示清人入关之初，总人口不过百余万，合满、蒙、汉壮丁约二十万众，想来入关前人力更薄弱。反观两个主要对手，大明天子身膺大义名分，抚育九州四海，人口近亿，九边纸上军力超过八十万；答言罕（dayun qaɣan）统一的六万户虽然已经分裂，名义上仍以大汗为尊，雄踞草原，号称四十万众。① 然而，经

---

　　① 明朝九边军数，沿用万历初年，王国光、张学颜统计之额。蒙古丁壮难以统计，《大黄册》有"八十万汉人"（nayan tümen kitad）、"四十万蒙古"（döčin tümen mongɣul）之数。据说，"四十万蒙古"在大都沦陷后，仅余六万重返草原（一说为十万，包括四万卫拉特），即六万户之由来。答言罕重新统一蒙古高原，将六万户置于汗纛之下，分封诸子。16 世纪中后期，右翼领袖，答言罕之孙俺答汗（altan qaɣan）同明朝交聘，虽非大汗，却动辄以四十万蒙古之主自居，一方面显示他怀有僭越不臣之心，一方面说明蒙古人力业已恢复，是以本书仍沿用四十万蒙古的传统说法。张学颜：《万历会计录》卷一七《辽东（转下页）

1

过近三十年角力后，反而是僻处东北一隅，兵、饷俱匮的清人在竞争中脱颖而出，道理何在？

史学工作者就此问题给出的答案，按各自侧重领域不同，可分为三类。第一类将此归因于满人受周边先进文明——先是蒙古，后来主要是汉文化影响，从部落制向国家制过渡，最终与明朝并驾齐驱。① 第二类认为清朝承继蒙古衣钵，可视为游牧帝国再次崛起，她的成功根源于"内陆欧亚"（中央ユーラシア）的军政一体制度，或者说沿袭自成吉思汗以来的军事制度。② 第三类则强调清朝兴起，本质是全球化时代，资本和人口向边缘地带聚集的产物。③ 这三类观点各有所本，本书无

---

（接上页）镇·本镇饷额》、卷一八《蓟州镇·本镇饷额》、卷一九《永平镇·本镇饷额》、卷二〇《密云镇·本镇饷额》、卷二一《昌平镇·本镇饷额》、卷二二《保定镇·本镇饷额》、卷二三《宣府镇·本镇饷额》、卷二四《大同镇·本镇饷额》、卷二五《山西镇·本镇饷额》、卷二六《延绥镇·本镇饷额》、卷二七《宁夏镇·本镇饷额》、卷二八《甘肃镇·本镇饷额》、卷二九《固原镇·本镇饷额》，收入《北京图书馆古籍珍本丛刊·史部·政书类》第52—53册，书目文献出版社2000年版，第664、690、726、739、756、774、794、840、879、902、927、947、968页；tuba tayiji ǰokiyaba, ölǰeyitü qarγuγulǰu tayilburi kibe, ba baγana kinebe, erten-ü mongγol-un qad-un ündüsün yeke šir-a tuγuči orošiba，begejing：ündüsüten-ü kebǉel-ün qoriy-a，1983, p. 100. 乌兰：《〈蒙古源流〉研究》，辽宁民族出版社2000年版，第287页；王士琦：《三云筹俎考》卷二《封贡考·俺答初受顺义王封立下规矩条约》，《续修四库全书》史部第739册，上海古籍出版社2002年版，第76页。

① 刘小萌：《满族从部落到国家的发展》，中国社会科学出版社2007年版，第314—316页。

② 杉山清彦：《大清帝国の形成と八旗制》，名古屋大学出版会2015年版，第300页；[美]米华健（James A. Millward）：《清的形成、蒙古的遗产及现代早期欧亚大陆中部的"历史的终结"》，[美]司徒琳（Lynn A. Struve）主编，赵世瑜、韩朝建、马海云、杜正贞、梁勇、罗丹妮、许赤瑜、王绍欣、邓庆平译，赵世瑜审校：《世界时间与东亚时间中的明清变迁》下卷，生活·读书·新知三联书店2009年版，第124页。

③ [日]岸本美绪：《"后十六世纪问题"与清朝》，《清史研究》2005年第2期。

意褒贬任何一说，只是提醒读者，或许军事而非其他，才是促成清人成功入关的最关键因素。

细究以上任何一说，皆与军事成败密切相连。众所周知，清朝从部落向国家过渡中最重要的一步，是皇太极治下，由贵族君主制向专制君主制推移。[①] 究其缘由，可上溯至天聪元年至四年（明天启七年至崇祯三年，1627—1630），皇太极遭遇一系列挫败，刺激他削弱贵族权力，增强直属军力之举。[②] 至于清朝建军策略和军事文化，固然以骑兵为核心，但正如布莱克（Jeremy Black）和黄一农所言，皇太极引进和仿制火炮技术，建立起一支步、骑、炮兼备的先进混成部队，才是逐鹿中原的资本。[③] 形成对比的是，遵守草原传统，拥有更多骑兵的元室正统后裔，并未在激烈角逐中获胜。至于货币和人口向边境流动，早在16世纪便已形成规模，俺答汗领导的右翼蒙古三万户便是受益者之一，[④] 但能否威加海内，主宰东亚大陆，根本还要靠军队一决胜负。因此，军事进步或者说战争艺术升华在清入关前史上，起到至关重要的作用。

设若研究者打破中国史和世界史的藩篱，单纯从军事史角

---

[①] 王锺翰：《皇太极时代满族向封建制的过渡》，《王锺翰清史论集》第1册，中华书局2004年版，第270—272页；刘小萌：《满族从部落到国家的发展》，第265页。

[②] 姚念慈：《定鼎中原之路：从皇太极入关到玄烨亲政》，生活·读书·新知三联书店2018年版，第15—16页。

[③] Jeremy Black, *War and the World: Military Power and the Fate of Continents, 1450 - 2000*, New Heaven: Yale University Press, 1998, p. 82. 黄一农：《红夷大炮与皇太极创立的八旗汉军》，《历史研究》2004年第4期。

[④] 岩井茂樹：《十六・十七世紀の中國邊境社會》，小野和子编：《明末清初の社會と文化》，京都：明文舍1996年版，第627—639页。

度出发，观察清入关前史，必定会惊异于清军取得的飞速进步。这支军队仅用二十多年（1619—1643）便从一支铁骑驰骤决胜，无异于唐、辽的中世纪军队成长为用最新火器技术武装起来，熟练执行合成战术，堪与奥斯曼或神圣罗马军团媲美的强军。这意味着清军在二十年中，走完欧洲军队近三百年的发展历程。再考虑到大部分关键变革都发生在1627—1643年，不足十六载的时段里，周期如此短暂，而一系列变革又如此急促剧烈，足以令清朝获得压倒强邻的军事优势，决定中国乃至亚洲历史的走向。就技术进步幅度、实际效力和历史影响而论，纵使晚清之"洋务运动"亦难望其项背，哪怕在近代亚洲史上，也只有日本明治维新可与之相提并论。

由于清入关前军事进步幅度如此迅猛，仅用"变革"（change）一词，恐怕不足以恰当概括其性质，有必要选取典型样本，置于史学实验室的显微镜下从事细致观察，作定性研究。本书考察的步兵，正是观察军事进步的绝佳范例。所谓"步兵"（infantry）是和"骑兵"（cavalry）相对而言的术语，指徒步作战之兵。自从马镫问世后，骑兵便凭借优越的机动性主宰战场，而步兵长期屈居偏裨。这种状况持续千年之久，到14世纪为之一变。根据历史学家描述，欧洲步兵从此具备在野战中击溃骑兵的能力，这一飞跃被称为"步兵革命"（the Infantry Revolution），被认为是欧洲军队在16—18世纪，纵横四海的先决条件。[①] 哪怕在欧洲之外，存在浓厚骑兵传统的大

---

① Clifford Rogers, The Military Revolutions of the Hundred Years War, in Clifford J. Rogers ed., *The Military Revolution Debate: Readings on the Military Transformation of Early Modern Europe*, Oxford: Westview Press, 1995, pp. 58 – 61.

陆强权如萨菲波斯、莫卧儿帝国受其影响，纷纷组织步兵军团，与骑兵和火炮配合作战。[①] 步兵逐步取代骑兵，成为作战中坚，第二次世界大战后，骑兵彻底退出战场，而步兵至今长盛不衰。回顾步兵发展史，可知14—18世纪是步兵发展的黄金时代，获得和骑兵相埒乃至更高的战术地位，而清入关前史的主要时段即17世纪前中期，正与步兵发展史的高峰相重合。那么，考察清入关前，即17世纪前中期，步兵是否成为独立兵种，她的装备、战术发展到何种地步，是衡量军事进步幅度，进而确定其性质的标尺。换句话说，研究清入关前步兵发展史，为观察战争艺术演进提供了一个独特视角。可是，关于这一阶段清军步兵的研究，除去一篇日文论文，以及散见于各类论著里的零星记述外，几乎付之阙如。本书希望通过剖析清入关前步兵史，部分清理出"军事"这一长期潜藏于文献之下，却是明清易代之际，左右中国历史走向的决定性力量的某些轮廓，填补学界对清入关前兵制（主要是步兵）认识上的诸多空白，同时就清入关前军事进步的性质阐发一家之言。

本书的核心有三个基本主张。首先，清入关前的军事进步绝非"变革"，而是由一系列变革构成的"革命"（revolution）。得益于20世纪50年代以来，军事史学界就所谓"军事革命"（the Military Revolution）展开的反复辩难，不仅有助于解释军事技术、战术及战争形态变革同军力增长之间存在的联系，而且证明军事进步足以促成社会结构、政治生态和经济形

---

[①] 萨菲和莫卧儿帝国组织步兵火器手，主要受奥斯曼影响，见 Halil Inalcik, The Socio-political Effects of the Diffusion of Firearms in the Middle East, in V. J. Parry and M. E. Yapp ed., *War, Technology and Society in the Middle East*, London: Oxford Press, 1975, pp. 195 – 217。

态发生巨变。这种思路启发作者不止步于就事论事地探讨步兵本身的发展,也注意到那些起于军事目的,却导致清朝脱胎换骨,意义深远之举,譬如解放汉人为兵、吸收蒙古人从军、扩充八旗为二十四固山（gūsa）等。这令我意识到,清入关前军事进步与社会、政治、经济、文化结构变动密切相关,前者构成后者演变的动因,而后者形成前者的宏大背景。这种历史语境下,单纯用"变革"一词,实难恰当反映军事进步的规模和内涵,反而是更博大,更具时代感的"革命"契合实际。

其次,考证仍然是史学工作者贴近史实的必由之路。考证一途,源自我国史学求真求实的好传统,陈援庵先生直言："欲实事求是,非考证不可。"[①] 清入关前史向来是清史研究的重心之一,相关作品连篇累牍,似乎基本史实业已梳理清晰,完全可凭借二手研究成果做宏观研究,全无"饾饤考据"厕身之处。然而,明清史料浩如烟海,卷帙宏富,大量一手史料直到近二十年才陆续披露,令研究条件发生天翻地覆的变化。前辈学者限于资料阙失,以理揆之的结论,即所谓"理证"可能受到新史料的挑战。至于他们受时代局限,用清入关后的史料推测入关前的情况,即所谓"书证",由于新史料的面世,亦有辨伪察虚,作文献批评的必要。因此,考证甚至可以说考据在今日清史研究中,依然具有无可替代的作用,是贴近史实的唯一路径。作者撰写本书过程中,始终不避烦冗,贯彻考证第一的原则,纵使影响可读性,亦在所不惜。

最后,因为清朝是由满人建立的政权,想洞察清人入关的奥秘,深入了解军事在其中起到的关键作用,以及重绘步兵发

---

① 陈垣：《通鉴胡注表微》,商务印书馆2017年版,第85页。

展史，必须以满文档案为基础。本书征引的核心史料有两种：一是台北"故宫博物院"庋藏的老满文档案（见图1），即清入关前，用源自蒙古文，不标圈点的老满文抄写的档案。作者于2015—2016年多次赴台北"故宫"查阅这批档案，收集42件攸关兵制变革的原始档案，其中一部分在清人撰修《实录》时，被下令删去，不得载入。我仔细梳理这批珍贵档案，基本查清天命四年至十年（万历四十七年至天启五年，1619—1625），兵制调整的概貌。二是北京中国第一历史档案馆所藏"满文内国史院档"（见图2），它名义上虽然是天聪十年（崇祯九年，1636）成立的"内国史院"（narhūn bithei yamun）所属档案，纪事却始于天聪七年（崇祯六年，1633），显然包括其前身，早在天聪三年（崇祯二年，1629）创立之"文馆"（bithei boo，又名"书房"）之档案。① 因为老满文档案纪事止于崇德元年（崇祯九年，1636），且记录天聪一朝（1627—1636）史事，多有不够详尽之处，靠"满文内国史院档"不仅可补其阙漏，还是调查崇德乃至顺治年间军事机密的最重要史料。除去这两种档案外，作者还参考了其他满文史料，包括清入关后的内阁、军机处、宫中朱批奏折和内务府档案，官方编纂的《实录》《会典》《方略》《八旗通志》《八旗满洲氏族通谱》等史料的满文版本，以及一些满文辞典。诚然，本书为探索步兵发展史的全貌，也援引其他一手资料如明朝兵部题行稿、私人刊刻或抄录的奏议、清入关前后的汉字和蒙古文档案等，但就数目和重要性而言，都比不上满文史料。

全书由绪论、四章和结论组成。绪论阐述本选题的研究意

---

① 刘小萌：《满族从部落到国家的发展》，第250—261页。

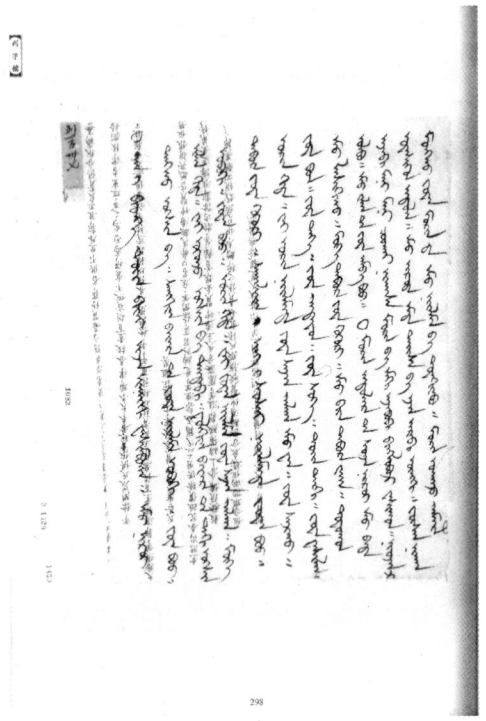

**图 1　记载天命八年军制改革的老满文档案（列字档）**

义和基本观点，补充一些背景知识，详细说明本书研究方法，概述前人成果并列举引用史料的基本原则。主要叙述分为四章：第一章探究建州步兵自努尔哈赤肇业，至万历四十七年（1619）铁岭之战结束后，草昧时代的情况。那时"步兵"的概念相当宽泛，只要没有马，能拿起兵器，步行作战之人，都在此列。总体而言，萨尔浒决战前，建州军中步兵居多，而以骑兵为骨干。当时辽东战事以铁骑野战决胜为主，步兵只是次要力量，革命的曙光尚未出现。

## 绪　论

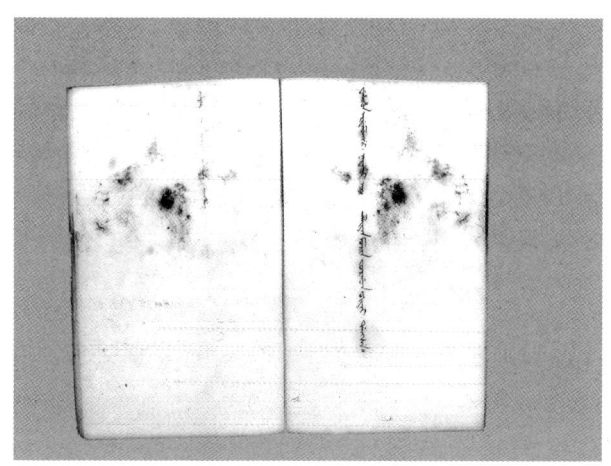

**图 2**　满文内国史院档（扉页墨书 wesihun erdemunggei nadaci aniyai sahaliyan morin jorhon biyai dangse..义为"崇德七年壬午（黑马年）十二月档册"）

　　第二章查考铁岭之役后，到天聪元年（天启七年，1627）宁、锦之战间，攻坚步兵的发展。当时努尔哈赤（nurgaci）麾军西征，深入辽东，战争形态由野战向攻坚战过渡，他为突破明军火器和防御工事，组织名为 olboi niyalma/olboi cooha 之军作先锋。作者考辨史料，指出 olboi niyalma/olboi cooha 应译为"绵甲军"，是专务出征，充任全军矛头，在火线上搏战的攻坚之兵；阐述清代"绵甲"的形制变化，以及截止到宁、锦之战，"绵甲军"装备的各式器械；认为步兵的战术地位较此前有所上升，但"绵甲军"无论官兵，都由甲士和各级官长临时充当，尚未成为独立兵种。

　　第三章探讨首次宁远之战后，至康熙年间，亦即"革命"时代下，攻坚步兵的进步。天启六至七年（天命十一年至天聪元年，1626—1627），明军在宁远、宁锦之战，投入红夷大炮挫败女真步兵，开启革命的大门后，辽东明军火力逐步升级，迫使皇太极作出一系列变革以因应。作者总结与步兵相关之举，发现他改革步兵，扩大规模，定为独立兵种。他不仅维持一部分满洲、蒙古步兵，还重建"汉兵"（nikan i cooha），增加步兵数目。无论满、蒙之"白奇超哈"（beki cooha）抑或"汉兵"之"绵甲军"都是常备军，专听出征调遣，不再是临时之兵。他们配合重炮作战，凭土工作业拔取坚城，器械和战术与此前存在较大差异。这些变化体现革命浪潮下，清军战力的飞跃。清入关后，olbo 代替 olboi niyalma/olboi cooha，由"绵甲"变为兵种之名。

最后一章着重关注清入关前，八旗配备火器，步行战斗之兵，即火器手的编制情况。清入关后，秉持选拔骑兵充当出征鸟枪手（火绳枪手）的原则，炮手则独立成军，二者是独立于攻坚步兵之外的群体，和欧洲将火器手划入步兵的编制原则迥异，更接近奥斯曼的作风。作者寻本溯源，发觉这一传统其实来自天命八年（天启三年，1623）兵制改革。此外，天命八年以降，女真军队普遍配备火器，哪怕皇太极重建"旧汉兵"作为专司火器之军，满洲乃至蒙古旗下仍保有若干火器手。所以，火器既非区分马、步兵的鸿沟，亦非划分满、汉畛域的标志。

在结论中，作者基于考证归纳步兵发展史，同欧洲作比对，认为天命十一年（天启六年）至顺治元年（1626—1644），是中国乃至东亚军事史的"革命岁月"。力量羸弱的关外武人集团引入先进军事技术，为适应新战术调整兵制，进而改革社会，重塑政体，终于从多股政治力量的角逐中脱颖而出，甚至在百余年内横行远东，建立堪比汉唐的丰功伟业。清朝的兴起，根本是军事革命孕育的产物。最终全书以对东亚"军事革命"时间脉络的一些思考终局。

## 研究背景

本书研究对象是清入关前的八旗步兵，在开始论证前，有必要先行阐述两点基本背景知识。其一是言明时间断限，即主要讨论时段，交代在此期间，清朝国号、族称、纪年和汗号的变化；其二是概述八旗兵制，扼要说明清代兵制演变过程、八旗制度概况、八旗兵制和八旗制度的关系、八旗兵制研究存在的误区，既有裨于正文展开考证，亦便于阅读。

全书主要讨论时段，是万历十三年至顺治元年（1583—1644），即从明军捣毁古勒寨（gurei hoton），枉杀努尔哈赤祖、父开始，到清军入关为止。有时为便于论述，也会超出这一范围。譬如介绍16世纪辽东情势，会追溯明嘉靖、隆庆间事；考察"绵甲"来历及形制，要上推宋、元；追究某个兵种如"绵甲军"的发展，必须下探至康熙、雍正乃至乾隆朝，但主要时段都在万历十三年至顺治元年之间。其间女真勃兴，势力壮大，国号、族名、纪年几经变动，又与明朝、蒙古、朝鲜兵戈不休，涉及多方纪年，必须事先表述清楚。本书参照蔡美彪先生《大清国建号前的国号、族名与纪年》一文，[①] 梳理

---

[①] 蔡美彪：《大清国建号前的国号、族名与纪年》，《历史研究》1987年第3期。新经更订的观点，见蔡美彪等《清朝通史》第1册，人民出版社2016年版，第13—35页。

*11*

如下，供读者参考。

1. 国号

努尔哈赤于万历四十四年（1616）建立"金国"（aisin gurun），至崇德元年（1636）被皇太极改为"大清国"（daicing gurun）即通称之清朝，作者遵从史实，下文分别用"金国""金军"和"清朝""清军"之名，称呼不同时段的政权及军队。另外有两点说明：一，本书将12世纪至13世纪，女真所建政权呼为"金朝"，以利区分；二，本书将万历十三年至四十四年（1583—1616）的努尔哈赤势力称为"建州"，有时也称万历四十四年至天命四年（万历四十七年）八月（1616—1619）的金国为"建州"。"建州"一词，源自明朝对女真部落的称谓，他们将臣服朝廷，按期纳贡部落分为建州、海西、野人三部。作者之所以用"建州"指代努尔哈赤势力，主要有三点原因。首先，努尔哈赤出身建州左卫，最早统一的也是建州诸部，系其根基。其次，努尔哈赤在万历四十六年（1618）同明朝决裂前，是中央册封的建州左卫指挥使、龙虎将军；最后，直到天命四年八月，金军攻灭叶赫前，努尔哈赤还未达成兼有海西之功，是以用"建州"一词形容努尔哈赤势力，比较符合史实。

2. 族名

明朝史料沿用宋元以来称谓，用"女真""女直"指称东北边外渔猎部落。努尔哈赤建立金国，满文档案常见的jušen即"诸申"一词，便是"女真"之遗存，指代平民。天聪九年（崇祯八年，1635）皇太极正式改定族名为manju，即"满洲"。下文以天聪九年为限，称此前族名为"女真"，之后为"满洲""满人"。

3. 纪年

关于清入关前的年号，蔡先生指出在皇太极易金为清，建元崇德前，金国文献以汗号纪年，唯汉文史料书有"天命""天聪"年号，诚属洞见。松村润教授确定努尔哈赤在萨尔浒战役获胜后，才使用天命纪年，当年为天命四年。[①] 本书以萨尔浒战役为界，之前采用大明正朔，兼录干支纪年，此后用天命、天聪年号，附注明朝年号，涉及朝鲜史事则附注李氏王朝（1392—1897）纪年，以利于引史叙事。

4. 汗号

皇太极掳获元帝玉玺后，于1636年称帝，变国号为"大清国"，改元崇德。此前，金国两位统治者皆仿效蒙古传统称汗，大体情况如下：万历三十四年（丙午年，1606），努尔哈赤接受蒙古贵族所赠 köndelen 尊号，自称 sure kundulen han 即"淑勒昆都伦汗"。万历四十四年（丙辰年，1616），改称 abkai banjibuha yadara joboro gurun be gosire mergen ujire faksi han，即"天任抚育列国英明汗"，简称"英明汗"。皇太极继位后，承继其父"淑勒"汗号，即"淑勒汗"，沿用至称帝为止。本书遵从史实，分别用"昆都伦汗"、"英明汗"和"淑勒汗"称呼不同时期的金国统治者。

清朝兵制发展史大约分四阶段：一，万历十三年至顺治元年，即清入关前，以八旗为基干，辅以蒙古、汉人王公之兵；二，顺治元年至咸丰元年（1644—1851），清朝在八旗之外，接收明朝镇戍系统，成立绿旗（营）兵，作为经制兵；三，

---

[①] 松村潤：《崇德の改元と大清の国号について》，《明清史論考》，東京：山川出版社2008年版，第72—76頁。

咸丰二年至光绪二十六年（1852—1900），清廷因为八旗、绿营衰败，被迫倚重地方督抚团练的勇营，以湘、淮军为代表；四，光绪二十七年至宣统三年（1901—1911），清末新政，编练新军。各类兵制中，基于八旗制度的八旗兵始终被清朝视为心腹干城，在第一、第二阶段称得上全国最精锐强悍之军，即便在第三阶段初期，依然具备一定战斗力。要探讨八旗兵制，必先了解八旗制度梗概，下文略作说明。

所谓八旗，即镶黄、正黄、正白、正红、镶白、镶红、正蓝、镶蓝旗。努尔哈赤于万历三十五年（1607）出于征伐之需，设四固山（gūsa），一固山设五甲喇（jalan），一甲喇设五牛录（niru），这套"牛录固山制度"构成八旗基本框架。[①] 万历四十三年（1615）增至八固山。皇太极时代，于天聪九年（崇祯八年）编设八个蒙古固山，复于崇德七年（崇祯十五年，1642）编成八个乌真超哈（ujen cooha）固山，此即八旗蒙古、汉军之来历。[②] 有清一代，八旗自始至终维持着八旗满洲、蒙古、汉军的体系，因为八旗合计二十四固山，又有"满蒙汉二十四旗制"之说。不过，日本学者业已指出，入关前的gūsa有"旗"和"固山"两种含义，只能说一"旗"包含三个"固山"而已。[③] 作者赞同其说，故而在论述中严格区分"旗"和"固山"的定义，尚祈读者留意。

八旗制度意蕴之繁杂，地位之重要，早经前辈学者阐述。

---

[①] "牛录固山制度"又作"牛录固山制"，关于其创立过程，参见刘小萌《满族从部落到国家的发展》，第123—160页。

[②] 刘小萌：《满族从部落到国家的发展》，第146—212页。

[③] ［日］细谷良夫：《清朝八旗制度的"gūsa"和"旗"》，《满学研究》第2辑，第47页；杉山清彦：《大清帝国の形成と八旗制》，第265—267页。

孟森、王锺翰先生推翻民国以来，学界单纯将八旗视为兵制的陈说，指出它实乃庞大的社会组织。① 因此，八旗制度是清史研究最根本，也最繁难的问题之一。本书讨论的八旗兵制，仅是八旗制度的一方面。

虽然先贤指明八旗是社会组织而非单纯兵制，但它作为军民合一的组织，军事是其首要职能。可以说，若将八旗视为一枚棱镜，兵制是其最阔大璀璨的一面。考清入关前档案，努尔哈赤创立以"牛录固山制度"为基础的八旗制，是通过完善组织建设，增强军人士气、整体纪律性和部队凝聚力，达到整合力量，统一女真，建立霸业的目的，根本是为战争服务。清军入关后，以北京内城为八旗驻地，其实是座大兵营。外人更将八旗视为军事组织，其基本单位"牛录"或"佐领"在俄语写作рота，英语作company，均为"连队"之义。② 至于八旗军在战争中的作用，在民国时代一度被史家所轻忽，认为自"三藩之乱"起，八旗已腐败不堪战斗，要以绿旗打头阵。③ 不过，经过近年海量档案史料，尤其是偏重记载军事行动的满文档案陆续披露，这种认识正得到纠正。事实证明，自清入关前起，至道光初年平定张格尔叛乱止，八旗军在历次大战中，始终是清军骨干和定海神针。总之，八旗兵制不仅是八旗制度

---

① 孟森：《清史讲义》，中华书局2006年版，第20—21页；王锺翰：《清代八旗中的满汉民族成分问题》，《王锺翰清史论集》第1册，第142—143页。

② 金启孮：《金启孮谈北京的满族》，中华书局2009年版，第83页；Каменский П. К. *Записка Архимандрита Петра объ Албазинцахъ*, 9 генваря 1831 года в Пекине, Пекин: Типография Успенского монастыря при Русской духовной миссии, 1906. c. 1. Mark C. Elliott, *The Manchu Way：The Eight Banners and Ethnic Identity in Late Imperial China*, Stanford: Stanford University Press, 2001, pp. 58–59.

③ 罗尔纲：《绿营兵制》，中华书局1984年版，第8—11页。

中最基本重大的题目，也与清史诸多大事错杂交织，密不可分，而要全面清晰地把握其历史，揭示其发展脉络，不能囿于甲申之后就事论事，非要从清入关前下手不可。

八旗以"牛录固山制度"为根基，至清入关前，已奠定满、蒙、汉二十四固山制度，作为兵制基本框架，业经前辈学者反复考辨，自毋庸赘述。唯固山所辖各类兵种，或者说八旗统属之正兵，在康、雍之前屡经改易，纷繁错杂，尚有诸多不明之处，亟待考索。20世纪50年代，郑天挺先生概述清代八旗兵制，将其分为亲军、骁骑、前锋、护军、步军五种，认为每种皆有一"营"，又说从各营选拔神机营，从前锋营选拔健锐营，从骁骑营汉军内选拔枪营、炮营、藤牌营，从满洲、蒙古习火器的兵中选火器营，作为特种兵。[①] 然而他的史料依据乃是光绪《钦定大清会典》，所述兵制实为康熙二十九年（1690）后，至同、光时代，节次完善的情形，而非清入关前至康熙中期的样貌。嗣后，我国学者虽然在八旗制度领域成果斐然，惜于兵种进化缺乏专门观照。21世纪初，黄一农老师尽力探讨红夷炮与八旗汉军（乌真超哈）及汉人王公军队的联系，成就非凡，但主要集中于天聪四年（崇祯三年）至顺治二年（1630—1645）的汉军和诸藩炮兵。日本学者长期关注清入关前兵制，兵种研究是其重要方向，惜最末一位视八旗兵制为己任的阿南惟敬先生于1980年谢世后，不复有专业考察兵制的学者。可最近这四十来年，正是档案文献渐次公布，研究条件日新月异的时代，不仅便于开辟新题目，更宜引入第一手史料，通过文

---

[①] 郑天挺：《清代的八旗兵和绿营兵》，《探微集》，中华书局1980年版，第173页。

## 绪 论

本批判厘正或增补旧说,将八旗兵制研究推向深入。

本书关注的清入关前步兵,正是亟待用新史料作全面观照,并驳正陈说的例子。此前东瀛学者已就金军的"绵甲""绵甲军""白奇超哈"等题目作过讨论,但停留在就事论事阶段,存在三处弊病。一是研究视角局限于"清朝史"或"满鲜史",较少自明史、蒙古史角度考虑问题,忽视前后承继关系。二是迫于当时史料匮乏的现状,习惯用清入关后的史料说明入关前的情况,结论时时南辕北辙。三是研究题目失之零散孤立,未能揭示"绵甲军""白奇超哈"彼此的联系,亦未梳理从清入关前至雍正年间,八旗步兵的发展脉络。因此,时至今日,学界就努尔哈赤建业之初,马、步兵的数量和比例;绵甲的形制;绵甲军在不同时代的选拔机制,何时成为独立兵种,它与入关后八旗汉军"敖尔布"的关系;天命末年至天聪初年火器手的情况;重建"汉兵"后女真火器手是否存在等问题,要么存在误读,要么付之阙如。相关研究如此薄弱,致使社会上流传金军凭借所谓"重步兵"制胜之谬论,流毒甚广,也不足为奇了。根据一手史料,更订、补缀清入关前不同时段,各类步兵的实态,钩稽其前后联系,是本书的首要任务。

作者除考据工作外,不满于拾前人牙慧,孤立静态地阐释某个兵种含义,而是主张将其置于明清易代战争背景下,探索技术兵器革新、战争形态演进同兵制进步的内在联系。明清易代战争绵延近七十年(1618—1683),战火波及数千里,参战甲兵动辄十余万,军备发展日新月异,其时间之漫长,规模之宏大,交锋之剧烈,器械之精利,不逊于欧洲16—17世纪任何一场战争,甚或远在其上。其中,明朝于天启、崇祯之际,引入以红夷大炮为代表的西洋武器,升级辽西戍军火力,形成一场"军事事务革命"(Revolution in Military Affairs)。另一方面,皇太极为压倒明军,竭力更新军备,扩大军队编制,在提升作战能力的同时,引发社会、经济、文化等方面的变化,实现"军事革命"(Military Revolution),终能更胜一筹,掌握战争主动权。黄一农注意到皇太极执政后期,步、骑、炮三兵种已能娴熟协同作战,[①] 则清军步兵经过"军事革命"洗礼后,与英明汗时代以及皇太极执政初期的情况不可同日而语。是以本书力图将八旗步兵视为一个整体,观察它随着战争形态演进而逐渐壮大,以及经历"军事革命",不仅取得独立兵种地位,还在技术、战术各方面进化升级的动态过程,以期得出相对全面深刻的认识。

## 理论与方法

本书借鉴军事史学界流行的"军事革命"理论作为研究方法,综合明、金(清)、蒙古、朝鲜各方史料,考察清入关前步兵发展史。作者认为,明清易代之际,东亚区域爆发"军事革命"。这场革命始于明朝引入红夷大炮(见图3)等欧洲火器,加强辽西和华北防御工事,迫使以骑兵为骨干的金军从事不擅长的攻城战。可是,皇太极迅速作出应对,他不仅创铸红夷炮,而且扩充攻坚步兵,使之成为独立兵种,配合炮兵作战,令明军要塞岌岌可危,不得不派兵解围,被迫在野战中直面金(清)军骑兵。皇太极解放汉人,增强步、炮兵,

---

① 黄一农:《红夷大炮与皇太极创立的八旗汉军》,第104页。

不仅在军事上粉碎明朝获得的短暂优势,而且吸收汉人精英进入统治阶层,改变社会结构与政治生态,称得上"军事革命"。鉴于这场革命以明朝"军事事务革命"为发端,刺激金(清)一方因应,是双方共同作用的结果,作者将其称为"明清军事革命"(Ming-Qing Military Revolution)。

图3 中国人民革命军事博物馆藏天启二年两广总督
胡应台解京之英国红夷大炮(2008年摄)

上文提到的"军事革命"和"军事事务革命"分别是目前最权威的军事史和军事学理论,影响力遍及全球。不过,我国学者使用这两类理论时,因为二者名称类似,又存在联系,存在混淆和滥用的情况。如军事科学院编纂《世界军事革命史》未注意到耶鲁大学历史系教授罗杰斯(Clifford Rogers)对二者的精确区分,而是沿用战略分析家威克斯(Michael G. Vickers)和马蒂耐基(Robert C. Martinage)的观点,将二者混为一谈。① 2020 年，中国社科院古代史研究所举办"军事体制与王朝运行"线上研讨会，作者发表《清入关前的"绵甲军"与"战车"》报告，指出清入关前"军事革命"业已问世，遭到未具名人士质疑，认为仍属"军事事务革命"范畴，其实也因为他未能通晓二者的概念分野。故而作者在详述"明清军事革命"之前，有必要简介"军事事务革命"和"军事革命"理论。

## 军事事务革命

"军事事务革命"写作 Revolution in Military Affairs，简写为 RMA，是个军事学术语。这一概念产生时间很晚，直到海湾战争后才出现，当时尖端军工科技如隐身战机、精确制导弹药和信息技术改变了战争形态，刺激欧美军事、外交学界展开关于"军事事务革命"的激烈辩论。通常认为，"军事事务革命"指战争方式的革命性变化，而军事技术的变革是刺激革命产生的主要诱因。② 1997 年，罗杰斯教授在魁北克举行的"迈向军事事务革命？"（Toward a Revolution in Military Affairs?）学术会议上，就"军事事务革命"和"军事革命"做出区分。他承认某些"军事事务革命"会对社会、经济及政治结构、力量平衡和武力之外的领域产生广泛影响，成为

---

① 军事科学院世界军事研究部编：《世界军事革命史》上册，军事科学出版社 2019 年版，第 5 页。

② Ahmed S. Hashim, The Revolution in Military Affairs outside the West, *Journal of International Affairs*, Vol. 51 (1998), No. 2, pp. 432–433.

"全面军事革命"(*a full of Military Revolution*)的开端。① 换句话说,只有少数"军事事务革命"才算得上"军事革命"的第一阶段。

"军事事务革命"在海湾战争之后被译介入华,受到军事学界高度重视,成为"新军事变革"理论的思想源头之一。但它进入华语军事史学界的时间略迟,直到 2008 年始由黄一农引入,认为明朝自萨尔浒失败后尝试引入西洋火炮,触发军事事务革命。② 唯自实战表现来看,此说似有讨论余地。

## 军事革命

"军事革命"写作 Military Revolution,堪称 20 世纪军事史最重要的理论。它于 1956 年,由英国学者罗伯茨(Michael Roberts)首倡。罗伯茨认为 16 世纪末至 17 世纪中叶,拿骚的莫里斯(Maurice of Nassau)和瑞典国王古斯塔夫·阿道夫(Gustavus Adolphus)推行战术改革,使步兵火器手组成的线式阵型(linear formations)取代骑兵主宰战场。这种战术变革需要训练有素的士兵,导致各国重视技艺和步伐演练,军队基本组织单位变得更小,更标准化。到三十年战争(The Thirty Years War)时,欧洲各国的常备军规模空前庞大。罗伯茨敏

---

① Clifford Rogers, "Military Revolutions" and "Revolutions in Military Affairs": A Historian's Perspective, in Thierry Gongora and Harald von Riekhoff ed. , *Toward a Revolution in Military Affairs? Defense and Security at the Dawn of the Twenty-First Century*, Westport: Greenwood Press, 2000, pp. 21 – 24.

② 黄一农:《明末萨尔浒之役的溃败与西洋大炮的引进》,《"中央研究院"历史语言研究所集刊》第 79 本,第 3 分(2008),第 403 页。

锐地注意到军事进步对法制和社会产生影响，强大的常备军和军事资源集中运用使国家权力递增，政府在军队支持下，向社会征收重税以支付高额军费。政府为管控资源，扩充官吏阶层，导致"中央集权的官僚统治民族国家"（the centrally organized, bureaucratically governed nation-state）亦即现代国家雏形面世。所以，军事因素在形塑现代世界中，扮演了至关重要的角色。[1]

军事革命理论面世后，得到学术权威认可，风靡军事史学界。直到1976年，他的学生杰弗里·帕克（Geoffrey Parker）对此提出疑问。帕克认为军事革命的源头可追溯至15世纪30年代，但称得上"革命"的时间段，是1530—1710年。帕克宣称欧洲各国的"首次军力激增"（the first surge in military manpower）发生在拿骚的莫里斯执政前，所以罗伯茨声称的战术发展其实并非导致早期近代欧洲建立庞大军队的原因。帕克就此提出新的解释，认为1510年前后，新式堡垒打破攻守平衡，使战争变得旷日持久，攻城战成为主流战争形态。由于兴筑工事和维持强大驻军要耗费前所未有的人力物力，而同时段欧洲人口和财富增长，堪以满足需求。[2] 帕克的观点引发学界浓厚兴趣，被麦克尼尔（William H. McNeill）等著名史家引用，令军事革命理论声名大噪。

---

[1] Michael Roberts, The Military Revolution, 1560 – 1660, in Clifford J. Rogers ed., *The Military Revolution Debate*: *Readings on the Military Transformation of Early Modern Europe*, pp. 13 – 35.

[2] Geoffrey Parker, "The 'Military Revolution, 1560 – 1660'—A Myth?" in Clifford J. Rogers ed., *The Military Revolution Debate*: *Readings on the Military Transformation of Early Modern Europe*, pp. 37 – 54.

## 绪　论

　　1988年，帕克经过十余年修改积累后，推出《军事革命：军事革新与西方的崛起，1500—1800》一书，系统阐述了"军事革命"的内涵。帕克的著作相对之前的论述更加全面，突出表现在以下三方面：一是他对此前乏人问津，远离军事革命中心的区域譬如英国、东欧加以关注，特别是立窝尼亚和莫斯科公国。二是用相当篇幅研究后勤、募兵和军事组织。三是海权成为全书重要一环。帕克通过相对完善的研究得出以下结论："西方在1500—1700年间，成功创立首个真正的全球帝国的关键，是有赖于发动战争能力（the ability to wage war）的提高，这被称之为军事革命。"① 帕克还强调"军事革命"在经济、政治和社会等方面的诉求，重新形塑了欧洲国家。② 可以说，罗伯茨推出军事革命理论，而帕克将其升华为研究范式。

　　帕克的范式倍受军事史学界重视，也引发争议，争执焦点在于"军事革命"的时段难以断定。各类异议中，以布莱克（Jeremy Black）和罗杰斯的观点最值得重视。前者声称军事革命的源头固然可追溯至16世纪后半期，但军事领域的最主要变革，如燧发滑膛枪与套筒刺刀的问世，其实发生在1660—1792年。③ 罗杰斯的观点与之背道而驰，认为真正重要，又格外真实的欧洲军事革命发生于14—15世纪，以14世纪的"步

---

① Geoffrey Parker, *The Military Revolution: Military Innovation and the Rise of the West*, 1500–1800, Cambridge: Cambridge University Press, 1988, p. 4.
② Geoffrey Parker ed., *The Cambridge Illustrated History of Warfare: The Triumph of the West*, Cambridge: Cambridge University Press, 1995, pp. 106–117.
③ ［英］杰里米·布莱克（Jeremy Black）：《军事革命？1550—1800年的军事变革与欧洲社会》，李海峰、梁本彬译，北京大学出版社2019年版，第37—38页。

兵革命"（Infantry Revolution）和15世纪的"炮兵革命"（Artillery Revolution）为代表，① 直接改变战争形态。总之，因为欧洲（包括俄国和亚洲某些区域）自14世纪以来，军事发展日新月异，存在一连串称得上"变革"（changes）的进步，究竟哪些够得上"军事革命"，哪些只能算"军事事务革命"，没有统一明确的划分标准，是导致众说纷纭、莫衷一是的原因。个别学者如克列彼涅维奇（Andrew F. Krepinevich）干脆宣称14世纪以还，共出现10次"军事革命"，② 几乎将全部"变革"都视作"军事革命"，就是这一现象的极端表现。罗杰斯察觉到问题，在前述魁北克会议上，提出区分"军事事务革命"和"军事革命"的标准，经过进一步完善，撰成论文《"军事革命"和"军事事务革命"：历史学家的视角》，可归纳为四条原则：

1. 是否涉及军事上的"方向改变"（change in direction），导致战争形态变化，抑或只是程度不同而已；

2. 究竟是在一方垄断的短时段内很重要，抑或在各方采用后，仍继续导致巨变；

3. 是否足以改变攻守平衡，逆转国力差距，引发军事系统内部调整；

4. 能否改变政治、社会、经济或文化结构，抑而言之，能否引发"谁在战斗"（who fights）和"谁在统治"（who rules）

---

① Clifford Rogers, "The Military Revolutions of the Hundred Years War", in Clifford J. Rogers ed., *The Military Revolution Debate: Readings on the Military Transformation of Early Modern Europe*, pp. 55 – 93.

② Andrew F. Krepinevich, "Cavalry to Computer: The Pattern of Military Revolution", *The National Interest*, No. 37 (Fall, 1994), pp. 31 – 32.

的相应变化。①

上述标准为研究者甄别"军事事务革命"和"军事革命"提供切实可行,易于操作的办法,令罗杰斯的论文享有很高声誉,堪称"军事革命"研究的里程碑。

"军事革命"虽然最初是基于欧洲经验产生的军事史概念,但阐释范围不仅限于欧陆军事史。15世纪起,欧洲军事技术逐渐东传,在亚洲引发一系列变革,其中不乏天翻地覆的巨变。帕克注意到这些变革,在书中辟出专章"军事革命输出"(The military revolution abroad)简介奥斯曼、莫卧儿、明朝和日本的情况,但内容尚嫌粗浅。② 时至今日,学界已有多部探讨亚洲"军事革命"的经典作品,像阿戈斯塔(Gábor Ágoston)研究奥斯曼崛起与军事革命;汗(Iqtidar A. Khan)讨论南亚次大陆军事革命和莫卧儿军事技术进步;久保田正志比较日本和欧洲"军事革命"异同,皆为一时之选。③ 中国史方面,狄宇宙(Nicolas Di Cosmo)将明亡清兴视作"军事革命"的后果,但未明确归纳这场革命的时段,亦未参照"军事事务革命"理论,区分革命的不同阶段。④ 勒治(Peter

---

① Clifford Rogers, "*Military Revolutions*" and "*Revolutions in Military Affairs*": *A Historian's Perspective*, pp. 22 – 30.

② Geoffrey Parker, *The Military Revolution: Military Innovation and the Rise of the West*, 1500 – 1800, pp. 115 – 145.

③ Gábor Ágoston, *Guns for the Sultan: Military Power and the Weapons Industry in the Ottoman Empire*, Cambridge: Cambridge University Press, 2005. Iqtidar A. Khan, *Gunpowder and Firearms Warfare in Medieval India*, New Delhi: Oxford University Press, 2004. 久保田正志:《日本の軍事革命》,東京:錦正社2008年版。

④ [美]狄宇宙(Nicolas Di Cosmo):《与枪炮何干?火器和清帝国的形成》,第190—196页。

A. Lorge）将中国纳入"亚洲军事革命"（The Asian Military Revolution）框架，盛赞12—14世纪的中国火器，鼓吹亚洲的革命是欧洲革命的源头。① 欧阳泰（Tonio Andrade）较为谨慎，更倾向于用"火药时代"（The Gunpowder Age）代替"军事革命"，强调长时段军事变革的延续性，但也承认帕克理论的影响。他认为1550年后，明朝、日本和朝鲜王朝积极引入和改良欧洲火器，足以同殖民者抗衡，令东亚和欧洲处于"均势时代"（the Age of Parity），军力不分上下。② 黄一农则声称明朝引入西洋大炮，踏入"军事事务革命"之门庭。③ 作者借鉴罗杰斯的评判标准，分析清入关前步兵史，认为17世纪，明清易代战争期间，业已爆发"军事革命"，亦即"明清军事革命"。

## 明清军事革命

所谓"明清军事革命"指17世纪20年代至40年代，中国因军事技术变革，作战能力提高，引发的一系列政治、社会、经济变革的统称。这场革命以明朝引入红夷炮，在宁远挫败努尔哈赤的军事变革为发端，刺激皇太极全面升级军备，改革兵制，引发社会和政治结构变革，直接后果就是促成金国转

---

① Peter A. Lorge, *The Asian Military Revolution: From Gunpowder to the Bomb*, Cambridge: Cambridge University Press, 2008, pp. 180 – 181.

② Tonio Andrade, *The Gunpowder Age: China, Military Innovation, and the Rise of the West in World History*, Princeton: Princeton University Press, 2016, pp. 150 – 151.

③ 黄一农：《明末萨尔浒之役的溃败与西洋大炮的引进》，第403页。

型为清朝,定鼎中原,并为此后百余年间统一边疆奠定基础。之所以称它是"军事革命"而非"军事事务革命"缘于以下四点:

首先,明朝依靠军事变革一度扭转战局,使战争天平向防守方倾斜,令金国陷入战略困局。明朝通过采用红夷大炮和名为"万人敌"的烧夷弹,在天启六年(天命十一年,1626)固守宁远,自万历四十六年(1618)以来,首次顶住金军犀利攻势。次年金军卷土重来,再度铩羽而归,证实新火器足以应付女真步兵攻城,使战局全然逆转,变得有利于防御方。战后十余年内,明朝一面抢修要塞,增添大炮,升级辽西防线,一面勒令华北各城整修城池,新铸大炮,应付金人迂回侵袭。皇太极当时面临的形势非常严峻,金军虽然取得一些胜利,但终究不能像席卷辽、沈般,夺取辽西走廊,为获取经济收入,唯有经蒙古草原千里迂回,奔袭内地,不仅人困马乏,还将侧背暴露给新降附的蒙古部落和明军,承受极高的战斗风险。更棘手之处在于金军若不能升级步兵和炮兵,打开辽西通道,很可能像16世纪中后期的右翼蒙古贵族般,无法撼动明朝统治,入主中原,最终不得不谋求和议,满足于臣属地位。

其次,明朝迅速失去技术垄断地位,金人通过引入技术,整编军队,逐步升级军力,战争规模扩大,烈度加剧。天启六年至崇祯三年(天命十一年至天聪四年,1626—1630),明朝在关外建立起一支步、骑、炮兵俱全,训练有素的军队,火力上处于优越地位。然而,天聪五年(崇祯四年,1631),金人铸成红夷炮,又重编"汉兵",扩充步、炮兵,宣告明朝垄断先进火器的时代落幕。此后明、清为夺取主动权,经年扩军不休。迨至决定国运的松锦大战,双方共投入三十余万大军、上百尊重炮，在长、宽不足100公里的战线上反复搏杀，规模和烈度即便在同时期的欧洲亦不多见。

再次，皇太极不止简单拷贝明朝的变革，而是通过一系列举措，使变革升华为"军事革命"。清军在升级技术兵器，编练采取新战术的步兵后，逐步改变攻守平衡，令野战再度成为决胜方式，使战局重新有利于进攻方。突出表现是崇德五年（崇祯十三年，1640），皇太极为扫荡辽西要塞，不惜集中大炮和新锐步兵，投入至旷日持久的围攻战，从而逼迫明朝动员强有力的野战军来援，直面清军铁骑冲击，最终溃败，敲响中原沦胥的丧钟。八旗兵制因军事革命出现调整，一是搜罗黑龙江流域部落民从军，编为"新满洲"（ice manju），又征发朝鲜战俘作步兵火器手，充实步兵；二是解放辽东汉人为兵，重编英明汗成立，旋即解散之"旧汉兵"，又升级为"乌真超哈"，加强步、炮兵；三是吸收蒙古丁壮，强化骑兵优势。上述措施令清朝拥有庞大步、炮兵队伍，得以肆虐华北，再辅以天下无敌的骑兵军团，建立起东亚最强大的军事力量，足以同奥斯曼、瑞典、荷兰陆军相媲美。皇太极凭借这支军队，不仅攻克辽西，摆脱战略困局，而且可以源源不绝地从华北、朝鲜和蒙古获取丰沛收益，全然逆转明清双方在综合国力上的巨大差距。清朝之所以能在入关后削平群雄，混一华夷，与"军事革命"导致的作战能力提升直接相关。

最后，清朝的军事变革引发社会、政治、经济领域一系列变革，是它可被称为"军事革命"的关键因素。皇太极招揽汉人、蒙古人从军，扩充编制，最终导致八旗打破旧制，扩张为"二十四固山"，规模三倍于前。因为入关前的清朝本是基于八旗制度之国，八旗制度的嬗变，致使国家统治架构随之变化。大批汉人和蒙古军人晋升为统治阶层,使金国膨胀为大清国,专制君主掌握权力,不复凤昔八固山贵族共议国政的政体。清入关后,分派汉军旗人转任地方官,迅速接收明朝遗产,①为军队提供经济支持,得以持续开疆一个半世纪之久,形成中国史上罕见的军事奇观,奠定今日中国之辽阔疆土,而这一切都可自入关前的"军事革命"觅得根由。

综上所述,明朝的军事变革更接近"军事事务革命",而清朝则是"军事革命"。不过,清朝的"军事革命"实以明朝之"军事事务革命"为起点,二者不可分割,故而本书以"明清军事革命"名之。这场"军事革命"固然以宁远城头红夷大炮的轰鸣揭开帷幕,但满、汉步兵也在其中扮演重要角色,揭晓其发展史,对于清楚摹绘这场革命的浮世绘而言,意义不容低估。不过,如果仅限于讨论革命期间,清军步兵演进史,忽略自晚明至宁远攻城战前,女真步兵的情况,不仅算不上一部相对完整的兵制史,也无疑会遗漏诸多影响清军步兵走向的重要讯息。诸如宁远之战前,金军攻城步兵的编制、器械和战术;努尔哈赤创立,旋即废除,又被皇太极恢复之"汉兵"是怎样一回事;努尔哈赤时代的金军究竟有无火器手,是女真人抑或汉人,对皇太极时代八旗火器部队有无影响等问题,虽然是在"军事革命"时段之前,却与革命息息相关。因此,想要完整呈现"明清军事革命"下,清军步兵进化史,必须超越革命年代,从文本出发,追溯晚明以来的军事史。

---

① 渡辺修:《順治年間(一六四四—一六〇)の漢軍(遼人)とその任用》,石橋秀雄編:《清代中国の諸問題》,東京:山川出版社1995年版,第181—203頁。

## 前人研究及史料引用原则

本书在前人研究上,除借鉴本国学者的优良成果外,格外重视日本学者的贡献,积极与之对话。史料采择上,严格坚持史料批判原则,以第一手史料为准绳,下文稍作敷陈。

我国学者治清入关前史,偏重研究政治、法制及社会史,不大注重军事史,特别是兵制史研究。这一倾向反映在学术成果上,就是讨论女真社会形态、金国(清朝)各项政治、法律制度、八旗发展史的作品丰富,缺乏军事史著作。不过,鉴于政治、法制史和军事史存在千丝万缕的关联,部分优秀作品对深化兵制史研究具有重要意义,不可轻忽。

我国的清史研究起自孟森、郑天挺先生。作者初入史学门庭,独钟郑先生之《探微集》,尤好《清史语解》及《清代的八旗兵和绿营兵》两篇,时时诵读。今日看来,两文固然失之疏略,未能展现清前期八旗兵制情况,却不失为了解八旗兵制梗概的入门作品。王锺翰先生《清代八旗中的满汉民族成分问题》一文指出八旗制度是军民合一的社会组织,不纯是兵制;《皇太极时代满族向封建制的过渡》说明金国逐渐抛弃军事民主主义,让位于君权下的专制主义,这与16世纪至17世纪,"军事革命"影响下的欧洲诸国,存在异曲同工之处,发人深思。蔡美彪先生主编之《中国通史》第五编"明清封建制时期"以及四卷本《清代通史》概述明清易代战争经过,特别指出清入关前各项制度深受蒙古传统影响,可谓真知灼见。20世纪90年代以来,清入关前史研究愈发引起学界关注,推出一系列著作,以刘小萌、杜家骥、姚念慈、郭成康四

## 绪　论

位先生的作品最为人称道。刘老师《满族从部落到国家的发展》明确表示16世纪末至17世纪初，建州是以农耕为主，兼有渔猎、手工业的经济形态，迥异于蒙古游牧经济，为本书推测骑兵数量提供了依据。该书基于一手史料，考述"牛录固山制度"建立过程及其重要性，邃密精微，是超越时代的佳作。杜老师《八旗与清朝政治论稿》重点考察入关前八旗领属关系的多次改变，涉及八旗蒙古、汉军成立过程，对作者多有裨益。姚念慈先生《清初政治史探微》就努尔哈赤占据辽、沈后，借鉴明制设立之"都堂"制度作出精审考察，是本书研讨"汉兵"设立问题时，主要的参照作品。郭成康先生《清入关前国家法律制度史》专设"营伍与编制"一节，讨论清入关前兵制变化，注意到皇太极时代，步兵在战时编设为"旗"，满、汉步兵管理手段的区别，步兵地位日益重要等情况，不乏先见之明。清代兵制史同蒙古史关系密切，宝音德力根先生《十五世纪前后蒙古政局、部落诸问题研究》、达力扎布先生《明代漠南蒙古历史研究》探讨15世纪以降，尤其是答言罕分封诸子后，左翼万户牧地分布，构成本书考察金国同罕哈左翼五鄂托克关系的背景。乌云毕力格先生《蒙古民族通史》第四卷介绍明末罕哈左翼政情，简明扼要，他的另一篇宏论《康熙皇帝第二次亲征噶尔丹的满文文书及其流传》直言清代方略不可信，须凭一手史料立论，时时提醒作者毋忘甄别考订史料，始终秉持以一手材料为准的原则。

　　本书研究清入关前的步兵，是横跨清史、满族史、蒙古史和军事史的题目。目前明清军事史领域，最值得称道的学者，首推黄一农老师。他于2012年前，连续刊发多篇论文，考察"军事事务革命"背景下，欧洲火器入华，催化明清军事技术的重大变革，改变中国战场的攻守形态，甚而影响国运兴替的历史。窃以为最具代表性的两篇论文，系《明末萨尔浒之役的溃败与西洋大炮的引进》及《红夷大炮与皇太极创立的八旗汉军》，前文揭露17世纪初明军火器不足以抵御骑兵的实态，证实个别学者竭力粉饰推崇的明代"先进"军火技术不过是后建构的话语，还首次引入"军事事务革命"理论，试图为军事史研究开辟新天地；后文认为皇太极引进、改良火炮技术，建立"乌真超哈"，令清军成为当时全球最强军，皇太极是堪与瑞典国王古斯塔夫二世（Gustav II）相提并论的名帅。他的论文兼有视野、考证之长，为后来者指引学术方向，但一些结论尚有可讨论的余地。

清入关前兵制是日本学者深耕百年的领域，根深叶茂，硕果累累。近四十年来，日本的清朝史研究依然保持着高水平，但研究重心逐渐向清入关后转移，纵使偶有个别涉及入关前兵制史的佳作涌现，如楠木贤道先生讨论大凌河之役，参战军队的编制；增井宽也、杉山清彦关注金国（清朝）亲贵的侍卫制度；绵贯哲郎学长解构八旗汉军内部构造等，但不再有专注入关前兵制的著作。故而本书各章节引述、讨论的日本学界作品，仍以老一辈学者的专著为主，同时尽力吸收与主题相关的新作。

清入关前的"绵甲军"作为步兵主力，早已引起学者重视。内藤湖南先生《清朝史通论》就此做初步考察。安部健夫《八旗满洲牛录研究》详细考证努尔哈赤时代，金军的步兵队伍，他认为女真社会里，只有"伊尔根"（irgen）即"自由民"或者说"士"的特殊阶层，才是"甲兵"（甲士，uksin）亦即骑兵的来源，诸申（jušen）则作为步兵上阵。他进而考察"绵甲"形制,声称天命四年至五年(万历四十七年至泰昌元年,1619—1620)之前,身披绵甲与否,是骑兵和步兵的划分标准;穿绵甲兵士其实是攻城兵。中山八郎《清初兵制的几点考察》同样考求"绵甲"形制,声称使用战车、挨牌之兵、弓箭手、昇鹿角之兵、肩荷木、石的跟役都穿绵甲。三田村泰助《清早期史研究》分析朝鲜文献里"串赤军"的来源,否定安部健夫的猜测,径称这是金军操作战车之步卒。通过上述讨论,基本明确金军"绵甲"是木棉织成,不含铁叶之甲,"绵甲军"是攻坚步兵。不过,诸位前辈的论断囿于时代所限,也存在不少问题,如考究"绵甲"形制,忽视宋元以来纺织甲的发展史,漠视明代史料,用清中期衣甲推测清初样式;将兵种划分与社会阶层差异挂钩;过早断定金军战车出现时间等,均值得商榷。

治清入关前兵制史的日本学者中,阿南惟敬先生无疑是标志性人物,论文集《清初军事史论考》代表着这一领域最高研究水平。他在《关于清初甲士的身份》一文里旗帜鲜明地否定了安部健夫之说,认为清入关前的甲兵并未拥有明确的特殊身份。全体甲兵皆是从每个牛录300名诸申丁壮里选拔的兵士,而非类似"士"(武士)这样的特殊阶层。努尔哈赤统治初期(即所谓"天命初年"),军队的核心是甲兵亦即骑兵。直到萨尔浒战役后,始有步兵随军参战。英明汗统治初期的"绵甲兵"是指重甲兵,到了皇太极时代,骤然增多的出战仆从大多是穿绵甲的敖尔布兵,即 olbo 的音译,也叫做"绵甲兵"。这一观点简明透彻,至今仍是学界认识"绵甲军"的基础。唯是阿南先生限于所处的时代,对清初史料的掌握程度毕竟有限,今人完全有能力立足于他的观点,进一步深化对

"绵甲军"的认知。除此之外,先生尚有多篇佳作值得称道。《萨尔浒之战前后八旗满洲的兵力》以《满文老档》为依据,从军事学角度判断,认为金人固然有6万壮丁,但投入兵员仅当总人力的1/3—1/4,即15000—20000名骑兵。这一认识大大超越同时代学者,展示出作者阅读满文史料的能力和优秀的军事学素养,为本书推测金军马、步兵比例提供旁证,相信它的光芒不会随时代变迁而褪色。《清初巴牙喇新考》关于天命时代"黑营"的论说,承继了史学英才鸳渊一的宏论,又有所创新,视之为除"巴牙喇"之外的八固山兵力集团,定义妥当。《关于清初的白奇超哈》直言"白奇超哈"是太宗时代的满、蒙步兵队伍,又考辨其名称及组织形态。这两篇论文或有零星舛误,但大体框架至今屹立不倒,构成本书论证的基础。

一些学者虽然不具体研究兵制,作品属于八旗制度史和战史范畴,但质量出类拔萃,对作者颇有启发。细谷良夫先生《清朝八旗制度的"gūsa"和"旗"》指出清入关前,满文之gūsa(固山)和汉文之"旗"决不能一一对应,杉山清彦《大清帝国形成与八旗制度》又对此作详细解说。细谷先生另篇《布山总兵官考》揭露金军攻辽阳时,受挫于明军新式大炮,一度退却的隐情。松浦茂先生《清朝的黑龙江政策与少数民族》探讨天聪九年(崇祯八年)十月至崇德元年五月,金军远征乌苏里江情况,成为本书讨论远征军中满洲火器手的背景。楠木贤道先生《清初对蒙古政策史研究》概述天命四年(万历四十七年,1619)金国同蒙古联军的冲突;村上信明《清代的蒙古旗人:他们的情况及在帝国统治中的作用》简述蒙古固山形成史,都值得参考。

## 绪 论

最后必须提到的，是松村润先生关于清初史料，尤其是历朝实录的研究，主要有两册著作，即《清太祖实录研究》和《明清史论考》，详细考察《大清太祖武皇帝实录》《大清太祖高皇帝实录》《满洲实录》《大清太宗文皇帝实录》的编纂及修订过程，是研究清入关前史的必读书。

治清入关前史，须兼通满、蒙、汉文，周览明、清（金）、朝鲜三方史料，已是学界共识。基本史料目录，业经谢国桢、刘小萌老师先后阐明，本书无意赘述。唯廿余年来，随着各类史料陆续公开刊布，要求学人必须注意搜求、选择和甄别材料。下文略述本书引用史料的四条原则。

首先，尽力网罗史料尤其是一手档案。本书主要研究清入关前史，基本档案如20世纪"中央研究院"陆续整理刊行之《明清史料》、台北"故宫博物院"出版之《满文原档》、中国第一历史档案馆刊布之《中国明朝档案总汇》《清内秘书院蒙古文档案汇编》和未刊行之"满文内国史院档"，以及散见于《历史档案》杂志与各类资料集，原件迄未公开的档案，均搜罗齐备。另外前文提到本书追踪兵制发展史，常下探至康熙、雍正甚至乾隆朝，故而中国第一历史档案馆藏内阁（编号02）、军机处（编号03）、宫中（编号04）、内务府（编号05）全宗档案以及八旗谱牒档案，已出版之《康熙朝汉文朱批奏折汇编》《雍正朝汉文朱批奏折汇编》《清宫内务府奏销档》《黑图档康熙朝》等档案集，台北故宫博物院刊行之《宫中档康熙朝奏折》《宫中档雍正朝奏折》亦在寓目之列。各项档案史料，构成本书的资料基础。

尤其须言明一点：清入关前用"老满文"誊录，复于乾隆年间装裱成册之档案，是今人治清初史的基本史料，已是人所共知之事，但这批档案先后以《旧满洲档》《满文原档》之名刊行，个中尚有衷曲，不容讳饰隐匿。台北"故宫博物院"于1969年，整理出版这批档案，共计10册，名为《旧满洲档》，声称："既有资于早期清史之考订，复可明瞭满洲语文演变之渊源。"① 此书一出，被清史学界奉若圭臬，日本学者更组织人手予以转写、翻译和注释。可是，《旧满洲档》在排印过程中，未忠实于原档，舛误颇夥。直到2005年，台北"故宫博物院"影印出版《满文原档》时，才闪烁其词地表示："由于当时选择的复印出版方法，未能完整呈现档案原貌，因此在印行后不久便停止贩售"，② 委婉承认当日失误。今人治清入关前史，除非作文本勘误，否则不宜再引《旧满洲档》，在无法直接征引台北故宫博物院秘藏老满文档案的前提下，当以《满文原档》为准。

其次，严格选用第一手材料，避免"以今拟古"式的错误。前辈学者考察兵制，碍于条件所限，常用后出史料如乾隆、嘉庆时代的官私著作，说明清军入关前的器械或编制，不免讹误。本书有鉴于此，凡有第一手材料可供考察之处，必选用之。拿明朝史料举例，凡有奏疏集存世，本书必先援引，否则征引《筹辽硕画》《皇明经世文编》《皇明世法录》等抄本，不得已始引《明实录》。若文集所含奏疏见于《明清史料》或《中国明朝档案总汇》，则引后两者；若《明清史料》和《中国明朝档案总汇》俱存，则引后者，尽可能以其本来面目示人。

---

① 蒋复璁：《序》，台北"故宫博物院"编：《旧满洲档》第1册，台北："国立故宫博物院"1969年版，第1页。

② 石守谦：《序》，台北"故宫博物院"编：《满文原档》第1册，台北："国立故宫博物院"2005年版，第1页。

再次，坚持多方材料互证。历来兵制改革、器械与战术革新，都基于实战需要。本书探讨兵制发展，离不开记录战事的档案。可是，遍览古今中外战报，夸大胜利，讳言损失，甚至颠倒黑白，上下欺蒙，是司空见惯之举。明清双方的一手史料，同样存在类似现象。黄仁宇先生研究萨尔浒大战，直斥明末史料不可信，反而金国档案尚存朴直之风。然而《满文原档》记录舍里甸、萨尔浒、奉集堡诸役，同样隐瞒己方战损，已经黄一农老师批判。因此，钻研兵制发展，涉及战事，须秉持多方材料互证原则，综合研判双方甚至三方的记载，才能得出相对准确的答案。

最后，注重不同版本史料互勘。治清史最系统、最基本的史料首推《清实录》，但满洲皇室出于私意，迭次窜改。孟森先生斥曰："改《实录》一事，遂为清世日用饮食之恒事，此为亘古所未闻者"，[①] 谓其无存留信史之意。清入关前，制度蒙昧草创，多有不符合礼法道德之举，入关之后，承继中原正朔，修订太祖、太宗两朝实录，使创业史事神圣化，是自然之事。单以《清太祖实录》为例，存留于世者就有顺治本《太祖武皇帝实录》、乾隆本《太祖高皇帝实录》，各有满、汉文本，而乾隆帝指示纂修之《满洲实录》亦胪列太祖史事，令人眼花缭乱。个别学者既未能详考其纂修过程，明白史料价值高低，又不作满、汉文本比勘，贸然引用，下笔即错。故而本书利用清代官书，特重不同版本互勘，再与一手史料比对，知晓错谬从何而起，庶可正本清源。

---

[①] 孟森：《读清实录商榷》，《明清史论著集刊》，中华书局1996年版，第96页。

本书征引满文、蒙古文史料，遵照学界惯例，先作转写，再行翻译。满文罗马字转写，采用国内外通行之穆麟德夫（Möllendorff）写法，蒙古文转写按照亦邻真写法。所有引文均在正文首次出现时注明作者、出处、卷帙、版本、时间及页码，以便稽核。一应引用史料及论著，收入"引用文献"。

# 第一章　建州军队马、步比例浅探（1583—1619）

万历十一年（1583），辽东总兵李成梁麾军直捣古勒寨，斩杀不奉天条、肆虐明边之女真强人阿台（atai，又作阿太）阖族。阿台岳丈叫场（giocangga，又作觉昌安）、妻弟塔失（taksi，又作塔克世）无罪，没于乱军之中。塔失之子努尔哈赤往愬其冤，明朝送还其父尸身，授予敕书20道、马20匹，令其袭为建州左卫指挥使。努尔哈赤自此凭借祖、父所遗基业起兵，陆续吞并女真各部，于万历四十四年（丙辰年，1616）建立金国，自称"天任抚育列国英明汗"。万历四十六年（戊午年，1618），兴兵伐明，于舍里甸歼灭辽东正兵营。次年，复于萨尔浒会战击破三路大军，奠定日后大清国之洪业。[①]

努尔哈赤削平群雄，聚沙成塔，逐步积累起一支强军，作

---

[①] 蔡美彪：《中国通史》第9册，人民出版社2009年版，第10—31页；戴逸、李文海主编，刘小萌撰：《清通鉴》第1册，山西人民出版社1999年版，第1—164页；和田清：《清の太祖興起の事情について》，《東亞史研究（滿洲篇）》，東京：開明堂1956年版，第597—603页；三田村泰助：《清朝前史の研究》，京都：同朋舍1965年版，第116—117页。

为逐鹿天下之后盾。然而，限于史料缺乏，这支军队从无到有，逐渐壮大的细节，尚有诸多晦暗不明之处。建州军队怎样从一支以步兵居多的武力，变为充斥大量甲骑，堪与明朝、左翼蒙古野战决胜之军，便是亟待探讨的问题。众所周知，努尔哈赤在万历三十五年（1607）创立固山，下设甲喇，复以甲喇统驭牛录，此即著名的八旗制度。八固山所辖各类兵种，如前锋、护军、骁骑和步军，亦为清史学者熟知。[①] 然而，这一分类始于清太宗时代，并不适用于英明汗建业时期。综合女真、明朝、朝鲜三方史料来看，建州军队在萨尔浒之战前，没有明确系统的兵种划分，仅根据有无乘马，分为马、步两类。努尔哈赤虽然重视骑兵，用以争衡松漠，但在万历四十一年（1613）席卷乌喇之前，骑兵数量远逊步兵。建州骑多于步，要到舍里甸、萨尔浒大战之后。女真军队通过两次战役虏获众多军马，实力倍增，遂于铁岭之役重创左翼蒙古，达成辽东明、金、蒙古三足鼎立之局，令实力天平倾斜于己。

## 一 引子：从萨尔浒大战谈起

万历四十七年（1619）三月，英明汗率领金军，凭借高超的指挥艺术和优异的机动能力，在辽东荒原连续吞噬三路明军，创下战争史上一大奇迹。参战明军萃集各镇劲旅，不乏经受"万历三大征"、征缅之役和抗衡阿尔秃厮（ordos，又作袄儿都司）等战役淬炼，具备丰富军事经验之精兵宿将，不免付之一炬。明朝自此丧失主动权，在关外战场节节败退，而本

---

[①] 刘小萌：《满族从部落到国家的发展》，第122—212页。

## 第一章 建州军队马、步比例浅探（1583—1619）

系蕞尔小邦，在明朝、蒙古、朝鲜三方势力间奋勉图存的金国经此一战，一跃成为区域强权，竟能在二十余载后君临燕京，建立混一夷夏之伟业。故而萨尔浒之战，实为决定大历史走向之分水岭。

萨尔浒之战如此关键，吸引军事史研究者趋之若鹜，著述不可胜计。通常认为，金军摧败明军之因，可归咎于"步骑不敌"，即兵种差异。日本"陆战史研究普及会"修撰系列丛书《陆战史集》，特别关注萨尔浒之战，于1967年推出丛书第五卷，名为《明清间的决战——萨尔浒战役》，盛赞八旗兵力强悍，铁骑无敌：

> 大家阅读萨尔浒会战史，感受到的就是努尔哈赤率领的清军的恐怖实力吧。攻击命令下达后，诸王开始当先进攻，转眼之间，敌军阵营就被攻陷了。参加富察之野作战的朝鲜兵士描述的敌方印象最能说明这一点，就是"贼骑齐突，势如风雨，炮铳一放之后，未及再藏，贼骑已入阵中"，以及"夕阳下但见射矢如雨，铁马进退，而恍惚难状矣"这样的说法。[1]

后文又将此役视为骑兵对火器的胜利：

> 萨尔浒会战，被认为是装备大量当时被认为是新武器的大炮、火绳铳的明军，对抗那只有弓箭和刀枪的，剽悍

---

[1] 陸戦史研究普及会：《中国古戦史：明と清の決戦——サルフの戦い》，東京：原書房1967年版，第155頁。中文为作者自译。

的满洲骑兵,被后者赢得全部胜利的战役。①

台北三军大学于1972年纂竣之煌煌十八卷本《中国历代战争史》,为萨尔浒之战开辟专章,同样认为明军失利在于"步骑不敌":

> 就两军所有之机动力言:火炮须用车载运行,施放时又须下载支架,故炮兵与使鸟枪者皆系步兵,只有使刀及弓箭者可以乘马,以此明军骑兵不多,主用步行作战,故其机动力量,限于步战范围。后金八旗兵完全为乘马者,其机动能力大于明军数倍,以是之故,明军不能躲避敌人之攻击,也不能追逐敌人之退走。②

上述作品认为参战金军俱系骑兵,锐不可当,完全压倒明军步兵。可是,若将这一结论,揆之参战兵数,便会发觉问题。此役金军投入兵力,众说纷纭。稻叶君山认为八固山全体动员,合计6万人。③ 李光涛说努尔哈赤是以10万之众,以逸待劳,而明军仅有7万兵马,又分四路,是以致败。④ 李广廉、李世愉亦主张努尔哈赤动员10万左右军队,包含大批随正兵出征

---

① 陆战史研究普及会:《中国古战史:明と清の决战——サルフの戦い》,第162页。
② 三军大学编著:《中国历代战争史》第15册,军事译文出版社1983年翻印版,第80页。
③ [日]稻叶君山:《满洲发达史》,杨成能译,东亚印刷株式会社奉天支店1941年版,第192页。
④ 李光涛:《清入关前之真象》,《明清档案论文集》,台北:联经出版事业公司1986年版,第364—365页。

## 第一章 建州军队马、步比例浅探（1583—1619）

之家奴，此说得到黄一农赞同。① 所谓6万之说，是根据牛录数目推算得来，而10万之数，则是基于明、清史料综合评判的产物，各有其史料依据。不过，若说金国这6万—10万部队尽属骑兵，从当日女真社会经济形态看，着实令人生疑。16世纪末至17世纪初，女真民众要么城居，要么屯居，过着定居生活。江嶋寿雄将此时女真部落民居住形态划作四类：第一类是噶栅（gašan）里每一户都有木栅，而以环绕噶栅达（gašan i da）和有势力者房屋之木栅最坚固。第二类较第一类更大，木栅更牢固。第三类设有土、石城和木栅，噶栅达住城内，部落民住城外。第四类设有囊括全体居民之城池、木栅，以努尔哈赤之城为代表。② 女真人在传统渔猎采集之外，复有农耕、手工和商业，而建州在吞并哈达，取得明朝放弃之宽甸六堡后，农业生机勃勃，迥非往昔。③ 故而女真从事定居经济，和蒙古奉行之游牧经济截然不同，积累军马的途径主要靠武力劫夺和商业交换，在萨尔浒之战前，不大可能维持多达6万—10万匹的庞大马群。郭成康注意到万历四十四年，英明汗为讨伐杀戮建州商人之萨哈连部（查哈量部，sahaliyan gurun），出兵远征黑龙江之事，根据调发马匹数量，推算出牛录数目。④ 其实，通过这条史料，亦可窥知彼时建州军马之实

---

① 李广廉、李世愉：《萨尔浒战役双方兵力考实》，《北京大学学报》（哲学社会科学版）1980年第4期；黄一农：《明末萨尔浒之役的溃败与西洋大炮的引进》，第379页。
② 江嶋壽雄：《明代清初の女直史研究》，福冈：中国书店1999年版，第423—424页。
③ 刘小萌：《满族从部落到国家的发展》，第97—100页。
④ 张晋藩、郭成康：《清入关前国家法律制度史》，辽宁民族出版社1988年版，第200—201页。

态。相关记载见于乾隆年间誊抄之《有圈点字档》（tongki fuka sindaha hergen i dangse），即今日通称之《满文老档》，节录如下：

> nadan biyai ice de. emu nirui ninggūte mangga morin be sonjofi. emu minggan morin be usin i jeku de sindafi tarhūbu seme hūlaha. ……nadan biyai juwan uyun de. juwe minggan cooha be. darhan hiya. šongkoro baturu gaifi genefi. ulgiyan biya de isinaha manggi. juwe tanggū weihu de emu minggan duin tanggū cooha be tebufi muke be gene. ninggūn tanggū morin i cooha be olho be gene seme hendufi unggihe. ①

《满文老档》之祖本，即清入关前，以老满文草就之原始档案，仍珍弆于台北"故宫博物院"，以《满文原档》之名行世。研究清入关前史，须以《满文原档》作为第一手史料，并以之为准，对勘《满文老档》，揭示其差异。经查，上述引文在《满文原档》里，出现两次。乾隆年间，史官装裱档案，按《千字文》为序，分为三十七册。引文中，英明汗在七月十九日所降谕旨，自 minggan duin tanggū（千四百）之后的部分收入首册《荒字档》，之前则遗失无踪。可在第二册《昃字档》却完整收录全部引文。台北"故宫"于2005年整理出版《满文原档》时，照旧影印，未作调整，以期呈现文物原貌。作者以《昃字档》为底本，参核《荒字档》收录之残本，誊

---

① 中国第一历史档案馆整理、编译：《内阁藏本满文老档》第1册，辽宁民族出版社2009年版，第210页。

## 第一章 建州军队马、步比例浅探(1583—1619)

抄如下：

> nadan biyai icede emu nirui ninggūte mangga morin be sonjobi emu minggan morimbe ūsini jekude sindabi tarhubu seme hūlaha. . ……nadan biyai juwan uyun de. juwe minggan cooha be darhan hiy-a. siongkoro baturu gaibi genebi ūlgiyan biyade isinaha manggi juwe tanggū uweihude emu minggan duin **duin** tanggū cooha be tebubi mūkebe gene. . ninggūn tanggū morin i cooha **be** olhobe gene ūnggi seme hendubi ūnggihe. . ①

**译文**：七月初一，招呼着每个牛录选六匹壮马，把这一千匹马，赶到庄稼地里上膘。……七月十九日，汗谕：派答儿汉虾、雄科落巴图鲁带着两千兵士出动，抵达乌尔间河后，一千四**四**百兵士乘着二百艘小船，走水路，六百骑兵走旱路，就这么出发了。

《昃字档》在《荒字档》文本上做了改动，在 duin（四）后，又加一 duin，复于 cooha 之后添一助词 be，再将 gene（让去）删去，改为 ūnggi（派），知《荒字档》收录残档，系第一手材料，而《昃字档》是转抄而来。乾隆朝改用新满文誊录时，又综合两件档案，作出调整。根据档案，英明汗非常重视这次远征，特地安排重臣扈尔汉（答儿汉虾）、费扬古（雄科落巴

---

① 《满文原档》第1册，《荒字档》《昃字档》，第69、333—334页。本书标示档案文本，以加粗表示新增词句（如"**sufan**"）；用下划线表示删除词句（如"sufan"）；用阴影表示改动词句（如"sufan"）；涂抹至难以辨识，则用加粗省略号……表示，特此说明。

图鲁）挂帅，水陆并进。因为萨哈连部分布在松花江下游，与黑龙江交汇之处，① 去建州本部窎远，金军骑手长途行军，必需健马。英明汗为筹措良马，向各牛录摊派，要求不惜代价，用未成熟之黍粟秣饲，以期肥壮。即便如此，出征之600名骑兵只有1000匹马，非但不能像蒙古兵那样，一人骑、牵3—4匹马，② 甚至连每人一匹乘马、一匹驮马都不能保证。是以金军马数，特别是战马数字其实不像今人想的那样丰富，决定骑兵数量也不会过多。

日本学者安部健夫和阿南惟敬攻读《满文老档》，都注意到萨尔浒之战，金军骑兵数目有限之事，各自作出阐释。安部健夫认为清入关前，甲兵（甲士）与诸申（jušen）是两个不同阶层。甲兵是从"自由民"（irgen）里选拔，类似于"士"（士分）的特殊阶层。上阵时，甲兵披挂铠甲，乘马出战，还带有许多仆从（從卒），诸申则作为步兵参战。他表示：

> 事实上，当时的兵数并不限于此。首先是当"军夫"的步兵或者步卒，是由诸申（ジュセンが）来充当。具体人数不知道有多少，但要是总人数四分之一的话，就是15000名（天命四年正月，修筑萨尔浒城的时候），如果是二分之一就是30000名。不管后来的六领催是什么情况，在当时的四章京（ジャンギン，后来的千总·领催）

---

① 阿南惟敬：《清の太宗の黒龍江征討について》，《露清对立の源流》，東京：甲陽書房1979年版，第19頁。
② 戚继光练兵蓟镇，称蒙古兵"以一人而骑牵三四个马，且马又是经年不骑，喂息腠壮"，见氏著，邱心田校释《练兵实纪杂集》卷四《登坛口授》，中华书局2001年版，第274页。

## 第一章 建州军队马、步比例浅探（1583—1619）

四塔坦制度（タタン制，一塔坦为75名男丁）下，三分之一的可能性不大。似乎在远征时，甲士和步兵的比例不是恒定不变的，就比如天命二年七月，甲士600名，步兵是1400名（《老档》第61页）。天命八年首次辽西之战，"有马真夷并汉人"约有20000骑，步行的女真兵达到80000名，是明朝的记录（来自《三朝辽事实录》卷一二，阎鸣泰的现场报告）。8000甲士对着15000或30000步兵，算是适中的比例。其次是每名甲士的"从卒"，就是厮养卒。……就算现在我按4:1的平均数字来算，那次远征的时候，只是甲士的跟役（クツレ）就有32000人了。那么，对8000名甲士来说，至少有15000名诸申作为辅助，而作为甲士私属的跟役有32000名——跟随高级军官出征的私属（ポーイ，booi）亲军、护军，再加上他们的跟役，也有55000人了。算上其他人在内，应该可以到六万数千人。上面合计，应该可以超过10万的数目。①

这一观点后来招致阿南惟敬质疑：

安部认为甲士经常带着三、四名仆从兵（従僕兵）一起上阵，所以清军的步、骑比例是3:1的观点，是个很大的误会。天命初年，直到萨尔浒战役时，作为清军主力的甲士本来都是骑兵。在那之后，没有马的甲士，即众多步甲和徒步的仆从才开始参军。即使他们被称为步兵，

---

① 安部健夫：《八旗満洲ニルの研究》，《清代史の研究》，東京：創文社1971年版，第258—260页。

也不存在数量超过骑兵的事实。……虽说是天命年间的甲士，跟之后佐领下属的马甲或步甲性质、身份相同，归根结底是从一牛录 300 名诸申里选出的平常士兵，不必特地将他们划作"士"这样的特殊阶层。……总之，可以断言的是，天命时期的清军核心是作为甲士的骑兵，此外能称之为正规兵的并不多。①

他对萨尔浒之战金军兵力，有着不同看法：

我试着以萨尔浒之战为核心论述，认为当时八旗满洲的实际兵力不是组织计算得出的全部六万人，而是只有三分之一到四分之一。当然因为我能力不足，还不能证明清朝投入萨尔浒战役的兵力实际在 15000 名左右。②

安部健夫通过统计牛录数目，计算金军可动员丁数。他认为金军在英明汗治下，分为两部分，主力是由"自由民"选拔出的甲士即披甲骑兵，数量并不多，辅以部分征调诸申和大批仆从，这两者均为步卒，另一部分是亲贵随身亲军、护军及其仆从。两部分合计超过十万之众。换句话说，他不认为金军在萨尔浒之役全凭骑兵作战，而是投入众多步兵。这一论断虽然在兵力上，主张有十万之众参战，和大众通常认知的"倾国而出"一致，却不见得符合金国社会阶层划分的真实情况，也

---

① 阿南惟敬：《清初の甲士の身分について》，《清代軍事史論考》，東京：甲陽書房 1980 年版，第 201—204 頁。

② 阿南惟敬：《サルフ戰前後の満洲八旗の兵力について》，《清代軍事史論考》，第 172 頁。

得不到一手史料支持。阿南惟敬不拘泥于仅从牛录推断兵力之法，而是细心爬梳《老档》，认为金军甲士尽属诸申选出之精壮，皆系骑兵。萨尔浒之战前后，金国固然有6万壮丁，但投入兵员仅当总人力的1/3—1/4，即15000—20000名骑兵。他的看法虽然和主流观点不同，却有扎实的文献基础。诚然，金军在界藩阻击明军，有提前布置的修城夫役参战，努尔哈赤在乞洪泊击破明军战车队，是依靠随身巴牙喇兵，但金军作战主力确实是"甲士"即骑兵，而且金军位居内线，唯有依靠精锐骑兵，才能在数百华里范围内迅速机动，抓住时间差连续打垮三支明军，符合战术逻辑。因此，阿南惟敬所言，更接近萨尔浒战役前后，金军实际情况。那么，努尔哈赤历经数十年生聚，到萨尔浒决战，厩中军马仅能支持15000—20000名骑兵。可推知此前数十年，建州马匹更少，虽然视骑兵为武力核心，但规模有限，恐怕还有一支规模不小的步兵队伍。下文将综合女真、明朝、朝鲜三方史料，围绕关键事件揭示建州军队壮大过程，探索她在不同时代的马步比例。

## 二 统一建州后的马步比例

16—17世纪女真部落，按明朝的认知，大体分建州、海西、野人三部。努尔哈赤起兵后，至万历二十一年（癸巳年，1593）击破所谓"九国联军"，基本统治建州各部。这时建州共有马、步兵万余，虽然以骑兵为中坚力量，但步兵数量远胜骑兵，下文略作交代。

万历四十一年，本兵薛三才回顾建州扩张史，总结道：

> 盖自奴酋奄有毛怜诸卫，称极众，并获敕书赏赐；近又益据腴壤，尽貂参、东珠之利，称极富；吞夺南关、灰扒、叭哪、黑龙江诸夷，称极大。①

这段话实自万历三十七年，辽东巡按熊廷弼之语改订而来：

> 自奴酋以孤俘纵为龙虎将军，号召部落，奄有建州、毛怜诸卫，而其众始强。岁得我敕书赏赐、车价无算，近又益以膏腴地数百里，而其财始富。并南关、并灰扒、并叭哪、并黑龙江一带诸夷，拓地数千里，而其势始大。②

熊廷弼所言有两处须作解说订正，一是将万历三十五年（丁未年），建州军队于乌碣岩重创乌喇兵马，理解为吞并乌喇；二是建州势力尚未扩展至黑龙江，所谓"并黑龙江一带诸夷"大概指收取东海女真部落。不过，总的来说，熊廷弼简明扼要地揭示出努尔哈赤壮大力量之全貌。他将建州军力膨胀归结为两大关键事件，一是"得众"，通过统一建州、毛怜等卫，统治大量丁壮，构成军队骨干；二是"得势"，靠吞并哈达、辉发、击败乌喇和收取东海女真拓展地盘，扩张势力，很有见地。考察萨尔浒之战前，金军马、步比例和兵种情况，需要紧扣这两个重要时段，做重点分析。

---

① 薛三才：《题为建夷慑服天威修质了旷典乞敕庙议处置以慰远忧以息边患事》（万历四十一年八月二十六日），收入《薛恭敏公奏疏》不分卷，国家图书馆藏明钞本，第10b页。

② 熊廷弼：《议增河东兵马疏》（万历三十七年六月十八日），收入氏著，李红权点校《熊廷弼集》卷二《巡按奏疏第二》，学苑出版社2011年版，第93页。

## 第一章　建州军队马、步比例浅探（1583—1619）

建州部落林立，人口稠密，甲于女真诸部，有隆庆六年（1572），巡抚张学颜题奏为证：

> 辽镇三面环夷，在土蛮以尊称，其部落速把亥以强称，建州诸夷以众称，踪迹连和，声势相倚。①

斯时环绕辽东的各股势力，以土蛮、速把亥和建州最令明朝关注。土蛮即《阿萨喇克其史》之 tümen ǰasaγtu qaγan，《大黄册》之 tümen ǰasaγ-tu qaγan，是名义上的蒙古大汗，② 故张学颜说他"以尊称"。速把亥（subuqai/subuqai obung/subuqai darqan noyan）系答言罕第五子，分封至罕哈左翼的纳力不剌（又名安出孛罗，nalču bolod）之孙，为罕哈左翼五鄂托克（即明人所言罕哈五营）之一的巴林领主。③ 他身材魁梧，性格强悍，时常劫掠明边，曾于嘉靖三十五年（1556）攻杀总兵官殷尚质，夺取旧市堡。辽东明军在本次战斗损失惨重，一

---

① 刘应节：《虏贼复仇入犯仰仗天威斩获首级恭报捷音疏》（隆庆六年闰二月初六日），收入《白川刘公奏议》卷五，国家图书馆藏明万历刻本，第29a页。
② 善巴台吉（šamba tayiǰi）著，乌云毕力格译注：《阿萨喇克其史》，内蒙古大学出版社2014年版，第81、174页；tuba tayiǰi ǰokiyaba, öljeyitü qarγuγulǰu tayilburi kibe, ba baγana kinebe, *erten-ü mongγol-un qad-un ündüsün yeke šir-a tuγuči orošiba*, p. 121.
③ 速把亥祖先源流及名号，参见 tuba tayiǰi ǰokiyaba, öljeyitü qarγuγulǰu tayilburi kibe, ba baγana kinebe, *erten-ü mongγol-un qad-un ündüsün yeke šir-a tuγuči orošiba*, p. 131. dharim-a ǰokiyaba, čoyiǰi tulγan qaričaγul ǰu tayilburilaba, *altan kürdün mingγan kegesü*, köke qota：öbör mongγol-un arad-un keblel-ün qoriy-a, 2013, p. 211. 本书纪蒙古贵族、部落之名，优先采用明朝译名。罕哈左翼五鄂托克，又名山阳罕哈五鄂托克，即所谓内喀尔喀五部，见宝音德力根《十五世纪前后蒙古政局、部落诸问题研究》，博士学位论文，内蒙古大学蒙古史研究所，1997年，第109—112页。

说军民亡失四千人,一说仅官军便折损七千之众,① 张学颜畏惮其力,谓彼"以强称"。建州则以酋长众多,人口稠密,同土蛮罕、速把亥鼎足而三。据万历十五年左右,辽东巡抚顾养谦奏疏,建州人丁有30000余人,② 虽不能和大汗直属之察罕儿万户相提并论,但若能合众一心,力量可观。努尔哈赤就是看到这一点,青年起兵后,汲汲于统一建州诸部。

努尔哈赤起初力量微弱,"过去兵、甲都少"(cooha ūksin komso bihe..),③ 但他本身武艺高强,又有谋略,尽力争取边臣支持,最终成为明朝统治女真的代理人。万历十七年,朝廷因其管束建州、毛怜卫,学好忠顺,斩杀骚扰明边之克五十、冬奇等人,加升都督佥事,作为外藩模范。④ 迨至万历二十年,援朝之役爆发后,他已积累起一支可观的队伍。万历二十三年(朝鲜宣祖二十八年,1595),建州女真至朝鲜渭原采参,27人被杀,努尔哈赤震怒,有开战之势。朝鲜君臣深知边备废弛,不能抵御,除去陈请明朝干涉外,⑤ 陆续派人出使建州,缓和事态;嗣后数年,又向明将打探虚实,留下四条记录。一是万历二十三年,通事河世国深入虎穴,目睹建州军队

---

① 瞿九思:《万历武功录》卷一二《东三边·速把亥列传》,《续修四库全书》史部第436册,第611页;李辅等修纂:《全辽志》卷四《祥异》,国家图书馆藏明嘉靖刻本,第94a页。

② 顾养谦:《议处辽镇兵饷(图说附)》,收入《冲庵顾先生抚辽奏议》卷五《疏》,《续修四库全书》史部第478册,第252页。

③ 《满文原档》第1册,《荒字档》,第68页。

④ 顾养谦:《属夷擒斩逆酋献送被虏人口乞赐职衔》,收入《冲庵顾先生抚辽奏议》卷一九《疏》,第476—484页。

⑤ 驻朝鲜训练新军之南兵游击胡大受应宣祖所请,派心腹余希元赴建州调停,此事始末见杨海英《域外长城——万历援朝抗倭义乌兵考实》,上海人民出版社2014年版,第126—140页。

## 第一章 建州军队马、步比例浅探(1583—1619)

编制大略，弥足珍贵：

> 大概目睹，则老乙可赤（努尔哈赤——作者注）麾下万余名，小乙可赤（努尔哈赤胞弟速儿哈赤——作者注）麾下五千余名，长在城中，而常时习阵千余名，各持战马，着甲，城外十里许练兵；而老乙可赤战马则七百余匹，小乙可赤战马四百余匹，并为点考矣。①

河世国自八月出发，十一月返归，滞留建州月余。他说努尔哈赤有壮丁万余名，胞弟速儿哈赤（sioragaci/šurgaci，舒尔哈齐）有壮丁5000余名，合计15000人以上。又说努尔哈赤有700多匹战马，速儿哈赤则有400余匹，常川训练之甲骑总数不过1000余名。但这1000余甲骑究竟是二人亲随护卫，抑或全部乘马甲士，并不清楚，还要参考其他史料。

二是万历二十四年（朝鲜宣祖二十九年，1596）平安道观察使尹承吉转报余希元招抚建州情况，同样出自河世国供词：

> 老可赤副将领骑兵三千余名，整立道下，或带弓矢，或持枪仗，步军六千余名，成三行而立。②

努尔哈赤为展示军威，拿出全副家当，计有装备弓箭、长矛的

---

① 尹孝先等纂：《宣祖昭敬大王实录》卷六九，二十八年十一月戊子，国家图书馆2011年版，第599页。另，本书所引《朝鲜王朝实录》皆系国家图书馆出版韩国国史编纂委员会1955—1958年（檀纪4288—4291年）影印本。
② 《宣祖昭敬大王实录》卷七二，二十九年二月丙寅，第653页。

骑兵3000余名、步兵6000余名，加上先行迎接的200名骑兵，总数在万人左右，与河世国所言壮丁万名之数相符。看来之前日常训练的甲骑，实为努尔哈赤兄弟之亲卫队。

三是万历二十六年（朝鲜宣祖三十一年，1598），李成梁之子，辽东副总兵李如梅向宣祖陈说老罗赤（努尔哈赤）军力：

> 此贼精兵七千，而带甲者三千。此贼七千，足当倭奴十万。厥父为俺爷所杀，其时众不过三十，今则身自啸聚者至于七千。虽以十人来犯境土，即报辽东而求救。西北虽有狨子，皆不如此贼，须勿忽。①

李如梅果敢善战，以武勇著称，随长兄如松援朝时，在碧蹄馆殪毙着金甲之倭将，扭转危局。复于万历二十三年，率700名骑兵在大安堡抵挡朵颜卫左都督长昂（jongnan）三千兵马，盔中三刀，甲被四箭，死斗不退，迫使蒙古兵撤走。②他迷恋个人技勇，热衷收养家丁，倚仗祖荫招揽降夷、健儿，蓄养浪荡死士，花费至于万金，上阵多资其力，是以南倭北虏咸畏其名。③李如梅既然青睐勇士，广纳降人，必然对努尔哈赤的精锐部队多有耳闻。他表示建州精锐不过7000人，却足以抗衡扶桑十万之众，纵使蒙古铁骑亦不足以撄其锋。其中"带甲

---

① 《宣祖昭敬大王实录》卷九七，三十一年二月戊午，第376页。
② 宋应昌：《叙恢复平壤开城战功疏》（万历二十一年三月初四日），收入《经略复国要编》卷七，《四库禁毁书丛刊》史部第38册，北京出版社1997年版，第145页；李化龙：《乞易衰庸将领疏》（万历二十三年八月初七日），收入《抚辽奏议》卷三，《四库禁毁书丛刊》史部第69册，第112页。
③ 李化龙：《甄别练兵官员疏》（万历二十三年五月十八日），收入《抚辽奏议》卷三，第101—102页。

## 第一章　建州军队马、步比例浅探(1583—1619)

者"亦即披甲骑兵不过3000名,是全军核心,余者尽属步兵。抑而言之,此时努尔哈赤兄弟有万名丁壮,可出动7000名精兵,包括3000名骑兵、4000名步兵。

最后是万历二十七年(朝鲜宣祖三十二年,1599),辽阳副总兵佟养正就"老胡"(努尔哈赤)动向,答复宣祖问询:

> 俺家住距挞子地方三百余里,明知其众不过一万。……江界近处,则山峻且险,胡虏以驰突为长技,无虞也。①

宣祖自李如梅处闻知努尔哈赤兵马精强,日夕忧惧,枕不安席。佟养正称建州丁壮不过万人,且以骑兵驰突为长技,在朝鲜北部山岳地区难以施展,不足为惧。宣祖闻言,如释重负,说自己头一次听到实情,表达谢意。综合上述史料,不难勾勒出万历二十三至二十七年(1595—1599),建州军队之实态。此时建州实行"两头政长"制度,② 军队、丁壮分属努尔哈赤、速儿哈赤管理,总计有丁壮万余人,此即全部可动员兵力,包括3000多名骑兵、6000余名步兵。此内最精锐者计7000余人,含全数骑兵和4000余名步兵。骑兵队伍里,有1000多名是努尔哈赤兄弟的护卫队,即此后所谓"巴牙喇"者。故而建州军队马、步比例为1∶2,精锐部队的马、步比例是1∶1.3,证实建州军队虽然以骑兵为核心,但无论在总兵力抑或精兵数目上,都以步兵占多数。

---

① 《宣祖昭敬大王实录》卷一〇八,三十二年正月乙酉,第553页。
② "两头政长"指部落联盟内部并立两位酋长,见刘小萌《满族从部落到国家的发展》,第106页。

## 三 吞并乌喇前后之马步比例

海西女真一名扈伦女真，包括哈达（南关）、辉发（灰扒）、乌喇（呕哪）、叶赫（北关）四大部。万历二十七年，努尔哈赤吞并哈达，积极向外扩展势力，于万历三十四年接受罕哈贵族所授 köndelen 尊号，自称"淑勒昆都伦汗"。① 次年，他集中兵马，在乌碣岩大破乌喇主力，打开征服东海女真的通道，又攻灭辉发。万历四十一年，强盛一时的乌喇部落最终覆灭。战胜和攻取乌喇，是建州军事扩张路上至关重要的一步。彼时乌喇军力强悍，甲骑众多，不但威行海东，且于万历三十三年（宣祖三十八年，1605）重创配备优越火器，企图压制女真诸部的朝鲜新军，堪称东方一霸。努尔哈赤打败乌喇，极大增强军力，不仅扩充军队、马匹数目，也令他的骑兵队伍具备抗衡新式火器的经验，是清初军事史上不可忽略的一页，下文略作说明。

朝鲜王朝在日本侵略之前，曾两度响应宗主国之命，讨伐建州，军事上处于优势地位。然而，壬辰役起，守备"千里长城"，压制女真之北道精锐尽数捐弃沟壑。② 宣祖面对内忧外患，企图依靠引入火绳枪（鸟铳，见图1-1）等先进兵器，延请明军南兵将领，采用戚继光之练兵法，以及吸纳降附日本人入伍，重建新军。宇田川武久最早注意到这一军事改革，在

---

① 楠木賢道：《清初対モンゴル政策史の研究》，東京：汲古書院2009年版，第23頁。
② 池内宏：《文禄慶長の役・正編第一》，東京：吉川弘文館1987年版，第168—221頁。

## 第一章 建州军队马、步比例浅探（1583—1619）

其名著《东亚兵器交流史研究》开辟专章《壬辰、丁酉倭乱与朝鲜王朝兵器的变化》，予以系统考察，得出结论：

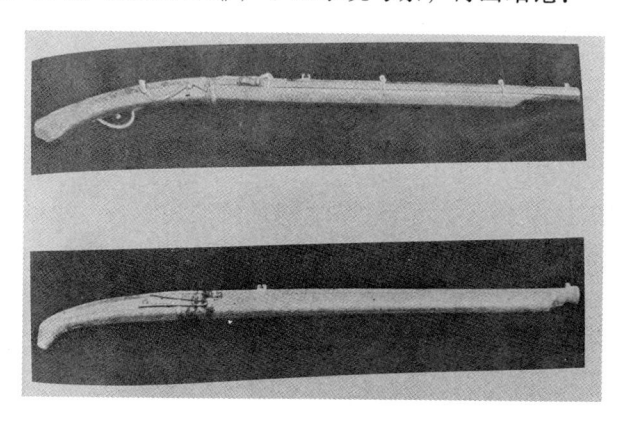

图1-1 朝鲜鸟铳（选自赵仁福《韓國古火器図鑑》，漢城：大韓公論社1975年）

明朝在壬辰倭乱爆发后，应王朝邀请派大军奔赴朝鲜半岛，前后参战明军人数超过十万。因为本国的兵器无法抗衡丰臣秀吉的大军，朝鲜王朝向明军学习兵器和技艺来备战。明军一到朝鲜，李朝的士兵就向明军将领学习刀法、火器操法和炮车战术，还去明军营地，共同守备，详细了解战阵情况。国王听取柳成龙的意见，设立训练都监，系统训练朝鲜兵卒。训练都监聚集了武艺超群之辈，学习刀、枪、镋钯、狼筅、藤牌和火炮等各式操法，负责教授的教师都是精通武艺的明军将领。……无法大批制造精巧鸟铳（火绳枪——译者注）的王朝，被迫使用在各地缴获的战利品鸟铳，在训练都监从事训练。随着战事变得旷日持久，受朝鲜王朝怀柔降倭政策影响，出现许多效

57

忠的降倭。尽管他们的效忠是因为受到优待，但国王利用这群降倭，不仅可以同丰臣秀吉作战，还可以镇压国内的土匪叛乱。降倭不仅对这场战争的胜利起到重大意义，而且日本刀和铁炮（火绳枪——译者注）的制造和使用方法就是通过他们传进朝鲜的。①

宇田川先生从技术史角度出发，将朝鲜改良军械，变更战术，视为受明朝、日本共同影响的产物。目前学界有关朝鲜采取戚继光练兵之法，推动军事改革的研究，以杨海英最为完备深入，认为朝鲜此举称得上"军事变革"：

> 总之，从壬辰战争的宣祖时代开始，朝鲜开始军事变革：设立训练都监，学习《纪效新书》及戚家军的"三手"之技（即炮手、射手和杀手——作者注），展开持续练兵运动。其"首重炮手"的思想，体现了练兵运动中的新思维——当时世界已从冷兵器时代进入火器时代，使用火器在战争成败中占有重要地位。宣祖紧跟时代潮流，妥善处理新、旧矛盾达成平衡；在以使用弓箭为主的朝鲜传统武士中，新增射手技法，如剑术、双刀等，并新设杀手、炮手，配备三手技法，学习诸多可变换的阵形、阵法，变革朝鲜传统的军事战术和战略思想，使朝鲜军队的面貌焕然一新。②

---

① 宇田川武久：《東アジア兵器交流史の研究——十五—十七世紀における兵器の受容と伝播》，東京：吉川弘文館1993年版，第449—450頁。
② 杨海英：《从〈唐将书帖〉看明清时代的南兵北将》，中国社会科学出版社2022年版，第190页。

## 第一章 建州军队马、步比例浅探（1583—1619）

引文赞扬朝鲜军队经宣祖主持之"军事变革"，蜕变为一支全新军队，但这里的"变革"究竟是指"革命"（revolution）抑或"创新"（innovation）、"改革"（reform）和"变革"（change），未做交代。欧阳泰将朝鲜的军事改革置于他提出的"火药时代"（The gunpowder age）术语之下，他态度审慎，尽量避免用"革命"或"变革"等语汇形容朝鲜的进步，只是将其视为长时段中一次"创新"（innovation）。尽管如此，他还是对朝鲜改革予以褒奖，认为朝鲜痛定思痛，建立新军，堪称17世纪，全球最强大高效的火绳枪部队之一。① 不过，从17世纪初，朝鲜同女真部落几次军事冲突来看，不宜过高评价新军战斗力，宣祖编练新军，充其量算得上"改革""创新"和"变化"，还达不到"变革"甚至"革命"的程度。

朝鲜在抗倭结束后，迫不及待地将新军精锐调往北方，企图恢复对女真部落的优势。万历二十八年（宣祖三十三年，1600）夏，朝鲜调发王京、黄海、平安道精锐炮手（即鸟铳手——作者注），辅助咸镜道官军攻入毛怜卫老土（老佟）部落，焚毁城寨，复以鸟铳手殿后，挫败追兵。② 朝鲜史料吹嘘此役令毛怜卫七处据点被毁，人口损失近万，贵族为之震恐，老佟仅以身免，常思避居深山；努尔哈赤作为老佟之主，也于次年遣使，借请求授职为名，试探朝鲜态度。③ 边将受胜利鼓

---

① Tonio Andrade, *The Gunpowder Age: China, Military Innovation, and the Rise of the West in World History*, p.181.
② 《宣祖昭敬大王实录》卷一二五，三十三年五月庚戌，第68页。老土本名 lotun，又作老佟、老吞、罗屯，系毛怜卫酋长，其事迹见三田村泰助《清朝前史的研究》，第197页。
③ 《宣祖昭敬大王实录》卷一二六，三十三年六月乙酉，第77页；卷一四二，三十四年十月丁亥，第307页。

舞，于万历二十九年（宣祖三十四年，1601）集中包括炮手在内之兵，用火器攻破水乙虚、交老两部落，本军无一损失。①一时新火器和炮手炙手可热，被视为驱除女真之利器。

其时乌喇酋长布占太（布占泰、夫者卓古，bujantai）趁毛怜卫虚弱，向西扩展力量。万历三十一年（宣祖三十六年，1603）乌喇骑兵骚扰锺城、美钱镇，均被守军用火绳枪击退。②嗣后，乌喇军队控制毛怜卫之件退村寨，以此为基地，于万历三十三年（宣祖三十八年，1605）三月，突袭豆满江畔之潼关镇，包含京炮手、本道炮手在内的守军竭力抵抗，用火绳枪击毙亏时介等五名骑将，犹然不支陷没。③朝鲜君臣亟思依照攻破毛怜先例，组织王京、各道精锐炮、杀手，配合咸镜官军征讨乌喇，惩膺酋首，不意惨遭失利，戳破新军无敌之画皮。《宣祖实录》载有三份战斗报告，内容不一，须互相参看。其一为五月十九日，咸镜监司徐渻状启：

> 五日，雨不克涉。初六日，一齐渡江。初七日还师，八日班师，散遣诸将，还到行营，料理添防守御事宜。臣闻问诸将，参以各人所言，则当初约束"由丰界进兵，过丰界后岭，有地名芦洞，水草颇好，亦宜藏兵。黄昏到此，人点饭，马饲料，住近歇足。四更头起马，昧爽攻栅，而先用我军紧围三面，开其向北走路，令卓斗等截住以待。贼若不战而走，则合兵鏖杀，领兵入保，用铳筒、

---

① 《宣祖昭敬大王实录》卷一三四，三十四年二月甲申，第199页。
② 《宣祖昭敬大王实录》卷一六六，三十六年九月甲寅，第531—532页；卷一六九，三十六年十二月己酉，第555—556页。
③ 《宣祖昭敬大王实录》卷一八六，三十八年四月壬子，第50—51页。

## 第一章 建州军队马、步比例浅探（1583—1619）

火箭攻拔事"申明。及到中路，用向导人指说，不由前约丰界路，而迤从迂路以进，盖欲直出贼巢，使贼不及设备，且以丘陵互蔽，不见人马之形故也。道路之远，几至五息，马驰人走，平明始至，望见时排，似无出兵拒战之状。边兵、藩兵贪其房获，争先趋附，骈入胡庐，抢掠人畜之际，贼以百余骑自柳林中疾驰，直冲我军。我军既已疲劳，而又出不意，阵动少却。贼插弓于箙，挥剑俯斫，驰突出入，军势将乱，金宗得手斩一人，督率诸将冒锋进战，散而复合，列成阵势，隔水交战，射矢放炮，或中贼落马，或中马仆地，贼气摧沮。虞候成佑吉与手下突骑数十大呼陷阵，贼遂溃走，追至数里许，斩首数十级，而我军人马饥困，皆不堪战，日且晌午，遂徐徐引退，不能更谋进取。先遣步卒由丰界路缘山退师，成佑吉与诸将各率精骑，殿后而来。正到丰界，贼骑追及，士卒惫，尽失措。佑吉驱炮手十余，使之齐放，适中裹甲，尚以红毡，骑白马一胡，已拨马先退，行未数步，堕马而死。佑吉因乘势拔剑骤马，连斫杀四贼，贼披靡，追过二岭而回，贼不更迫云。一军之人皆云："在丰界，我军数千弥满山谷，贼之追骑不过四五十，而饥渴已甚，手不能举，足不能运，自分为鱼肉，而得免为胡地之鬼者，皆虞候成佑吉之力也。若又得如虞候者一人，则贼可以匹马不还"云。[①]

徐渚所述战况，大约出自主帅、咸镜北道兵使金宗得之语，多方讳饰败绩，似乎朝军遭受骑兵袭击，仍能发起反击，稳住阵

---

[①] 《宣祖昭敬大王实录》卷一八七，三十八年五月壬辰，第66—67页。

脚，撤兵途中复用火绳枪击杀乌喇主将，平安返归。可是，将本条史料与《宣祖实录》辑录咸镜道按问御史李廷馦所上状启互勘，便会发现朝军溃败之真相。考李廷馦启文有二，一在五月二十二日：

> 臣于本月初四日以土兵试才事，驰到行营，路上逢着兵使，已领南、北道炮、射手三千余名，以件退焚荡事，约藩胡、卓斗以去云。臣留行营，伫待捷音，初八日申时，忽闻营中哭声轰天。惊惶问之，则营军士自战所来言某某存殁之故。臣即问行军胜败之形，则初七日夕，我军自钟城带同卓斗军渡江，初八日早朝到件退贼窟。先锋才入，恃排外胡家焚荡之际，贼胡已先准备，埋伏铁骑数百许，不意突出挥剑，乱击我军，我军不能抵当，一时溃散。步军登山以走，马军由路奔北，各自逃生。虞候成佑吉忘身奋勇，率若干战士且战且退，手斩贼胡数三，然后贼小退。若非佑吉尽力拒战，则我军几不能济云。钟城一路裹疮之军，或逢剑，或中箭者，连络以还，问其焚荡形止，则如出一口。到处镇堡孤儿寡妇之哭声，惨不忍闻。战亡人则奔逃山谷之人，或过三四日后，亦有还来之人，时未详知其数。诸将中，训戎佥使任义逢剑重伤，会宁判官李祥龙逢箭重伤。卓胡之军，二三亦为战死。藩胡石乙将介中箭，石乙将介之子亦逢剑。大概聚一道之精锐，不利于今次一掷。诸将斩馘虽曰五十余级，所获不能补其所亡。人心沮丧，有不战自溃之形，所见极为闷虑。①

---

① 《宣祖昭敬大王实录》卷一八七，三十八年五月乙未，第68页。

## 第一章 建州军队马、步比例浅探（1583—1619）

六月十二日，李廷馣再上状启：

> 件退贼巢距钟城仅三息，无高山峻岭之险。距钟城二息，有丰界部落，若往件退，则必由丰界之路。我国之人只知有此大路，而不知有他路。行军之时，卓军及我军左右长蛇以行。钟城藩胡数人及卓胡之军，向导而去，向导之胡以为："丰界则常有伏兵，不得过行，由山路以行，则路尽处即贼巢，由山路行军可也。"我军不知远近，只听这言以去。其路极迂远，可五息有余，而无川水可饮之处。一夜之间，士卒行五息余地，狂奔驰去，未及巢穴，气力已尽，饥渴亦极，或有溲溺而饮者，或有泥泞之地，马践之迹，微有水气，以舌啖食之者，其饥渴困顿之状，不可形言，而才及贼窟，已先准备，以铁骑蹙之饥困不教之卒，安有抵当之理乎？炮手未及放火，射手未及发矢，弃甲抛兵，各自溃散。贼追奔二息余地，诸将及军卒无不逢剑，逢捶，逢箭。虞候成佑吉出死中求生之计，带同战士、炮手数十人，且战且退。若非佑吉奋勇逆战，则兵使亦不免陷没之患矣。①

朝鲜集中咸镜一道精锐，翼以王京及他道炮、杀手，以及归顺女真骑兵（藩胡、卓斗），征讨乌喇部落所据之件退屯寨。主将金宗得为达成突袭，采纳女真向导建议，放弃大路，于五月初七日趁夜色驱赶队伍，取道山路迂回行军，一夜之间跋涉五息（一息约30华里，五息约150华里，75公里）之地。朝鲜

---

① 《宣祖昭敬大王实录》卷一八八，三十八年六月乙卯，第80页。

武官乘马，兵士皆系步卒，背负军械、糈粮，踉跄而进，沿途至有饮人溲马溺解渴者，格外狼狈。次日清晨，朝军抵达件退木栅外，而乌喇戍军早有防备，以数百铁骑逆战，朝军猝不及防，登时被骑兵冲垮，四散溃败。唯独虞候成佑吉率骑兵、炮手殿后，抵挡乌喇骑兵尾追夹击，挽救大部分军队。事后统计，全军战死正军213名，皆系炮手、精兵，而仆从不计，①脱归者大半带创。这是朝鲜自倭乱之后，向女真部落发动的最大规模讨伐，动员兵力达3000余名，以精锐炮、杀手作先锋，却被数百名乌喇骑兵打得一败涂地，充分暴露新军不堪野战，难以应付铁骑冲突之弊。此役宛如当头棒喝，令朝鲜君臣头脑清醒，不复有征讨女真之志，唯务保守六镇边塞，②而布占太威名远扬，得到六镇一带女真部落拥戴，譬如曾在朝鲜、乌喇之间首鼠两端，还出兵协助攻打件退之卓斗部落，在战后迅速倒向乌喇。③

件退之战既令努尔哈赤意识到朝鲜外强中干，不足为惧，也将布占太视为头号竞争对手，决心斩断乌喇，永绝后患。万历三十五年，努尔哈赤派速儿哈赤、长子褚英（出燕，cuyan）、次子代善（带善，daisang/daišan）领军穿过乌喇，迎接新降附之布占太下属，东海女真贵族策穆德黑（tsemdehe），刺激布占太兴兵。布占太不堪羞辱，发精兵万人，于锺城附近之乌碣岩（门岩）拦截，被早有准备的建州军队重创，损失惨重，朝鲜史料称："忽刺温（乌喇）大败，尽弃器械、牛马

---

① 《宣祖昭敬大王实录》卷一八九，三十八年七月丁丑，第85页；卷一九九，三十九年五月癸酉，第192页。
② 《宣祖昭敬大王实录》卷一八七，三十八年五月己亥，第69页。
③ 《宣祖昭敬大王实录》卷一九〇，三十八年八月辛酉，第113页。

## 第一章 建州军队马、步比例浅探(1583—1619)

而走"，① 大群马畜被掳。《满文原档》记载建州军队斩杀波可多贝勒（bokdo beile）以下3000人，掳获3000套盔甲、5000匹军马。② 缴获马匹如此之多，意味着大部分乌喇骑兵都葬送于此役。

万历四十一年，努尔哈赤麾军东进，在富勒哈城（fulha i hoton）一带击败布占太，最终吞并乌喇。这是建州扩张史上最重要事件之一，而《满文原档》所载文本脱落零散，不成册页，致使《老档》纪事亦不能连缀，须覈校原文，还原旧貌。清朝史官誊抄《满文老档》，收录努尔哈赤于富勒哈城附近遭遇乌喇大军时，发布之汗谕，其实残缺不全，和后文不能连贯。中国第一历史档案馆影印《内阁藏本满文老档》忠实于原貌，自第一册第70页最末一句，至71页第二句，貌似整齐，实则悖谬不通：

> muse ere ujulaha beise ambasai beye ci sacime dosifi. ula i bujantai han i ilan tumen cooha be gidafi tumen niyalma waha. ③

自 beise（贝勒们）以上属第70页，繇 ambasai 开始属第71页，直译"从我们这打头的贝勒、大臣自己个们（以下），砍杀进去，压倒乌喇布占太汗的三万兵，杀了一万人"，不唯文义晦涩，且努尔哈赤之谕发布于攻击之前，不可能预知战斗结

---

① 李埴、蔡裕后等纂：《宣祖昭敬大王修正实录》卷四一，四十一年二月甲午，第700页。
② 《满文原档》第1册，《荒字档》，第4页。
③ 《内阁藏本满文老档》第1册，第70—71页。

局，其间必有缺失。20世纪80年代，中国第一历史档案馆、中国社科院历史研究所合译《满文老档》，发现这一问题，经过翻查，认为缺失部分在第10函，第74册，名为"太祖皇帝天命年月不全档"的倒数第3—4段。译本不仅据此补齐汗谕，还翻译富勒哈一战过程，功不可泯。[1] 不过，作者为阅读富勒哈之战部分，覆以《内阁藏本满文老档》，发现此役相关文本并不在第74册倒数第3—4段，而是散落在第10函，第74册《天命朝记事十二件　年月俱未记》的第28页至31页（全书之3408—3411页），且前后支离乖谬。作者整理文本如下：

> coohai beise ambasa geren coohai niyalma gemu urgunjeme. abka akjaka na aššaha gese sucume genefi morin yalufi. tereci cooha … geneci. bujantai han ini ilan tumen cooha be gaifi fulha i hoton be duleme jifi yafahalafi alime gaihabi. sure kundulen han i cooha dosime genefi. tanggu okson i dubede dain i niyalmai gabtaha sirdan isinjire bade. morin ci ebufi ibeme genefi afara de. [2]

上述引文在《内阁藏本满文老档》里，被拆作2份，顺序颠倒错乱。自coohai（兵的）始，至ilan tumen cooha（三万兵）止，是在《天命朝记事十二件　年月俱未记》的第31页（全书第3411页），后面贴签，墨书"原档残缺"。紧接着从

---

[1] 中国第一历史档案馆、中国社会科学院历史研究所译注：《满文老档》上册，中华书局1990年版，第17—18页。
[2] 《内阁藏本满文老档》第7册，第3408—3411页。

## 第一章 建州军队马、步比例浅探(1583—1619)

cooha be gaifi（带兵）始，至 afara de.（战时）止，是在第 28—29 页（全书第 3408—3409 页），cooha 之前贴签，墨书"原档残缺"。引文第三句，tereci cooha 和 geneci 之间，也粘贴同样标签。看来，《满文老档》这种支离破碎，前后不一的情况，似乎是照抄《满文原档》的后果。因此，有必要追寻《满文原档》中，相关文本的面貌。

经查，《内阁藏本满文老档》错失昆都伦汗部分谕旨，以及阙载富勒哈之战的情况，完全沿袭《满文原档》之错谬：

> afaci musei ere …niyalmai babe ujulaha beise ambasai beyeci sacime dosibi. . ulai bujantai han i ilan tūmen cooha be gidabi tūmen niyalma waha. .①

上文出自《荒字档》，对比前揭《满文老档》之引文，知盛清史官重抄老满文档案时，改用新满文，按照先年改订部分抄录，一字不差，不仅无视文义不能衔接之弊，且将先年删改词句一概置之度外。有关富勒哈一战的部分，见于《洪字档》所收无年月零乱档案，整理文本如下：

> tere coohai beise ambasa **geren coohai niyalma** gemu urgunjeme. . abka akjaka. . na acišaha gese sucume genebi morin yalubi. tereci cooha acihabi geneci. . bujantai han ini ilan tūmen cooha be gaibi. . fulhai hoton be dūleme jibi yafahalabi alime gaihabi. . sure kundulen han i cooha dosime genebi. .

---

① 《满文原档》第 1 册，《荒字档》，第 27—28 页。

tanggu oksoni dūbede. . dain i niyalmai gabtaha sirdan isinjire bade. . morinci ebubi ibeme genebi afarade. . ①

**译文**：那领兵的贝勒们、大臣们、**众多当兵的**都欢喜，跟天上打雷，地上摇晃似的，骑马冲过去。军队打那儿出动了。布占太汗带着三万兵，经富勒哈城来了，步行迎来。淑勒昆都伦汗的兵往前进，在百步之遥，敌人射箭够得到的地方下了马，步行接战。

引文自 tere（那）始，至 ilan tūmen（三万）为止，在《洪字档》之 99 页（原编号洪九十九，现第 5 册，第 143 页）。繇 cooha be gaibi（带兵）始，至引文末尾，见于《洪字档》之 103 页（原编号洪一百〇三，现第 5 册，第 137 页），皆系零散纸条。对照《满文原档》及《满文老档》之文本，基本可确定后者是由前者誊录而成，被史官归入名为《天命朝记事十二件　年月俱未记》之册，实为万历四十一年之事，远早于天命年号出现之时。不过，撇除字体、语法的分歧，两份文本内容也存在细微差异。一是《洪字档》第 99 页纪事，止于 ilan tūmen，而《天命朝记事十二件　年月俱未记》第 31 页纪事，终于 ilan tumen cooha。二是《洪字档》第 103 页和《天命朝记事十二件　年月俱未记》第 28 页赓续前事，均以 cooha 起首，故后者多抄一 cooha。三是《满文老档》所载，自 tereci cooha 和 geneci 之间阙失一词，该词在《满文原档》被撕掉大部分，但结合上下文研判余墨，应系 acihabi（动了）。

文本勘罢，知努尔哈赤于万历四十一年动员大军东征，多

---

① 《满文原档》第 7 册，《洪字档》，第 137、148 页。

## 第一章 建州军队马、步比例浅探(1583—1619)

数建州士卒乘马出击,说明骑兵数量剧增,已非昔日三千骑的规模。乌喇军队则因乌碣岩惨败,元气大伤,随布占太迎战之军以步兵为主力。两相比较,可见实力此消彼长。富勒哈一役,努尔哈赤麾军大破布占太,乘胜攻陷乌喇城。《满文原档》记载俘虏人口一万户、铠甲七千领,① 却未言明攻灭乌喇之战,掳获马匹之数,推知建州军队先前在乌碣岩获胜,掠去绝大多数战马,是以本次收获有限。

乌喇土地广袤,人丁众多,被努尔哈赤视为可与建州比肩之大国。② 他自万历三十五年同乌喇开仗,至四十一年吞并该部,陆续俘获大批人口、马畜和军械。朝鲜史料声称努尔哈赤征伐乌喇,前后俘虏数万骑卒,得以充实军队,命令他们承担劳役,大兴土木。③ 当年参与件退之战,具备对抗新式火器部队经验的兵卒,凡有幸存者,都成为建州军队一员。随着努尔哈赤军力日盛,加之逐渐了解新火器效力,他对宗主国的态度不似先前恭顺,开始采取武力讹诈手段,逼迫明朝让步。万历三十六至三十七年(1608—1609),努尔哈赤停止派使团上京入贡,要挟提高参价,明朝为遏制建州势力膨胀,采取扶植北关(叶赫)政策,双方关系紧张。部分明朝官员积极搜集情报,掌握建州军情,是判断这一时期马、步比例的重要资料。

斯时建州总兵数,有两条记载,分别见于万历三十六年二月、三十七年三月,礼部侍郎杨道宾、辽东巡按熊廷弼之奏

---

① 《满文原档》第1册,《荒字档》,第28页。
② 努尔哈赤称乌喇为 amba gurun(大国),见《满文原档》第1册,《荒字档》,第26页。
③ 尹昉等纂:《光海君日记》(太白山本)卷七九,六年六月丙午,第254—255页。

疏。《大明神宗显皇帝实录》（下简称《明神宗实录》）卷四四四辑录万历三十六年三月政事，收入礼部章奏，回顾本朝治边史，疾言建州并吞海西，交通蒙古，祖宗成法尽废，复举《辽史》为据，称女真满万不可敌，而今努尔哈赤坐拥精兵三万有奇，须事先绸缪对策。① 查《万历疏钞》，这封章奏实为礼部左侍郎杨道宾于万历三十六年二月所进，提到建州兵力为"今奴酋精兵业已三万有奇，况其老弱更多有之"②，明确指出努尔哈赤可动员三万精壮上阵。次年三月，熊廷弼奏报明军在盘山驿拏获密探番谷，供称建州实有精兵二三万人。③ 对照之下，努尔哈赤可动员丁壮总数，大概在30000名，三倍于吞并哈达前的丁数。

既然建州丁壮三倍于前，骑兵数目是否存在相应增长呢？查万历三十七年，熊廷弼奏疏，双方矛盾达到白热化。努尔哈赤发动万名人伕修筑哈达故城，摆出武力解决北关的姿态，同时集中精锐骑兵进逼明边，实施武力恫吓。④ 他在该年率领7000名骑兵，驰至开原城东四十里（约20公里）之靖安堡（清代改称尚阳堡），蹂躏稼穑，宣示兵威；复调集5000名骑

---

① 朱纯臣、倪元璐等纂：《大明神宗显皇帝实录》卷四四四，万历三十六年三月丁酉，第8429—8432页。《神宗实录》编纂经历熹宗、思宗两朝，监修、纂修官均有变动，姑以崇祯三年（1630）修成时的安排为准，见谢贵安《明实录研究》，上海古籍出版社2013年版，第129—132页。另，本书所引《明实录》皆系上海古籍出版社1983年出版历史语言研究所影印国立北平图书馆藏红格本。

② 杨道宾：《海建二酋踰期违贡疏》（万历三十六年二月），收入吴亮辑《万历疏钞》卷四一《辽建类》，《续修四库全书》史部第469册，第535—537页。

③ 熊廷弼：《酌东西情势疏》（万历三十七年三月二十二日），收入《熊廷弼集》卷二《巡按奏疏第二》，第72页。

④ 熊廷弼：《议增河东兵马疏》（万历三十七年六月十八日），第92页。

## 第一章　建州军队马、步比例浅探（1583—1619）

兵威逼抚顺关，要求提高参价。① 建州接连大兵压境，令边臣心惊胆战，所谓"边声四起，烽火天连，驰檄传鼓，日临餐投箸而起者，不知凡几"。② 从这些事例看，作为建州中坚力量的骑兵队，当在7000骑上下浮动，约为之前的两倍多。

据熊廷弼了解，努尔哈赤在护身铁骑之外，别有一支精悍步兵可供调遣。他在覆蓟辽总督王象乾私牍里，总结对付建州有"七难"，其中一条是："彼步兵数千人善用长枪，腾山短战，而我兵骑射无所施。"③ 建州步兵手执长矛，善于在山岳、丘陵地形白刃肉搏，而辽东正兵营是以汉、蒙古羼杂之骑兵为骨干，不适合在这种地形展开。这股步兵不仅令明朝感到棘手，也被叶赫视作劲敌，向熊廷弼表示："我畏奴步，奴畏我骑，原自均敌。"④ 鉴于万历二十七年（朝鲜宣祖三十二年）佟养正还认为建州以骑射为长技，不适于山地作战，这支强悍步兵很可能由哈达、辉发、乌喇降附之兵编成。因此，到建州吞并乌喇之前，精兵包括马、步两部分，合计超过万人。

总之，万历三十七年前后，亦即乌碣岩之战，消灭乌喇骑兵主力后，建州全军约30000人，分三部分。最核心者，是为数约7000名的骑兵大队。其次是数千擅长山地步战的长矛手。最后是普通步兵，也被当作工伕、苦力役使。这样计算，其时建州骑兵约占总兵力的23%，不足四分之一，马步比例约为

---

① 熊廷弼：《议增河东兵马疏》（万历三十七年六月十八日），第92—94页。
② 熊廷弼：《议增河东兵马疏》（万历三十七年六月十八日），第92页。
③ 熊廷弼：《答王霁宇制府》（其一），收入《熊廷弼集》卷一五《巡按书牍第一》，第715页。
④ 熊廷弼：《与叶相公（计处辽夷）》，收入《熊廷弼集》卷一五《巡按书牍第一》，第724页。

1∶3.29左右。万历四十一年,努尔哈赤吞并乌喇全部,令建州收获大批丁口、军械,同时掌握具备抗击新式火器经验的兵员,但马匹未见明显增长。建州骑兵在萨尔浒之战前,重新达到总兵力的1/4,与努尔哈赤在舍里甸歼灭辽东正兵营,掳获大批军马有关。

## 四 舍里甸之战:建州骑兵之骤增

万历四十六年(戊午年,1618),英明汗以"七大恨"(nadan amba koro)告天,出师伐明。金军攻陷抚顺、东州、马根单三城,复于四月二十一日(5月15日),在边外舍里甸(siyeri bigan)以众暴寡,攻灭辽东正兵、左翼营,吞噬该镇唯一一支野战军。这场战斗长期被萨尔浒决战的光芒掩盖,为史家所忽略,成为一场被遗忘的战争,在史册上籍籍无名。可是,对明朝君臣而言,这次失利不啻晴空霹雳,时人称:"总兵张承胤提师救援,只骑不返,羽书告急,京师戒严",[1] 久居深宫,怠政不出的万历帝深感震惊,急起视事,征召大军援辽,揭开萨尔浒之战的序幕。金军经过此役,不仅坚定战胜明军的信心,而且缴获近万匹军马,得以在萨尔浒战役前扩充骑兵队伍,凭借高机动力连续打垮三支明军,奠定胜利基石。鉴于舍里甸之战在军事上的重大意义尚未得到大众认知。本节综

---

[1] 张铨:《论辽事疏》(万历四十六年六月二十六日题),收入《张忠烈公存集》卷十《奏疏》,《四库禁燬书丛刊》集部第77册,第430页。此疏复见于《筹辽硕画》,名为《题为天人交警乱萌已著悬乞圣明亟图消弭之策以保治安事》,未注明具题时间,见程开祜辑《筹辽硕画》卷九,《丛书集成续编》第242册,台北:新文丰出版公司1989年版,第333页。

## 第一章 建州军队马、步比例浅探(1583—1619)

合明、金双方史料,系统分析舍里甸之战,再根据金军夺获军马情况,推算马步比例变化。

明方关于舍里甸之战的一手史料,是时任兵部尚书薛三才奏疏。该疏现存两个版本,明钞本作《辽左陷师乞急救援疏》,清雷山房本作《辽左陷师乞恩救援疏》,内容大同小异,仅有个别文字不同。现以明本为底本,清抄本文字有异之处,用括号标注:

> 忽于二十六日戌时,接抚臣李维藩塘报内称:"本月二十三日卯时,据坐营游击梁汝贵差夜不收李千(干)口报,二十一日四更时,本官会同各将领带领兵马,分为五路,追赶至抚顺城南(内)横河沿,达贼望见兵马,即发火起身。兵马就从抚顺两夹马追赶,离堡十里,辰时出境,梁游击领兵追至边墙口外下营,达贼亦在山头下营,等情。二十四日辰时,据邸报林(梁)江口报:本月二十一日未时,奴酋率兵复回,分为三路进入,时有总兵张承胤即分兵列营三处,与贼对敌,因彼贼势众,不能拒堵,致将总兵张承胤并各将领砍杀落马,全军覆没,等因"到臣。臣等不觉相顾失色,共叹辽事之坏,一至此乎?①

本条史料须与辽东巡抚李维藩奏报抚顺失陷题本参看,方能勾

---

① 薛三才:《辽左陷师乞急救援疏》,收入《薛恭敏公奏疏》卷九《掌部》,国家图书馆藏明钞本,第5a—b页;《辽左陷师乞恩救援疏》,收入《薛恭敏公奏疏》卷九《掌部》,国家图书馆藏清雷山房清钞本,第3a—b页。

勒明军调动之全貌。四月十六日至十七日，李维藩先后接到沈阳游击尤世功、中协副总兵颇廷相、清河游击邹储贤报告金军入边之讯，遂于十七日催促总兵官张承胤率兵应援。① 张承胤带兵自广宁启行，昼夜兼程，于四月二十一日凌晨赶到抚顺城南，尾随金军追击，于辰时（上午7∶00—9∶00）出边。本日未时（上午9∶00—11∶00），努尔哈赤率军分三路反击，明军分立三营对垒，因寡不敌众，全军覆没，张承胤、颇廷相等将领阵亡。

金国档案较薛三才奏疏更详细，保留诸多战事细节。作者比较《满文原档》和《满文老档》，发现乾隆年间重抄档案，固然令文本更简洁清晰，却也删掉不少重要内容。作者先抄录《满文老档》，再征引翻译《满文原档》，比较两份文本的差异。《满文老档》纪四月二十一日，金军出边后动向如下：

> orin emu de cooha bedereme. han i beye. jase ci orin ba i dubede isinjifi. siyeri bigan de coohai ing iliki seme bisire de. karun i niyalma. nikan i cooha be sabufi. amba beile. duici beile de alanjire jakade. coohai niyalma be gemu uksilebufi okdome genefi. jase i jakade iliha karun i niyalma be han de alana seme unggihe. karun i niyalma genefi alara jakade. han hendume. tere cooha muse de afanjirakū kai. jušen i jihe cooha be bošome jase tucibuhe seme. ini han de holtome jabuki seme jihebi. musei cooha be aliyarakū dere. amba beile i cooha. dui-

---

① 李维藩：《题为黠奴计陷孤城悍虏闻风煽动东西交哄势甚猖獗恳乞圣明大奋乾断亟赐调兵发饷以急拯救危镇事》，收入《筹辽硕画》卷三，第116页。

## 第一章　建州军队马、步比例浅探（1583—1619）

ci beile i cooha be ili seme erdeni baksi be takūraha manggi. juwe beile i cooha. nikan i jasei jakade ilifi. han de amasi hendufi unggime. muse be aliyaci. afaki. aliyarakūci. i burulaha kai. tuttu aliyarakū burulaci. uncehen de dosifi saciki. tuttu akū muse ekisaka amasi bedereci. muse be aliyahakū geleme genehe sembikai seme takūrara jakade. han. tere gisun be mujangga seme hendufi. geren cooha be gaifi geneci. nikan i cooha alin i ninggūde ilan bade ing hadafi ulan fetefi poo miyoocan faidafi ilihabi. tuttu faidame jabdufi alime gaiha bade umai ilihakū. uthai dosime genere de. neneme wesihun daha abkai edun coohai hanci isinara jakade. uthai nikan i coohai baru edun buraki gidame daha. nikan. poo miyoocan emudubei sindaci tucirakū. genggiyen han i cooha gabtame sacime afame dosifi gidafi. guwangning ni dzung bing guwan jang ceng yen. liyoodung ni fujiyang po ting hiyang. hai jeo i ts'anjiyang. jai sunja iogi. ciyandzung. bedzung. buya hafan susai funceme waha. nikan i tumen cooha be dehi bade isitala bošome wafi. ilan tanggū isime tucifi genehe. ①

《满文原档》之相关内容见于《荒字档》，除个别词汇涂抹、风化外，大体整齐完好，不像前揭讨伐乌喇档案般散乱不堪。作者抄录如下，凡与《老档》内容存在差别处，均用斜体标示，但新、老满文书写有别，而实为一词处，则不作标示：

---

① 《内阁藏本满文老档》第1册，第269—274页。

75

orin emude cooha bedereme ⋯ i beye jaseci orin bai dubede isinjibi siyeri bigande coohai ing *ebubi* iliki seme bisirede karun i niyalma nikan i cooha be sabubi han i *amba jui guyeng beile*⋯⋯ *jakūci jui hong taiji* de alanjire jakade *ceni* coohai niyalmabe gemu ūksilebubi okdome genebi *meni cooha jase* jakade ilire karun i niyalma *si* genebi han de *ala hendubi* ūnggihe.. karun i niyalma *han de* alara jakade han hendume tere cooha musede afanjirakū kai jušen i jihe cooha be bosiome jase tucibuhe seme ini han de holtome jabubi **seme** jihebi. musei coohabe aliyarakū dere.. *guyeng* beilei cooha hung taiji coohabe ili seme erdeni baksi be takūraha manggi *guyeng beile hong taiji agū deoi* cooha nikan i jase jakade ilibi han **de** amasi hendubi unggime musebe aliyaci afaki.. aliyarakūci ei burulaha kai tuttu aliyarakū *buralaci buralaha amargi dubei coohabe muse saciki*.. tuttu akū muse ekisaka amasi **bedereci** muse be aliyahakū geleme genehe sembikai.. seme takūrara jakade.. han tere gisumbe mujangga seme hendubi geren coohabe gaibi geneci.. nikan i cooha alin i ninggude ilan bade ing hadabi ulan fetebi poo miocan *be wargi wargi* faidabi ilihabi.. tuttu faidame jabdubi alime gaiha bade umai ilihakū uthai dosime generede neneme uwesihun daha abkai edun coohai hanci isinara jakade uthai nikan i coohai baru edun buraki gidame daha.. *tereci* poo miocan emu dubei sindaci tucirakū genggiyen han i cooha *isinahai daila* gabtame sacime *ilan bade ing* adabi bekileme jabdubi iliha coohabe gidabi.. guwangning ni *amba hafan jang sungbingguwan* liodun ni

## 第一章　建州军队马、步比例浅探(1583—1619)

*amba hafan fujan. . haijoi amba hafan **boo** sanjan. . jai sunja iogi. . cansun besun buya hafan susai funceme waha. . tereci cooha gidabi. . dehi bade isitala bosiome waha. . tereci nika-n i tūmen cooha bihengge ilan tanggū isime tucibi genehe. .*①

**译文：**二十一日，撤兵的时候，（汗）亲自到了离边（墙）二十里地外，说要在舍里甸扎住兵营，卡伦的人瞭见汉人的兵，来报告汗的大儿子古英贝勒、八儿子皇太极。他们说："让手下当兵的人都披上甲，迎上去"，（等）我们的兵扎在边上了，打发卡伦的人："你去告诉汗"。卡伦的人告诉了汗，汗就下了旨："那支军队可不是来跟咱们打的，是想哄骗说赶着诸申的兵出了边，好骗他们的皇上才来的，不会等着咱们的兵（开仗）的，让古英贝勒、四贝勒的兵停下罢"，就派额尔德尼巴克什（到了）后，古英贝勒、皇太极兄弟的兵立在边上，派人回报汗说："要是等着咱们就打，要是不等着，这帮子人就是要逃。要是不等着想逃，咱们斩杀逃跑末了的兵，不然咱们不闹出点动静就撤回去，岂不是说我们胆怯，不等着就溜了吗"？汗说："所言极是"，就带着大军去了。汉人的兵在山上分三处扎下营，挑挖壕沟，排列着一层层的炮和鸟铳。（敌人）布置那样妥当，（我军）接受（命令），并不停顿，马上冲上去。头前风往东刮，天风吹到（我们的）兵士附近，风尘立马压向汉人的兵，那时候炮、鸟铳一下子都哑火了。英明汗的兵攻上去，射箭劈砍，把三处并列固守军营（的）守兵压倒，

---

① 《满文原档》第1册，《荒字档》，第86页。

杀了广宁的大官张总兵官、辽东的大官副将、海州的大官**蒲**参将,以及五位游击,千总、百总等官五十多名。打那儿击败敌兵,追杀四十里地,*那汉人所有万名兵士,只逃出去三百人。*

《满文原档》引文起首第五词脱落,核以《内阁藏本满文老档》,可知为 han(汗)。比照之下,《满文原档》至少有四处值得留意。一是尊称努尔哈赤长子代善为 guyeng beile(古英贝勒),盖因代善于乌碣岩之役阵斩敌酋,荣膺 guyeng baturu/guyeng batur(古英把土鲁)勇号,故名。① 相比对代善的礼敬,文本对皇太极略显漫不经心,称之为 jakūci jui hong taiji(八子皇太极)或 hong taiji,直呼其名。《内阁藏本满文老档》则改为 amba beile. duici beile(大贝勒、四贝勒)。值得注意的是,在《荒字档》第 102 页(原编号荒一百〇二)提到代善和皇太极时,原文作 amba jui hung beile jakūci jui hong taiji,后来史官在 hung beile jakūci jui 左侧添写数语,但被涂抹,无法辨识。作者转写时,用加粗之……来表示,猜测可能与乾隆重抄档案有关。从文本对代善、皇太极的记叙,可推断《荒字档》撰写于皇太极上台前。二是明军下营时,在壕沟内密布火器,原文用 wargi wargi faidabi ilihabi(一层层地排列着)来形容,见其密集程度。三是形容明军立营,用 adabi bekileme jabdubi(并肩固守),看来明军三营为一线布置,营地相当妥善牢固。四是提到海州明军指挥官为 boo sanjan,该词不能根

---

① 《满文原档》第 1 册,《荒字档》,第 5 页。guyeng baturu 有时写作 guyeng batur,见《满文原档》第 1 册,《荒字档》,第 27 页。

据新满文释作"鲍参将",而是"蒲参将"即海州参将蒲世芳,被《老档》略去。

综合明、金史料,大体可还原战争过程。四月二十一日,总兵官张承胤率军抵达抚顺附近,同颇廷相、蒲世芳部合兵,约有万兵。本日,英明汗率马、步兵四万名撤出抚顺边外,拟于舍里甸扎营,明军跟踪出边,作追击状。金军哨卒侦知明军方位,向断后之代善、皇太极报告,二人命令军队折返,准备作战,同时派哨卒通知父汗。努尔哈赤看穿明军不愿开战,沿袭应付蒙古劫掠的老套路,摆出追击架势,待女真主力退却,斩杀零卒、老弱首级冒功,也不打算主动进攻。惟是代善、皇太极坚持出战,说动英明汗带主力军来援,这就是薛三才奏疏谈到金军分三路折返一节。张承胤见金军人多势众,采取对付蒙古骑兵的"一堵墙"战术,① 占据山头,将军队分为三营,呈一线迎敌。阵前挑挖壕沟,布置轻型火炮、鸟铳,用密集火力应付骑兵仰攻。金军冲锋之际,风向突变,尘土大作,刮向明军,使大多数火器不能正常发射。勉强开火者,受劲风影响,不惟射程和威力大打折扣,还发生事故。额尔德尼巴克什(erdeni baksi)记载明军冒着大风射击,导致枪炮炸膛,7名炮手殒命;又说被铅弹命中之无甲步兵竟安然无恙,显系强风影响所致,而他将此归结为"天神庇佑"(abkai enduri daibi dahakū dere)。② 《三朝辽事实录》也记载明军临阵火器膛炸,

---

① 所谓"一堵墙"战术是"沟其地而堑之,置火器其上",即将堑壕与火器相结合,在旷野迎敌的战术,见周师旦:《题为天讨幸已恭行军事尚无完策悬惟特赐宸断以鬯威棱以靖封疆事》,收入《筹辽硕画》卷三一,《丛书集成续编》第243册,第262页。

② 《满文原档》第1册,《荒字档》,第88页。

惊乱军阵，为金军所趁。① 明军兵少，还无法正常操作技术兵器，卒至全军覆灭，主将授首。

辽东精兵惨遭灭顶，令深谙边情者惶惧不安，薛三才将此役溃败比之为长平之厄；王象乾族弟、直隶巡按王象恒惊呼辽东局势危如累卵，疾呼征调客兵援辽。② 然而，辽东额设兵马众多，明军在舍里甸损失不满万人，为何有识之士便要调动客兵，恐怕是令大多数读者感到困惑的谜题。哪怕是当时之人，也未必明了个中三昧，浙江道监察御史江日彩便质问，辽东额设官军九万四千，扣除阵亡者，尚有八万余人，此兵安在？③ 要解答这一问题，不能局限于明清易代史，就事论事，须自明代军事史追溯答案。

黄仁宇和江忆恩（Alastair L. Johnston）都注意到明军自15世纪开始，不断萎缩的事实，④ 辽东概莫能外。辽东作为九边之首，是明朝重点设防之区，额设官军94693名、军马77001匹，骑兵比例达到81.32%。⑤ 盖因该镇地势东西狭长，纵深卑浅，蒙古骑兵可选择任意一处突破抢掠，不利于防御。

---

① 王在晋撮抄战报，称："令发火炮，火从后爇，我军辟易。贼乘势冲突，乘（承）胤、廷相、游击梁汝贵与一军皆没"，参氏著《三朝辽事实录》卷一，《续修四库全书》史部第437册，第41页。

② 王象恒：《题为辽左贴危蓟门震惊乞天语申饬谨防内地并举行切要事宜事》，收入《筹辽硕画》卷三，第128页。

③ 江日彩：《题为触目危形已著及时桑土宜绸敬陈切要急务恳乞圣明转念早图以备三年之艾以维万年之历事》，收入《筹辽硕画》卷一四，第488页。

④ Ray Huang, Military Expenditures in Sixteenth Century Ming China, *Oriens Extremus*, 17：1/2, p.43. ［加］江忆恩（Alastair L. Johnson）：《文化现实主义：中国历史上的战略文化与大战略》，郭树勇、朱中博译，人民出版社2015年版，第227页。

⑤ 张学颜：《万历会计录》卷一七《辽东镇·本镇饷额》，第664页。

## 第一章 建州军队马、步比例浅探(1583—1619)

武官为及时因应，须整搠马军，枕戈待旦，随时封堵缺口，是故骑卒尤重。然而，从明中期开始，辽东明军数目尤其是战兵数目持续萎缩。正德十二年（1517），巡抚辽东都御史张贯清查兵马，仅有堪战官军50000名。① 嘉靖三十五年（1556）后，随着左翼蒙古迁至辽东边外，时常入掠，加以定期派兵入卫蓟镇，防御右翼蒙古袭击京师，以及旱魃为虐，辽东士卒折损颇众，齐宗道称辽东阃镇兵力号称七万，扣除逃亡、病故及老弱，能战之兵仅三万余。② 万历十五年左右，巡抚顾养谦疏言辽东兵力实有89600余名，其中骑兵仅有51900余名，而步军属于坐守之兵，不在战兵之列。各营骑兵里，能战之兵约20000人左右，其余皆为各级官校役占。③ 万历三十七年，熊廷弼巡按辽东，直言阃镇有兵80000余，人马精壮者不过20000有奇，和顾养谦所言略同。④

辽东这20000余名精兵，其实相当分散，根据顾养谦奏疏，唯总兵官统领之正兵营，以及宁前（宁远、前屯）与河东（辽阳）两枝游兵称强。⑤ 当时游兵尚称精锐，是因为自"庚戌之变"开始，辽东承担入卫任务，逐年派兵西行，守备

---

① 王琼：《为传报逆虏戕害官军请复本镇兵马拯救地方事》（正德十二年五月十八日），收入《晋溪本兵敷奏》卷二《辽东类》，《续修四库全书》史部第475册，第625页。

② 齐宗道：《严边防以预消虏患疏》，收入李辅等修纂《全辽志》卷五《艺文上》，第79b页。

③ 顾养谦：《议处辽镇兵饷》，收入《冲庵顾先生抚辽奏议》卷五《疏》，第252页。

④ 熊廷弼：《论辽左危急疏》（万历三十七年二月二十五日），收入《熊廷弼集》卷二《巡按奏疏第二》，第63页。

⑤ 顾养谦：《议处辽镇兵饷》，收入《冲庵顾先生抚辽奏议》卷五《疏》，第252页。

蓟门，从嘉靖四十一年（1562）后，每年调一枝游兵入卫，①所以游兵精练敢战。这一情况后来发生转变。熊廷弼总结本镇精锐大体分为两部分：一是"三大营"之兵，即正兵、左翼、右翼三营，其中正兵营力量最强，达到4772名，包括降附蒙古骑兵和日本鸟铳手，其余二营名义上各有3000人，合计10772名。这是辽东镇唯一的野战军。二是各级武官掌握之护身精锐，分散在两位副总兵、七名参将、十二名游击、二十五名备御、守备麾下，共计万人，难以捏合成拳。②查李维藩题本，张承胤身率正兵、左翼两营自广宁出击，薛三才奏疏和《原档》记载他在抚顺会合中协副总兵、海州参将之军，复有诸多中级军官从征。因此，明军兵败舍里甸，不仅丢掉辽东镇三分之二以上的精兵，还令本镇不复有成规模的机动兵力可供调遣，防御态势岌岌可危。金军在此役获胜，无异打断辽东镇的脊梁。这便是神宗君臣闻知舍里甸败殁，急切征调客兵救护辽东的根本原因。

正因为参战明军尽属精锐，包含众多武将护身亲丁和选锋，待遇优厚，装备精良，一应坚厚甲胄、锐利器械和择优配给之良马，战后俱为金人所有。《内阁藏本满文老档》载英明汗于当日将战利品分赏立功将士：

---

① 杨博：《再议辽东防御事宜疏》（嘉靖四十一年四月十一日），收入《杨襄毅公本兵疏议》卷八，《续修四库全书》史部第477册，第299页。明代边兵入卫蓟镇制度之概貌，参见彭勇《明代北边防御体制研究——以边操班军的演变为线索》，中央民族大学出版社2009年版，第76—111页。

② 熊廷弼：《请并营伍疏》（万历三十六年十二月十七日），收入《熊廷弼集》卷一《巡按奏疏第一》，第21页。

tere inenggi. baha uyun minggan morin. nadan minggan uksin. coohai agūra be dendeme①

**译文**：本日，把所得九千匹马、七千领甲和兵器给分了。

考《满文原档》，与之有异：

tere inenggi baha ūksin morin coohai agūrabe dendeme②

**译文**：本日，把所得甲、马和兵器给分了。

《内阁藏本满文老档》声称金军掳获9000匹军马、7000领铠甲，创下萨尔浒之战前，建州单次战役缴获马匹的最高纪录。《满文原档》虽然载有分配战利品一事，却未提及具体数目。那么，《满文老档》开列之数从何而来？作者考察史料，发现此数摘自《大清太祖武皇帝实录》。该书满文本相关部分作 uyun minggan morin. . nadan minggan uksin. . coohai agūra ambula baha. .，汉文本作"获马九千匹，甲七千副，器械无算"。③鉴于《大清太祖武皇帝实录》现存最初的满、汉文本是顺治十二年（1655）根据崇德元年（崇祯九年，1636）本修订而成，据说仅限于体裁和个别段落的修改，尚存入关前风貌，俘获数字当属可信。④ 这9000匹良马对金军而言，绝非小数目。

---

① 《内阁藏本满文老档》第1册，第274页。
② 《满文原档》第1册，《荒字档》，第86页。
③ 《大清太祖武皇帝实录：满文》卷二，天命三年四月二十一日，民族出版社2015年版，第224页；《清太祖武皇帝弩儿哈奇实录》卷三，天命三年四月二十一日，故宫博物院1932年版，第13a页。
④ 松村润：《清太祖实录研究》，晓春译，民族出版社2011年版，第38—52页。

如前所述，万历三十七年前后，金军骑兵大约7000名，尚有数千精兵苦于马匹不足，要徒步作战。万历四十四年北征萨哈连部，出动600名骑兵，仅给1000匹壮马，基本是一人一匹乘马，两人共享一驮马的比例，达不到一人二马的标准。正因为良马短缺，不能像蒙古人那样组织上万人的骑兵集团，努尔哈赤异常珍重骑兵部队，明人说他厚待骑士，至于解衣推食，割爱妻之，视之为决胜之兵。①万历四十三年（乙卯年，1615），他规定用兵之法，《满文原档》载：

> golmin jirami ūksin etuhe niyalma gida jakū jafabi juleri afame.. uweihuken sirata ūksin etuhe niyalma beri sirdan jafabi amargici gabtame.. sonjoho mangga coohai niyalma morin yalubi encu **tuwame** ilibi tuwabi. eterakū bade aisilame afabi.. yay-a dain be eteme muteme yabuha..②
>
> **译文**：披着长而厚甲的人，拿着长矛、大刀，当先作战。穿着轻锁子甲的人，拿着弓箭从后面放箭。选出精兵乘马，立在别处**瞧着**，打不赢时助战。凡是打仗都能取胜。

努尔哈赤安排重甲步兵操执长矛、大刀，冲锋在前，立于火线肉搏；披锁子甲之步弓手在后放箭，作为消耗敌人的炮灰。其

---

① 熊廷弼：《议增河东兵马疏》（万历三十七年六月十八日），第94页。
② 《满文原档》第1册，《荒字档》，第54页。《内阁藏本满文老档》文本内容几无出入，但有一词抄错，谨志于后：golmin jiramin uksin etuhe niyalma. gida jakū jafafi juleri afame. weihuken sirata uksin etuhe niyalma. beri sirdan jafafi amargici gabtame. sonjoho mangga coohai iyalma. morin yalufi encu tuwame ilifi. eterakū bade aisilame afafi. yaya dain be eteme muteme yabuha. 史官将niyalma（人）误作iyalma。

## 第一章　建州军队马、步比例浅探（1583—1619）

中包括不少海西、东海女真勇士，只是因为出身战俘，地位卑贱，没有马匹，才被当作步卒使唤。真正的精锐都是骑兵，别立一营，待双方僵持不下时投入战场，一锤定音。这一招屡试不爽。英明汗突袭抚顺时，带有40000余人，大部分是无马步兵。他于舍里甸之役重操故技，用步兵打头阵。额尔德尼巴克什说迎着火器冲锋，战死沙场者，有"末等当差的两名披甲人"（dubei alban i juwe ūksin i niyalma），复称明军火器命中"赤膊露肉之人"（fulgiyan yali niyereme niyalma），[①] 都是下级步兵，甚至没有甲胄。可以想见此役过后，必然有诸多步兵因军功得蒙赏赐，获得甲胄、军马，升为骑兵。英明汗借着这一仗，在萨尔浒战役前，凑足15000—20000名骑兵，始能凭着高机动力穿梭于多个战场，取得决定性胜利。

由是观之，舍里甸之战在明清战争史上具备重要意义，双方实力此消彼长。辽东明军仓促迎战，在舍里甸葬送唯一的野战兵团，失去凭本镇之力遏制努尔哈赤之可能，唯有仰仗客兵御敌。金军获得近万匹良马，得以提升骑兵数目，如阿南惟敬所言，达到15000—20000骑的水准，约占全部壮丁的四分之一。抑而言之，马步比例大体达到1∶3。英明汗依靠这支骑兵打赢萨尔浒之役，掳获数万马匹，再度增强骑兵实力，终于在铁岭之战重创罕哈五鄂托克之兵，令试图干涉战局的左翼贵族为之束手。

---

[①] 《满文原档》第1册，《荒字档》，第87—88页。安部健夫释读《满文老档》之niyereme yafahan kutule一词，将niyereme译作"单衣"，但fulgiyan yali niyereme niyalma里的niyereme一词，似译为"赤膊"或"赤身"更符合语境。见安部健夫《八旗满洲ニルの研究》，第266页。

## 五　萨尔浒战役后马步变化：以铁岭之战为中心的观察

　　萨尔浒大战，明朝搜罗各镇精锐，拼凑而成的三路野战军尽覆于白山黑水之间。诸路家丁、选锋所乘军马，多系缘边市易而得之塞外良种，俱为女真所有。英明汗在战后特别重视恢复马力，加强骑兵力量，此举很快得到回报。萨尔浒战后，名将马芳之子，总兵马林积极拉拢蒙古，盟誓共击建州。天命四年七月，金军进攻李成梁家族老巢铁岭城，遭到罕哈左翼和好儿趁联军干预。英明汗指挥若定，凭借优势骑兵重创曾经主宰辽东战局的蒙古兵，不仅避免落入明军和左翼骑兵夹击，腹背受敌的不利局面，还迫使参战蒙古各部同金国盟誓，缔结针对明朝之同盟。本节先考察萨尔浒战役，金军缴获明军马匹数目，再复盘铁岭之战，揭示马林与蒙古贵族缔约真相，指出此役宰赛尽出精兵，却被女真骑兵击破之实态。

　　万历四十七年三月初五日（1619年4月18日），随着朝鲜都元帅姜弘立树起降旗，震撼天地的萨尔浒大战落下帷幕。明朝筹措经年，汇聚各镇及藩属精兵，太半横尸荒野，军资粮饷悉为女真所有，马匹损失尤巨。事后统计，明军阵失马、骡、驼高达28600余匹（头），[①] 而朝鲜亡失不预其中。损失如此宏巨，显然非短期内能够弥补，熊廷弼接任经略，浩叹

---

　　① 　王在晋：《三朝辽事实录》卷一，第47页。

## 第一章　建州军队马、步比例浅探（1583—1619）

"良马数万一朝而空",[1] 深感无处措手。金军虽然俘获海量马匹，却也面临着危机。有养马经验者都知道，三月正值春末，马匹历经寒冬和初春，业已瘦瘠，需要精心秣饲上膘，不适合发动战争，长途奔袭。英明汗为打赢生死战，不惜马力，调度骑兵在多个战场间往来驱驰，以致女真军马在战役最后几天奔赴南线战场时，业已不支。大贝勒代善被迫下令缓行，恢复马力：

geli julesi warkasi golode genere de giyahai uwejide sadame ilinjame genehe.. coohai morin emu tanggū orin bai dubede genebi cooha acabi bošome wame feksici sadaha iliha morin geli aitubi.. nikan coohabe wacihiyame waha..[2]

**译文**：又循着瓦尔喀什路往南去时，在加哈（岭）的大林子，（马儿）疲倦，缓慢前往。军马到一百二十里外，要合兵跑着追杀（时），疲倦停顿的马又复苏了，杀光了汉人的兵。

代善麾军自赫图阿拉出发，疾行三日，翻越加哈岭时，军马已然困惫不支。此后金军虽然攻灭名将刘綎统率之南路军，而己方马力也近乎枯竭。至于俘获明军马匹，由于同样经历长途行军和战斗，情况好不到哪里去。金军虽然名义上掌握庞大马群，却面临着马匹大面积倒毙的风险，情势如此急迫，以致英

---

[1]　熊廷弼：《辽左大势久去疏》（万历四十七年八月二十九日），收入《熊廷弼集》卷七《前经略奏疏第一》，第352页。
[2]　《满文原档》第1册，《昃字档》，第231页。

明汗出面干预此事。《满文原档》称："军马业已瘦瘠，俘获之马已经骨立，应当（喂）青草让（它们）上膘"（coohai morin turgalahabi.. olji morin macuhabi niowanggiyan orhode morin tarhūbuki..），复云："于是，汗亲自找不种田的闲地，取来马喂养"（tereci han i beye usin akū sula babe baime morin ūlebume gamaha gamabi..）①根据被俘朝鲜军官李民寏口述，绝大部分马匹平安度过危机，他声称女真蓄养六畜，唯马最繁，将领家中千百成群，甲士之家亦有十余匹。天命五年（万历四十八年，1620），其人遇赦归乡途中，目睹婆提江（浑江）流域，马群漫山蔽野。②可知萨尔浒战役后，金人不唯缴获大批马匹，且因处置得当，令军马数量大幅增长，出现骐骥如云的盛况。

英明汗待马力恢复后，于秋七月兴兵，夺取李成梁家族故巢铁岭城。罕哈五鄂托克中，以强悍著称的弘吉剌特（qonggirad）贵族宰赛（jayisai）号召部分蒙古贵族出兵干涉，却未料到女真军队兵强马壮，已非昔日吴下阿蒙，兵败被擒。这场战斗论规模而言，远逊萨尔浒之役，却是金国建立后，同游牧强邻的首次冲突，英明汗在战后挟持宰赛等人，逼迫五鄂托克贵族与之订立针对明朝的誓约，意义重大，相关研究丰富。楠木贤道概括战争过程如下：

> 然而，在接下来的天命四年（1619）七月，发生了宰

---

① 《满文原档》第1册，《昃字档》，第239页。
② 李民寏：《建州闻见录》，收入氏著《紫岩集》，《韩国文集中的明代史料》第9册，广西师范大学出版社2006年版，第388页。

## 第一章 建州军队马、步比例浅探（1583—1619）

赛团结内喀尔喀各部和科尔沁的一部分，企图掠夺被满洲国军（マンジュ国軍）占领的铁岭，反倒被满军俘虏之事。这时，和宰赛一同被俘的，有其子色剔希尔（setkil）和克石兔（kesiktu），扎鲁特部的巴格（bak）和色蚌（sebun）表兄弟、科尔沁部落明安的第四子桑阿儿寨（sanggarjai），以及10多名大臣，总计150人。①

乌云毕力格先生指出宰赛是罕哈北三部弘吉剌特、扎鲁特（jarud）、巴岳特（bayod）之盟主，在五鄂托克贵族中的地位仅次于年事已高的秒花（siuq-a joriγ-tu/siuγ-a joriγtu/šuγag joriγtu qong baγatur）。② 他为何悍然出兵，据达力扎布分析，有两点原因。一是宰赛威行辽东，控制开原、铁岭市易之权，而开原已于当年六月被金军攻陷，他不允许铁岭也被女真占领，断绝商贸之路。二是弘吉剌特贵族长期同北关联姻，和建州没有往来，③而叶赫局势岌岌可危，随时会被建州吞并。商业利益和姻亲关系，促使宰赛决心武力干涉。这一观点很有说服力。白初一则认为宰赛已经和明朝携手对付金国：

---

① 楠木賢道：《清初対モンゴル政策史の研究》，第24頁。
② 乌云毕力格、成崇德、张永江：《蒙古民族通史》第4卷，内蒙古大学出版社2002年版，第9页。秒花，汉籍写作炒花、炒哈，《大黄册》作 siuq-a joriγ-tu，《阿萨喇克其史》作 siuγ-a joriγtu，《水晶数珠》作 šuγag joriγtu qong baγatur，系纳力不剌之孙，速把亥胞弟，见 tuba tayiji jokiyaba, öljeyitü qarγuγulǰu tayilburi kibe, ba baγana kinebe, *erten-ü mongγol-un qad-un ündüsün yeke šir-a tuγuči orošiba*, p. 131. 善巴台吉著，乌云毕力格译注：《阿萨喇克其史》，第86、180页；rasipungsuγ tayiji jokiyaba, kökeündür qarγuγulǰu tulγaba, *bolor erike*（*dooradu*）, köke qota: öbör mongγol-un arad-un keblel-ün qoriy-a, 2000, p. 385.
③ 达力扎布：《明代漠南蒙古历史研究》，内蒙古文化出版社1997年版，第277—278页。

起初，宰赛不仅听从林丹汗的号令而且与明廷合作坚决打击后金政权。后来后金列数宰赛罪状时说："与明合谋，对天立誓曰：'若多加赏赉于我，我将征讨与尔为敌之国。'复于明通事面前曰：'乃赐我重赏，倘不助尔征伐满洲，上天鉴之。'遂斩断白活牛之腰，于马上以手对天洒祭牛血……"看出，宰赛是相信明朝，不惧后金政权。宰赛的这种态度，对后金极为不利。内喀尔喀与明朝联合，对新兴的后金政权无疑是沉重的打击。但宰赛兵败铁岭，最终彻底改变了这一局面。①

他认为宰赛推动罕哈五鄂托克同明朝合作，共讨建州，遂有铁岭之战。此说的史料依据，据白初一教授著作，来自台北出版之《旧满洲档》所载英明汗阵前怒斥宰赛六大罪状之第四、五条，但仅列出译文，未附原文，注释提到出自《旧满洲档》第一册之9—10页。② 唯查核该书，原文实在第571页。③ 经作者查对《满文原档》，此页完全影自《昃字档》，未见舛错。不过，考释原文前，有必要交代《昃字档》里，涉及铁岭之战的档案分布情况。这批档案在乾隆年间被拆作三部分，从金军发兵到当晚陷城后宿营，在第267—268页（原编号昃八十一），自宿营至英明汗开始陈述宰赛罪愆，在第378页（原编号昃一百卅八），由陈述罪愆至生俘宰赛，在第380—381页（原编号昃一百卅九），前后不相联属。宰赛

---

① 白初一：《内喀尔喀五部历史研究》，民族出版社2017年版，第234页。
② 白初一：《内喀尔喀五部历史研究》，第234页。
③ 《旧满洲档》第1册，第571页。

# 第一章 建州军队马、步比例浅探(1583—1619)

第四、五条罪状如下：

terei amala muse nikan de doosorakū dain ojoro jakade..
nikan i emgi emu hebe obi musebe dailala <u>minde</u> šang ambula nonggime gaji seme gisurebi abka na de gashūha bi tere duin..
jai geli nikan i tungse de minde šang ambula bubi bi manju be dailarakūci ere abka sakini seme uweihun siyanggiyan ilan i daramabe lasha sacibi morin i ningguci ini galai tere ilan i senggibe abka de sooha tere sunja..①

**译文**：打那之后，咱们因为受不了汉人而打仗，（宰赛）跟汉人伙着商量，向天地发誓说加给我重赏，就打咱们，这是第四条。还有，又跟汉人通事说："给我重赏，要是我不打满洲，让长生天知道"，就把白活牛当腰砍断，他在马上用手把牛血向老天抛洒，这是第五条。

英明汗咒骂宰赛与明朝同流合污，赤裸裸地表示只要加增市赏，就发兵攻打金国，甚至当场斩断白牛，洒血为誓。然而细究起来，这段文本是否可靠，尚有待深究。考英明汗痛斥宰赛之六大罪，其语境是蒙古兵袭击金军后，代善等人慑于蒙古四百年积威，不敢主动出击。英明汗阵前高呼宰赛罪状，意在激励士气，或有夸大其词之处。何况英明汗临此大敌，战机稍纵即逝，必不能似说书人般喋喋不休，而六大罪之说井井有条，显然出自史官加工润色。因此，要想证实宰赛的确和明朝结盟，悍然发动铁岭之战，不能仅凭一条史料立论，必须综合各

---

① 《满文原档》第1册，《昃字档》，第380页。

方材料，勾勒历史背景，探讨此事是否成立。

17世纪初，游牧于辽东边外的左翼蒙古虽然名义上臣属于末代蒙古大汗虎墩兔憨（林丹汗，lindan quturγtu qaγan），却非统一的政治实体，存在多股政治势力。明朝面对女真勃兴，企图拉拢所谓"西虏"即左翼蒙古牵制建州，而左翼贵族也企图借此机会增加抚赏，但不同势力各行其是，没有统一安排。虎墩兔憨下手较早，他在万历四十七年初率众压境，声称："奴酋原是我家人，今背了我，反来借我兵；南朝原不曾亏负我们，我焉肯助他"，① 摆明试探明朝态度。明朝经萨尔浒惨败，有意借大汗之力压制建州。本兵黄嘉善于六月疏言："乃今受我戎索，因请协力剿奴"，② 双方初步达成一致。罕哈五鄂托克盟主炒花举动较晚，迟至六、七月间，才纠集兵力攻破鲍家冈墩台，盘桓境上，意在胁赏。③ 至于宰赛在此期间的态度，从一些材料看，可称扑朔迷离。若说他在铁岭之战前，已和明朝达成一致，则史料里的诸多迹象很难解释，兹举三例。一是经略杨镐丢掉开原后，认为铁岭僻处极北，不可防守，决定搬迁军民至沈阳，仅留若干守军侦探启闭，而巡抚周永春、总兵官李如桢未加阻拦，④ 证实辽东大员已将铁岭视作弃子，没有在此同金军决战的打算。二是宰赛和明军毫无配合。他抵达铁岭时，城池早已陷落，此时沈阳明军来援，双方彼此不通声气。次日金军击败蒙古兵，俘虏宰赛，明军闻讯出

---

① 王象恒：《题为西虏意在挟赏用虏机会可乘乞敕当事诸臣极力密图事》，收入《筹辽硕画》卷二〇，第664页。
② 《大明神宗显皇帝实录》卷五八三，万历四十七年六月乙卯，第11091页。
③ 《大明神宗显皇帝实录》卷五八四，万历四十七年七月己亥，第11160页。
④ 王在晋：《三朝辽事实录》卷一，第53页。

兵，战事已经结束。① 无论铁岭守将喻成名、李克泰抑或辽东总戎李如桢、副将贺世贤，和宰赛基本不存在沟通交流，更做不到分享情报，有效配合。三是设若李如桢派通事和宰赛对天盟誓，共拒建州，可算是一项功绩，顶头上司不会一无所知。可实际上，新任经略熊廷弼甫一莅任，便上疏指责李如桢有"十不堪"，其中一条便是宰赛袭击金军时，他不能抓住机会夹攻，毫无作为，② 更未言及李如桢有沟通蒙古之事。因此，说杨镐、周永春、李如桢和宰赛没有联系，大概是没错的。

可是，若说宰赛和明朝毫无联络，也不尽然。他闻知金军会攻铁岭之讯，立即点齐人马出兵，当晚抵达，说明他格外关注铁岭动向，早有预备。英明汗在阵前高唱其罪，绘声绘色地揭露他贪图重赏，当着明军通事告天起誓，未见得都是史官加工的产物。所以，披露宰赛交通明朝的关键，在于查清他究竟和谁联络，当着谁的使者发下重誓。解答这个问题的关键材料，是新任辽东经略熊廷弼的两件文书。第一件是封揭帖，作者见到两个版本，一是《筹辽硕画》收明末钞本，名为《经略熊廷弼揭款房堵杀非宜谨虚心认错并略陈诸虏一一情形以候公论裁度事》，二是《熊经略疏稿书牍》所收明末刊本，今人编《熊廷弼集》便收入该版本，名曰《款房犯抢堵杀非宜揭》。考其内容，系万历四十七年底，熊廷弼因蒙古假协助抵御女真之名，阑入境内杀掠，下令明军反击，杀伤北兵，具帖自解。帖内提到昔日边将联络宰赛守城事。作者以《熊廷弼集》

---

① 《满文原档》第1册，《昃字档》，第381页。
② 熊廷弼：《主帅不堪疏》（万历四十七年八月二十三日），收入《熊廷弼集》卷七《前经略奏疏第一》，第339页。

为底本，注明《筹辽硕画》本的不同之处，并修改标点如下：

> 而处于此前五、六月间马林守开原，宰、煖诸酋哄林助兵杀贼（攻城）。时抚院力持不许，乃林竟与往复（来）讲折一两月余，恃不设备，而开原遂陷。此西虏之情也。①

马林自萨尔浒败回开原，积极联络蒙古贵族协守，与其家世有关。其父马芳出身"归正人"，即明人所谓"汉虏"，幼年被右翼骑兵掳走，生长草原，成年后孔武善射，博得右翼领袖俺答汗垂青，后来逃回边内。他在明朝同右翼蒙古战争中屡立战功，从区区家丁一路擢升为总兵官，堪称传奇。蒙古人尊重勇士，畏服其名，呼作"马太师"。② 马芳升任总兵后，蓄养着一支汉蒙混杂的家丁队伍，势力甚大，甚至有能力阻止"隆庆封贡"之达成。③ 马林本为跨灶之儿，自幼熟悉塞外语言、风俗，在萨尔浒兵败后，主动向罕哈贵族求助。他求援的对象，一是宰赛，二是宰赛伯父煖兔，即弘吉剌特贵族 nomtu darqan，④ 此举招致巡抚周永春反对，疏言马林一筹莫展，惟

---

① 熊廷弼：《款虏犯抢堵杀非宜揭》（万历四十七年十二月十五日），收入《熊廷弼集》卷一四《揭帖》，第683页；《经略熊廷弼揭款虏堵杀非宜谨虚心认错并略陈诸虏——情形以候公论裁度事》，收入《筹辽硕画》卷三六，第401页。
② 李维桢：《马将军家传》，收入《大泌山房集》卷六八《传》，《四库全书存目丛书》集部第152册，第170—176页。
③ 特木勒：《将帅家丁与明蒙关系——前近代内亚游牧—农耕关系重审》，收入《清华元史》第3辑，第391—400页。
④ dharim-a jokiyaba, čoyiji tulɣan qaričaɣulju tayilburilaba, *altan kürdün mingɣan kegesü*, p. 212.

## 第一章　建州军队马、步比例浅探(1583—1619)

有交际宰赛、煖兔，赖以对付努尔哈赤，是上了蒙古人的圈套。① 熊廷弼说马林和宰赛、煖兔往来谈判，长达一两个月，又说他恃蒙古贵族为后盾，不做防备，导致开原沦陷，而宰赛等人并未派兵救援。事实上，周永春、熊廷弼都反对马林借蒙古力量抵御金国的图谋。早在熊廷弼到任之前，与周永春通信，便否定马林之举。这封书牍亦即第二件文书，同样有两个版本，一是《皇明经世文编》本，题为《答周毓阳中丞》，"毓阳"即周永春自号，旁注小字"约酋讨奴之罪"，未录年月；二是《经辽疏牍》本，即《熊廷弼集》收入版本，题名与《皇明经世文编》本相同，时间为"己未六月十三日"，系万历四十七年六月十三日。经查，后者为前者底本，作者摘录相关内容如下：

> 忽接台翰，言马帅密约宰、煖、卜三酋杀奴讨赏事情。且谓中多未确，欲作纸上擒奴之功，则老年丈已灼见无遗矣。正欲力疾回书，而后札又抄马帅屡禀见示。细阅一过，何马帅信之轻而见之滞也。"用夷攻夷"之说从来有之。如汉诿南北庭自相屠杀，而我得乘敝以臣之谓，非饵虏而委曲求助也。唐饵匈奴、吐蕃取天下，复天下，长安、东都之掠今古寒心。即我文皇帝用三卫靖难，而左臂之断至今为患。古名臣善用夷者，惟汾阳一人。……今有汾阳其人否？三酋有感恩畏威如药师罗其夷否？憨酋体

---

① 周永春称："马林败回，无计遮饰，谬欲结连宰、煖等酋以图奴，不知已中各虏之狡计矣"，见《题为开原破不移时辽左危不终日万恳圣明即敕救援以保神京事》，收入《筹辽硕画》卷二二，第738页。

95

面颇大，赋性颇直，要赏则挟赏，安能妪妪作效劳语以为骗局？而宰、煖狡桀，惯作伎俩。彼见春秋赏有成例，不便开口，故借此以增赏，赏一得而岁以为例，安问杀奴？即质有亲子头目二三人，而彼亦索我一官为质。即明明渝盟，我终未敢杀质以速衅，究亦被挟，拱手而还之。攒刀说誓，此滥套语。辽中何虏不攒刀？何日不犯誓？禽兽无耻，未足恃也。况就禀中情节，不止卜儿亥子为可疑，即如所称宰赛，不欲煖兔、卜儿亥等知，临时自来先讨些赏。如宰赛差使往约北关解仇同盟，金、白二酋谓宰酋向无信实，且恐宰酋不忘前仇，诱兵于外，再有暗兵克彼两寨等情。是宰酋且瞒煖、卜，先骗赏也，是金、白且信宰酋不过，而恐其暗图也，安望其为我同盟杀贼？而马帅遽谓"左联金、白，右连三酋，一鼓扫荡"，何言之易也。即令各酋同心同盟，为我杀贼真确无疑。且问三酋之师进于何路，欲绕北关之后从东北角入，则三酋必以为远；欲从北关境过，则北关必不假道；欲从我内地直入，而吾辈未敢保也。且问三酋之师进于何时，欲附大兵同进，而我兵将安在？甲马安在？器械色色安在？约之此时，得无早计？欲如马帅自言，带领家丁另一作用，窃恐未能图奴，而反为奴图，吾辈亦未敢保也。①

不难看出马林在萨尔浒失利，逃回开原后，意识到单凭残兵败卒，开、铁难保，提出"左联金、白，右连三酋，一鼓扫荡"

---

① 熊廷弼：《答周毓阳中丞（约酋讨奴之非）》（己未六月十三日），收入《熊廷弼集》卷一七《前经略书牍第一》，第823页。

## 第一章 建州军队马、步比例浅探(1583—1619)

的计划。他决心依靠祖上同蒙古人的老关系，联系蒙古贵族和叶赫部落，共同对付建州。他试图依靠的对象，除宰赛、煖兔外，尚有巴岳特贵族卜儿亥（burqai darqan），[①] 正是罕哈北三部。其中宰赛态度最积极，他不仅率先来到开原边上，与马林所派使者，亦即《满文原档》提到之明军通事按照蒙古风习，攒刀说誓，双方达成对抗建州之约，准备互换人质，而且遣使叶赫，希望修复关系，共同抗金。马林为团结宰赛，也竭尽诚意，甚至愿意率领家丁出边，同蒙古兵同行。马林这套拉拢蒙古，团结北关的规划，在当时看来，几乎是守住开、铁，保护北关的唯一可行之策，却得不到边臣支持。周永春从中极力作梗，而新任经略熊廷弼虽未到任，也列举三条反对意见：首先，宰赛和叶赫贵族虽然结成姻亲，关系并不融洽，双方曾兵戎相见，必不能同心协力。其次，明军经萨尔浒惨败，无力配合蒙古兵行动。最后，宰赛等贵族狡桀无信，他们和马林订立盟约，不过是贪图抚赏，属于欺诈。殊不知时移世易，明朝不尽力沟通蒙古，联系北关，在建州铁蹄之下，唯有丧师失地一途。熊廷弼发出文牍三日后，金军佯攻沈阳，突袭开原，事起仓促，城池陷落，马林以死尽忠，而蒙古、北关亦未反应。周永春将此归咎于蒙古贵族欺骗，大言："马林中宰、煖三酋计，往返讲说月余以懈我，而竟失开原"，[②] 诿失城之过于阃帅，丝毫不提掣肘之事。

综合熊廷弼、周永春文移以及《满文原档》，可以肯定万

---

[①] dharim-a jokiyaba, čoyiji tulγan qaričaγulju tayilburilaba, *altan kürdün mingγan kegesü*, p. 213.

[②] 熊廷弼：《与亓静初掌科》（己未七月十二日），收入《熊廷弼集》卷一七《前经略书牍第一》，第830页。

历四十七年五、六月间，罕哈北三鄂托克贵族同昔日驰名草原的马太师之子达成共守开原之约，宰赛正是在马林使者面前洒牛血祭天，表示只要啖以重赏，必定发兵痛击建州。可这一约定没获得杨镐、周永春等人支持，更像是宰赛和马林的个人誓约，嗣后金军攻打开原，宰赛亦未及时相救，致使马林败殁，遂令辽东大吏不再对联合宰赛抱有希冀。惟是金军攻陷开原后，立即将矛头对准铁岭，宰赛生怕女真夺取全部贸易市镇，打算履行誓约，协助明朝守备铁岭。然而马林死后，宰赛找不到可以联络信任的合作对象，只能凭一己之力对付努尔哈赤。这就导致他的行动始终和明军不合拍，各自为战，终于落得个双输的局面。

《满文原档》记载宰赛统率罕哈、好儿趁联军共计万人，于七月二十六日子夜，趁茫茫夜幕掩护，摸到铁岭城外。万余骑兵连人带马藏匿于城外高粱田里，忍受蚊虻侵袭，守城金军竟毫无察觉，说明来袭蒙古兵纪律严明，是惯于征战的老手，而非仓促征集的乌合之众。他们等到拂晓时分，守军最困乏疲劳之际，突然蜂拥而出，扑向出城牧马的步卒：

> jai cimari erde heceni duka jakade morin ūlebumbi seme kutulu yafaha niyalma. . morin kutulebi genere niyalmabe monggoi jaisai beilei cooha. . bak bayartu **sebuni** cooha **ūhereme emu tūmen funcere cooha** dobori jibi siusiui dolo ilibi gerembume bibi heceni dukabe morin tuwakiyame tūcire niyalmabe sacime gabtame uwarabe sabi. . ①

---

① 《满文原档》第 1 册，《昃字档》，第 378 页。

## 第一章 建州军队马、步比例浅探(1583—1619)

**译文**：次（日）清晨时分，说是到城门处喂马，派跟役（库图勒）和步行的人，（作）牵着马去的人。蒙古宰赛贝勒的兵、巴格、巴牙里兔、**色蚌的兵，共有一万多兵**，夜里来了，扎在高粱（地）里面，在天放亮（时），瞧见打城门口出来，守着马的人，就放箭，砍杀。

金军出城放马之兵，是由跟役（kutule，又作仆役、仆从或苦独力①）和步行之人（yafahan niyalma）组成，概系无马步卒，地位微末。他们受到蒙古骑兵突袭，颇有损伤。英明汗撤离铁岭时，释放宰赛亲信字落机（boroci），要他给蒙古贵族报信，谈到己方伤亡：

sini monggoi cooha. . meni niyalma be takabi neneme tanggū niyalma be waha. . minggan morin be gaiha. .②

**译文**：你们蒙古的兵，认出我们的人，先杀了（一）百人，抢了（一）千匹马。

宰赛常年侵扰明边，得手便撤，不与守军纠缠。明军精兵不足，拦截不力，唯有坐视蒙古兵扬长而去。此番宰赛获悉铁岭陷落，和明军夹击建州的企图落空，打算故伎重施，捞一把就跑。可他不了解金军骑兵数量在萨尔浒之战后，出现指数增长。金军大队骑兵闻知宰赛劫掠之讯，出城尾随，在英明汗高

---

① 刘小萌：《库图勒考》，收入氏著《清史满族史论集》上册，中国社会科学出版社2020年版，第224—236页。
② 《满文原档》第1册，《昃字档》，第269页。

呼"六大罪",下达追杀令后,如排山倒海般发动冲锋,将蒙古骑兵压入辽河,使之蒙受惨重伤亡。宰赛等贵族及高级官吏几乎悉数被俘。

金军凭借铁骑迅速击破蒙古联军,在战略和战术层面都取得巨大收益。战略上,英明汗借此一扫女真自金朝(1115—1234)灭亡后,沦为蒙古附庸之阴霾。建州生擒横行辽东,不可一世的宰赛,令罕哈、好儿趁贵族深受震撼,终于降尊纡贵,愿意谈判,为金人分化蒙古诸部打下头一根桩脚。战术上,金军摆脱腹背受敌的不利局势,避免潜在的失败风险。宰赛袭击女真步兵时,李如桢、贺世贤率军驻扎新兴铺,距铁岭城不足二十里(约10km)。他们得知蒙古袭击铁岭之讯,分三路来援,试图袭击金军侧背,但此时战斗已经结束,只得悻悻撤回。① 设若金军骑兵不足,无法捕捉宰赛主力并予以击破,必然落入两面夹击,情势极端不利。言而总之,萨尔浒之战后,金军骑兵无论在质量抑或数量上都取得长足进步,遂能在铁岭击溃向来以骑射见长的蒙古骑兵,令英明汗获得和蒙古贵族平起平坐的政治地位,使辽东形成明朝、金国和蒙古三足鼎立之局。

## 小　结

综上所述,建州军队在萨尔浒决战前,是一支步兵居多,而以骑兵为主力的军队。造成这一状况的原因在于女真的社会

---

① 《满文原档》第1册,《昃字档》,第381页;陈王庭:《题为边疆失事重大阃帅策应不前谨据实查参以肃军政事》,收入《筹辽硕画》卷二八,第153页。

## 第一章 建州军队马、步比例浅探（1583—1619）

和经济形态。16 世纪末至 17 世纪初，女真部落过着定居生活。他们的经济形态，在传统渔猎、采集之外，兼有农耕、手工和商业，和蒙古游牧社会经济形态判然不同。这就决定各部养马有限，主要供贵族、军官和高级武士乘骑，骑兵虽然是女真武力菁华，但数目不会太多。阿南惟敬先生所言，金军在萨尔浒仅投入占总兵力四分之一，约 15000—20000 多名骑兵的说法，是契合史实的。由于建州在萨尔浒之战前，业已统治除叶赫之外，绝大多数女真部落，拥有大批丁壮，而军马不敷分配。事实上导致大批身强力壮，拥有战斗经验的人员被迫充当步兵，使建州维持着一支成规模，高素质的步兵队伍，成为扩充骑兵的人力基础。

纵观建州崛起史，共有三起刺激骑兵增长的关键事件。一是万历三十七年至四十一年（1609—1613），建州于乌碣岩重创乌喇骑兵，又经过数年经略，吞并乌喇，不仅掌握大批马匹，还俘虏众多人丁，包括具备对付新式火器经验的军人，为扩军提供了丰沛的人力资源。二是舍里甸之战，金军吃掉辽东正兵营，掳获 9000 匹良马。英明汗借此将一部分沉淀在步兵队伍中的精锐转化为骑兵，达到 15000—20000 骑，直接决定萨尔浒之战的成败。三是萨尔浒之战，缴获马畜多达 28600 余匹（头），令金军骑兵规模空前庞大，终于在铁岭之战重创昔日主宰辽东战场的蒙古骑兵。可以说，建州从弱转强，掌握区域霸权之路，也是骑兵力量逐渐庞大，压倒明军和蒙古骑兵的过程。

从件退、舍里甸、萨尔浒诸役可见，虽然历史的滚滚车轮已然进入 17 世纪，明朝和朝鲜都拥有配备新火器的军队，但决定东亚国运兴衰的战争形态依然是野战，胜负手则是带甲骑兵，步兵火器手不过是次要的辅助力量。可是，随着金军逐步深入明境，以及明军丢失战场主动权，痛定思痛，采取防御态势，战争形态从野战向攻坚战过渡。明军注重设置工事，配备大量火器，阻滞骑兵攻击。英明汗因而调整建军策略，组织一支强力步兵，身披厚甲，操作攻坚器械，扮演破甲锥的角色，突破明军密集防御火网，撕裂其正面防线，再投入铁甲骑兵，作为扫荡敌阵的命运之矛。这种战争形态转变催生出"绵甲军"（olboi niyalma）和战车结合的新战术，在明军投入红夷大炮前，每每缘此决胜。作者将于下一章予以考察分析。

## 第二章　金国之"绵甲军"
## （1619—1628）

我国自两宋伊始，出现用棉、绵（即丝绵）、麻织造，防护箭矢之甲，谓之"绵裘"或"絮袄"。此种衣甲到明代中后期，又分为两类：一类是内敷丝绵，罩以绢布之甲，用来防御倭寇所执东洋"铁炮"即轻型火绳枪（arquebus）发射之铅弹，风行江、浙、闽、粤等沿海地区。一类是内实木绵（棉花），外覆布面之甲，仍以刀箭为防御对象，流行于黔、蜀等西南省份。英明汗发难，袭取抚顺后，众多川、浙军士即所谓"南兵"奉命援辽，葬身于萨尔浒之役，这两类衣甲遂传入建州之军。

清代史料中，常见"敖尔布"一词，是满文 olbo 的音译。通常认为，olbo 的本义为"马褂"或"短褂"，引申为"绵甲"，后来直译作"敖尔布"，指"鹿角兵"，即八旗汉军里穿绵甲，抬鹿角木的甲兵。也就是说，olbo 既指绵甲，也是兵种之名。然而，查阅清入关前的满文档案，olbo 仅有"褂子"和"绵甲"的含义，穿绵甲作战之兵写作 olboi niyalma/olboi cooha，即"绵甲军"或"绵甲兵"。那么，本来指代绵甲的

olbo 为何演变为兵种之名？清初的 olboi niyalma 与清入关后的"鹿角兵"在语义上是否一致？是清代兵制研究亟待解决的重要问题。

作者查核史料，发现 olbo 在英明汗努尔哈赤执政时期，与火器、战车、云梯同属兵器而非兵种名称。金军临战，遴选甲兵披服 olbo，发给攻坚器械，此即 olboi niyalma/olboi cooha，是专以夺取城池的步兵，不能等同于清入关后抬鹿角的"鹿角兵"。金军自天命四年（1619）将 olboi niyalma/olboi cooha 投入战场，在历次战役中扮演重要角色，战术地位甚至不亚于骑兵。直到天命十一年至天聪二年（天启六年至崇祯元年，1626—1628），明军将名为"红夷大炮"的新式西洋前膛大炮投入辽西战场，点燃"明清军事革命"的熊熊烈火，成功克制 olboi niyalma/olboi cooha 及其攻坚战术，迫使淑勒汗皇太极主动调整八旗军制，改革攻城战术，令 olboi niyalma/olboi cooha 的含义、编制和战术再度发生变化。

## 一　中国绵甲发展史

清朝是继元朝之后，又一个由少数民族建立的统一王朝。她的军政制度，既保有满人自身的特色，也受到历代中原王朝，尤其是元、明两朝的影响。作为清朝武力基石的八旗兵，与明朝军制存在千丝万缕的关系。本书考察清初的 olbo 和 olboi niyalma 之前，有必要交代我国绵甲发展史，特别是早期近代火器在明朝中后期入华，令绵甲大行其道的历史。

中国自宋以降，出现用织物制造，防御箭矢之甲。其设计理念，是在单位面积上密铺多层纤维，逐层吸纳箭矢等刺入物

## 第二章 金国之"绵甲军"(1619—1628)

的动能,降低侵彻速度,达成防护身体的效果。宋元织物甲被称为"绵裘""絮袄",端平三年(1236),南宋利戎司都统曹友闻奉命在阳平关(今陕西宁强西北)堵御蒙古军,麾下之军"素以绵裘代铁甲"。① 宋军不着铁甲,仅穿厚绵衣迎敌。开庆元年至景定二年(1259—1261),建康知府马光祖添造戎装,有红布绵絮软缠袄340件,② 即以红布为表,绵絮密衲其中之战袄。元灭宋后,沿用宋军衣甲。元军东征日本时,携带内充绵絮,外以葛布密纳之甲。元军溃退时丢弃的这类絮甲,至今收藏于九州福冈的"元寇博物馆"。

宋朝的织物甲以丝绵为主,但在明朝则有所不同。至迟在明代中叶,棉花已写作"木绵"。鸿儒邱濬云:"自古中国布缕之征,惟丝、枲二者而已。今世,则又加以木绵焉",③ 指出明朝征课纺织材料,除前代通行的丝、麻(枲)外,还包括棉花(木绵)。《明实录》载历年赋税,有"绵花绒""绵布"名色,实指棉花绒、棉布。④ 宋元以降,植棉业逐渐普及,明朝开始大量制造内装棉花,外裹以布的军服,发给卫所官军,称为"胖袄""袢袄"或"战袄"。洪武二十一年(1388)定制:

---

① 脱脱等纂:《宋史》卷四四九《列传第二百八·忠义四》,中华书局1977年版,第13236页。
② 马光祖、周应合等修纂:《景定建康志》卷三九《武卫志二·军器》,南京出版社2009年版,第989页。
③ 邱濬:《大学衍义补》卷二十二《治国平天下之要四·制国用·贡赋之常》,国家图书馆藏明刻本,第10b页。
④ 《大明神宗显皇帝实录》卷三七九,万历三十年十二月丙辰,上海古籍出版社1983年版,第7149页。

惟驾前旗手一卫用黄旗，军士、力士俱红胖袄，盔甲之制如旧。其余卫所悉用红旗、红胖袄。凡胖袄长齐膝，窄袖，内实以绵花。①

明太祖谕天下军人统一穿着红色胖袄，样式为长可及膝，胡服窄袖，便于骑射，显然受蒙古服制影响。宣德十年（1435），进一步规定每件胖袄要长四尺六寸（约130—140厘米），内置棉花二斤（约1公斤）。②胖袄最初由工部的针工局承制，后改为由州县缴纳，形制也有所变动。如北直隶易州逐年缴纳135件胖袄（胖衣）给军，到明朝覆亡，已变为"长襟大袖"的式样，③殊非明初制度。不过，鉴于明军出征时，内着胖袄，外覆铁甲，借双层甲衣抵御边外骑兵的箭矢，所以明朝的"胖袄"与宋代的"绵裘"不同，并非临阵单独穿用之甲。

明代中后期战事频仍，边臣、武将为军卒配备更加坚厚的织物甲，意在减少伤亡。这一时期，广泛披服织物甲之军皆系南兵，甲身按材料不同，分为两种流派。其一是丝绵甲，即内敷丝绵，罩以绢布之甲，用来防御倭寇所执东洋"铁炮"即轻型火绳枪发射之铅弹，流行于江、浙、闽、粤等沿海地区。名将戚继光练兵御倭，披服此甲，嗣后北上练兵，对付右翼蒙古，将此物带入蓟门。其二是木绵（棉花）甲，即内实木绵

---

① 《大明太祖高皇帝实录》卷一九三，洪武二十一年八月戊寅，第2902页。
② 申时行、赵用贤等修纂：《大明会典》卷一九三《工部十三·军器军装二》，《续修四库全书》第792册，第327页。
③ 《大明会典》卷一百九十三《工部十三·军器军装二》，第327—328页；朱懋文等纂：《易水志》卷中《国朝·请改胖衣》，国家图书馆藏顺治二年（1645）刻本，第10b页。

## 第二章　金国之"绵甲军"(1619—1628)

(棉花),外覆布面之甲,以利刃和飞箭为防御对象,流行于西南省份。四川、贵州官军和土司兵丁上阵,率用此甲。

丝绵甲在东南沿海的普及,与新式火器舶来有关。16世纪中后期,以火绳枪和佛郎机为代表的早期近代欧洲火器传入东亚,改变了这一区域的战争形态。其中,葡萄牙火绳枪在天文十二年(嘉靖二十二年,1543)流入日本的种子岛,被工匠仿制,称为"铁炮"(日文"鉄砲"见图2-1),迅速风靡日本。① 日本海盗与大名在"嘉靖大倭患"和"壬辰倭乱"(文禄·慶長之役)中,皆以配备"铁炮"的步兵冲锋陷阵。当时火绳枪的技术指标因产地不同略有差异,但都具备强大的破甲能力。根据1988—1989年,奥地利格拉茨施蒂利亚军械库(Steiermärkisches Landeszeughaus)和陆军联合,测试13枝16—18世纪滑膛枪(musket)和手枪(pistol)弹道性能报告,其中一把17世纪制造,口径15.1毫米的火绳枪(matchlock),枪口初速(muzzle velocity)达到428米/秒,另一把编号为G358,制造于16世纪80年代,带有火绳枪机的防御钩枪(Doppelhaken)枪口初速为533米/秒,均高于当代奥地利制造Glock80手枪的初速。高初速赋予枪支优异的侵彻力,报告显示火绳枪的弹丸可在30米距离内洞穿2.7毫米厚的铁甲,在110米距离内降至2毫米。② 日本"铁炮"破甲威力同样不俗。朝鲜官员向女真人宣称日本"铁炮"轻易贯穿两层包裹

---

① 洞富雄:《鉄砲——伝来とその影響》,京都:思文閣2001年版,第3—5頁。

② Peter Krenn, Paul Kalaus and Bert Hall, Material Culture and Military History: Test-Firing Early Modern Small Arms, *Military Illustrated Past and Present*, Vol. 33 (February 1991), pp. 34–38.

铁皮的木制挡箭牌。今人测试"铁炮",在 12.5 米距离内足以击穿 3 厘米厚的木板、15 厘米厚的竹束和 1 毫米厚的铁板,即使在 30—50 米距离上犹能洞穿双层铁甲。① 明军铁甲面对"铁炮"不堪一击,反而是能抵御枪弹的绵甲应时而兴,成为明军的主要防护装备。茅元仪总结御倭经验,指出惟有"缉甲"可防铅弹:

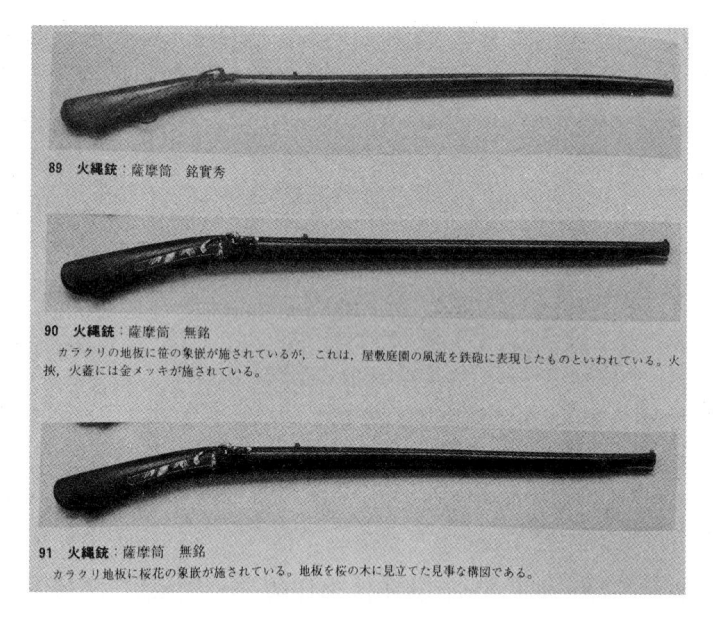

图 2-1　早期日本"铁炮"(萨摩筒,选自鹿児島県歴史資料センター黎明館《黎明館開館 10 周年記念特別展:鉄砲伝来 450 年》鹿児島:黎明館 1993 年)

---

① 斎藤努:《鉄砲の威力を探る:射撃実験/弾速を調べる/威力を調べる》;宇田川武久:《鉄砲伝来の日本史:火縄銃からライフル銃まで》,東京:吉川弘文館 2007 年版,第 274—281 頁。

## 第二章 金国之"绵甲军"(1619—1628)

> 倭夷、土贼率用火铳、神器,而甲有藤,有角,皆可着用,但铅子俱能洞入,且体重难久。今择其利者,步兵惟有缉甲,用绢、布不等,若纸、绵俱薄,则箭亦可入,无论铅子。今须厚一寸,用绵密缉,可长至膝。太长,则田泥不便;太短,则不能蔽身。①

倭寇所用火铳(火绳枪)可击穿南方明军的藤甲、牛角甲,唯有"缉甲"足以当之。所谓"缉甲"是以绢或布为表,填充桑皮纸或绵而成。茅元仪称纸、绵不能过薄,要以厚一寸(约2.9—3.2厘米)之绵,加以密缉,方可抵御铅弹。甲身长及膝盖,便于步兵行走稻田。茅元仪出身浙江,所叙御倭经验,当属江南地区的情况,有两点可加以注意。一是用绵缉就,可御铅弹之"缉甲"实为绵甲。万历二十一年(1593),给事中张辅之条陈江南备倭事,强调"绵甲以当鸟铳",以绵甲为抵御鸟铳(铁炮)之具,称此为"已试之规法",② 实为戚家军御倭成法。二是"缉甲"(绵甲)填充之"绵"究竟是丝绵抑或棉花,尚待查考。丝绵是将不适合造丝之茧、碎茧等择出,手工漂洗所得之物。明代的丝绵几乎都产自丝织业发达的浙江,而以湖州府所产丝绵既多且精,甲于他府。弘治十五年(1502)和万历六年(1578),浙江缴纳丝绵、荒丝数目分别为二百七十万一千三百六十一两八钱三分(约84417.53kg)和二百七十一万五千四十七两四分(约84845.22kg),而湖州

---

① 茅元仪:《武备志》卷一〇五《阵练制·练三十八·器械四·甲》,《中国兵书集成》第32册,金盾出版社1998年版,第4383页。
② 王在晋:《海防纂要》卷三《经略朝鲜》,《四库禁燬书丛刊》史部第17册,第524页。

府在嘉靖元年（1522）缴纳丝绵数目达八十二万六千二百六十二两六钱九厘（约25820.69kg），相当于总数的1/3。① 浙江是倭寇侵掠的重灾区，明军御倭，忌惮日本"铁炮"，就地征用绵被，以海水浸泡，障蔽身体。戚继光除沿用此法外，还以牛皮、丝绵层叠覆于木架，以油灰密封，号曰"刚柔牌"，可在四、五十步之外防御铅子。② 绵被、挨牌之外，丝绵甲（见图2-2）应运而生，见于《兵录》：

> 南方用绵布，旧絮夹中，里外纳作袄形。③

上文实抄自《火龙经》：

> 南方用棉布，旧絮夹中，里外纳作一副。④

《兵录》成书于万历三十四年（1606），大半取材自明代兵书。《火龙经》是伪托明初东宁伯焦玉之名的民间兵书，刊刻时间迟至嘉靖末期，纪事杂驳，不为史家所重。但该书面世之时，

---

① 张学颜等撰：《万历会计录》卷二《浙江布政司田赋》，《北京图书馆古籍珍本丛刊》第52册，第75—76页；栗祁等修纂：《湖州府志》卷十一《赋役》，上海古籍书店1963年版，第10a页。

② 韩濬、张应武等纂修：《嘉定县志》卷十五《兵防考上》，国家图书馆藏明万历刻本，第21a页；戚继光撰，曹文明、吕颖慧校释：《纪效新书》卷十五《布城诸器图说篇第十五》，中华书局2001年版，第243页。

③ 何汝宾：《兵录》卷六《造甲式》，《四库禁燬书丛刊》子部第9册，第484页。

④ 佚名：《火龙经三集》卷下《造铁甲法》，《中国科学技术典籍通汇·技术卷》第5册，河南教育出版社1994年版，第254页。

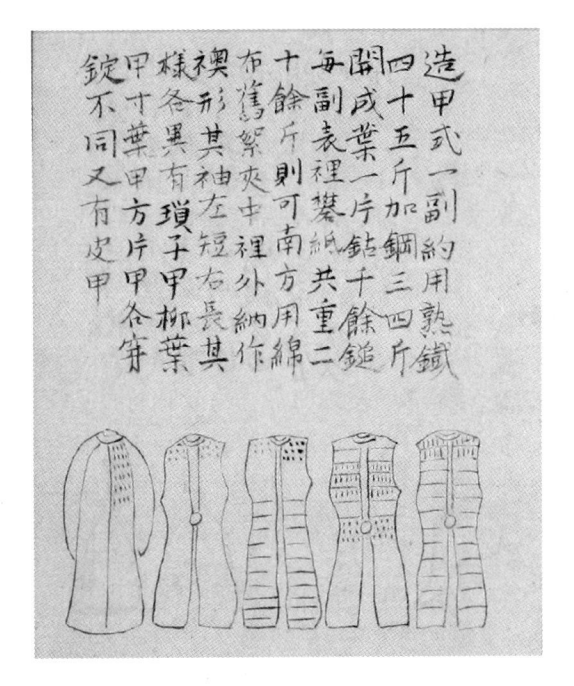

## 第二章　金国之"绵甲军"(1619—1628)

图 2-2　《兵录》载明军绵甲（左一）

正值倭患孔棘，近代欧洲火器在东南沿海扩散之际，[①] 所载甲仗器械，不乏与御倭相关，未可轻忽。引文提到之甲实为南兵御倭穿着的绵甲，以棉布为表，实以旧絮，密衲为袄形。这里的"旧絮"实即两浙出产的陈年丝绵。

丝绵的良好防弹能力，源自蚕丝的化学特性。制造丝绵的

---

[①] 尹晓冬：《火器论著〈兵录〉的西方知识来源初探》，《自然科学史研究》2005 年第 2 期；李斌：《〈火龙经〉考辨》，《中国历史文物》2002 年第 1 期；郑诚：《中国火器史研究二题：〈火龙经〉与火药匠》，《自然科学史研究》2016 年第 4 期。

原料蚕茧主要由纤维状蛋白质丝纤蛋白（fibroin）构成，以甘氨酸（$NH_2-CH_2-COOH$）、丙氨酸（$NH_2-CH[CH_3]-COOH$）、丝氨酸（$NH2-CH[CH_2OH]-COOH$）等氨基酸为主要成分，韧性和强度远胜于以纤维素为主的棉花。不过，丝绵制法耗时费力，"凡取绵人工，难于取丝八倍，竟日只得四两余"，[①] 导致价格高昂。明代中后期，一斤丝绵售价24贯，是棉花的8倍。[②] 戚继光身处丝绵产区，因"刚柔牌"耗绵极多，造价不菲，慨叹"只苦于价重，而官司不能办耳"。[③] 前述明军讨倭所穿绵甲充以旧绵，与丝绵价昂有关。名将俞大猷奉命出海讨倭，属下坦承之前官兵缺少护体丝绵甲，是以畏惧近战，不肯血战效死，要求每船发给30—40套加厚绵甲。俞大猷拨出1000两白银制备，仅彀登舷战锋穿用之数。[④] 因此，以丝绵为主要材质的绵甲限于成本高企，装备数量有限。反而是强度较低，价格低廉的棉花成为明人造甲的首选：

> 绵甲，以绵花七斤，用布缝如夹袄，两臂过肩五寸，下长掩膝，粗线逐行横直缝紧。入水浸透，取起铺地，用脚踹实，以不胖胀为度，晒干收用。见雨不重，霉黦不

---

[①] 潘吉星：《天工开物校注及研究》，巴蜀书社1989年版，第310页。
[②] 《大明会典》卷一百七十九《刑部二十一·计赃时估》，第173页。
[③] 戚继光撰，曹文明、吕颖慧校释：《纪效新书》卷十五《布城诸器图说篇第十五》，第243—244页。
[④] 俞大猷：《禀总督军门张揭帖》（隆庆二年十二月十五日），收入氏著，廖渊泉、张吉昌整理点校《正气堂全集·洗海近事》卷下，福建人民出版社2007年版，第856页。

烂，鸟铳不能大伤。①

通行的绵甲形制如袄，两臂略过肩，长身过膝，较茅元仪所述式样略长。绵甲用棉布为表，内含棉花7斤（约3.5公斤），是胖袄的三倍半，用粗线密衲而成。造毕浸水，再踹实、晒干，使棉花纤维密合，达到护身的目的。这类绵甲的防弹效果逊于丝绵甲，会被火绳枪发射的铅弹穿透，但穿用者不会受重伤。因为棉花制成的绵甲防护力不足，且仅能保护躯干和两股，明军上阵时，除身穿绵甲外，还会寻求其他防护手段，绵臂手和绵盔就此而生。前者用棉布四层为表，填充棉花或用取丝后残余的渣滓制成的厚茧纸，用线密缉，保护臂膊。② 后者用棉花渍水为之，又名"脑包"。万历二十年（1592）第二次平壤之战，左副总兵李如柏所戴绵盔被日军"铁炮"命中，穿透两层棉花，却未能贯穿，得以幸存。③

努尔哈赤统一女真，建立金国，起兵伐明后，明朝调集军马援辽。其中配备绵甲胄最多、表现最杰出者，是四川土司军队。明朝在16世纪末至17世纪初的几次大战，如万历援朝之役（1592—1598）、平播之役（1596—1600）中，征调以名将刘綎为首的四川汉、土兵马参战。四川将领在战争中切身体会到近代火器的威力，一面积极搜罗火器手，如刘綎蓄养的家丁

---

① 张燧：《经世挈要》卷一一《军中器具·纸铠绵甲》，《四库禁煅书丛刊》史部第75册，第563页。
② 周鉴：《金汤借箸十二筹》卷四《筹制器·甲》，《四库禁煅书丛刊》子部第33册，第118页。
③ 宋应昌：《叙恢复平壤开城战功疏》（万历二十一年三月初四日），收入《经略复国要编》卷七，第143页。

包括数百名"降倭"，多数是配备"铁炮"的火器手，为夺取播州土司杨应龙据守的海龙囤立下汗马功劳，① 一面注意为部曲配备绵甲胄以防御铅弹。四川在平播之役期间，曾一次制造10000副绵盔甲分发诸军。绵甲用棉布3丈3尺4寸（约1074—1103厘米），内衬20张厚茧纸，填以4斤棉花（约合2公斤），用粗线密缉。绵盔用棉花12两（约362—375克），裹布缝衲。② 天启元年（1621），披挂绵制衣甲的四川步兵在浑河北岸迎击金军，令女真人印象深刻，《满文老档》汉译本载：

> 明三营步兵未携弓箭，俱执丈五长枪及铦锋大刀，身着盔甲，外披棉被，头戴棉盔，其厚如许，刀枪不入。③

上文出自中国第一历史档案馆与中国社会科学院历史所合作出版的译本，也是目前通行的译本。然而，笔者查核《内阁藏本满文老档》原文，④ 发现译文并不准确，遗漏了诸多细节。鉴于《满文老档》不过是乾隆年间，以新满文誊录《满文原档》而成的抄本。今人研究清入关前史，应以《满文原档》为准。笔者将《内阁藏本满文老档》的记载与《满文原档》互勘，发现大体一致。《满文原档》记载如下：

---

① 久芳崇：《東アジアの兵器革命：十六世紀中国に渡つた日本の鉄炮》，東京：吉川弘文館2010年版，第116—123頁。
② 李化龙：《平播全书》卷八《牌票·责成制造军器》，《续修四库全书》第434册，第586页。
③ 《满文老档》上册，第177页。
④ 《内阁藏本满文老档》第2册，第855—856页。

## 第二章 金国之"绵甲军"（1619—1628）

  tere ilan kuren i yafaha i cooha **de** beri jebele akū gemu ilan da cuse mooi fesin i golmin gida dacun loho jafahabi. . beyede dolo uksin saca etubi oilo jirami kubun sindame saca mahala. beyede jibehun adali jirami kubun arabi. . gabtaci sacici darakū obi①

  **译文**：那三营步兵没有弓和撒袋，都拿着三庹竹木柄长枪、锐利腰刀。身上里面穿着甲胄，头戴厚絮绵盔，身穿如同被子般制造的厚绵，箭射、（刀）砍不透。

"那三营步兵"指分别布阵于浑河两岸的四川、浙江兵马，河北是由石砫土司秦良玉胞弟秦邦屏率领之两营四川土司步兵，河南是以总兵陈策、副将童仲揆、戚金（戚继光侄子）统领之浙江火器手。② 《满文老档》汉译本将形容土司步兵披挂的词句 oilo jirami kubun sindame saca mahala. beyede jibehun adali jirami kubun arabi 译为"外披帛被，头戴棉盔，其厚如许"，不但改变原句顺序，且多出一句"其厚如许"，为原文所无。土司步兵披挂双层甲胄，内里是 uksin saca，直译"甲（和）盔"，通常指铁甲胄，外面覆以厚绵盔和如同被子的厚绵甲。此处之"绵"，满文写作 kubun，实指棉花。似乎土司步兵是内着铁甲胄，外披用棉花造成，形如被子的绵盔甲迎敌。当时四川土司兵除去内着铁铠、外套绵甲外，还按照传统习惯，加以厚绵被。万历二十四年（1596）播州变乱，朝廷檄调川边

---

  ① 《满文原档》第2册，《张字档》，第42—43页。"庹"是长度计量单位，明代一庹合五尺。
  ② 朱纯臣、傅冠等纂：《大明熹宗悊皇帝实录》卷八，天启元年三月乙卯，第380页。

土司助战，就包括石砫、酉阳二宣慰司兵马，要其"各备脑包、絮被、锋利器械"，①准备绵盔和絮被（绵被）。另据泰昌元年（1620）辽东经略熊廷弼信札，土兵千里赴援，衣甲不齐，需就地置备，甲胄包括絮甲（绵甲）、脑包（绵盔）、绵袄、绵被四项。②综合明、清史料，参战兵士除内御铁甲外，再外罩由棉花制成的绵甲，甚至加以厚绵被。

彼时女真军队尚未装备火器，专赖弓箭克敌制胜，箭矢长而锐利，"其箭镞俱长三寸许，锋利不可当"，足以洞彻明军铠甲。③弓箭手久经沙场，射术精准，"五步之内，专射面胁，每发必毙"。④金军将士蔑视土司步兵，仅派轻骑冲锋，孰料引为长技的弓箭无力穿透明军甲胄，损兵折将。辽东巡按张铨疏称金军五度突阵，皆告无功，明军斩首达2000级。⑤《满文原档》对此讳莫如深，迨至顺治年间重修《大清太祖武皇帝实录》时，才含糊其词地称"两军酣战，胜负不分"。⑥明军步兵倚仗绵盔、绵被和绵甲的优异防护性能，竟能击退席卷辽

---

① 李化龙：《平播全书》卷八《牌票·预行整备兵丁听调》，《续修四库全书》第434册，第572页。

② 熊廷弼云："前石砫、酉阳兵至，予假月余休息，制办絮甲、脑包、绵袄、绵被、衣服、器仗"，见《与监军道高参政》（庚申八月十二日），收入《熊廷弼集》卷二一《前经略书牍第五》，第1079页。

③ 陈仁锡：《陈太史无梦园初集》海集一《纪奴情》，《续修四库全书》第1382册，第76页。

④ 徐光启：《辽左阽危已甚疏》（万历四十七年六月二十八日），收入氏著，王重民辑校《徐光启集》卷三《练兵疏稿一》，上海古籍出版社1984年版，第108页。

⑤ 张铨：《奏报辽危情形请督抚移镇疏》（天启元年三月十四日题），收入《张忠烈公存集》卷十《奏疏》，第451页。

⑥ 《清太祖武皇帝弩儿哈奇实录》卷三，天命五年三月十二日，第12b页。

东的女真铁骑，堪称绵制衣甲在中国战争史上的巅峰表现。

总之，我国绵甲始于宋元，以丝绵为主。明初普及实以棉花的"胖袄"，却非独立穿着之甲。16世纪中后期，早期近代火器传入东亚，剽掠东南沿海，入侵朝鲜的倭寇装备之"铁炮"（火绳枪）可轻易洞穿铁甲，迫使明军寻求护体之物，绵甲随之流行。明军装备的绵制衣甲包括丝绵和棉花两种材质。浙江是丝绵产区，御倭明军以绵被护体，还开发出以丝绵制成的"刚柔牌"和丝绵甲，但限于成本高昂而未能普及。明代多数绵甲胄皆以价格低廉的木绵（棉花）制成。四川明军受战事影响，装备绵制衣甲较多。天启元年，明朝步兵身披双层甲胄，包括绵盔、绵被、绵甲等迎战金军骑兵。金军因箭矢无力透甲而损兵折将，充分证实绵制衣甲的防护力。那么，女真军队是否装备绵甲？如果装备的话，它的形制如何，与明朝绵甲有什么关系？身着绵甲的兵士使用何种兵器，担负何种战术职能，究竟是否独立的兵种？皆有待探究。

## 二 清初的 olbo

清代汉文史料屡见"敖尔布"一词，是满语 olbo 的音译。这一译名出现较迟，就笔者所见，顺治十二年（1655），南明降将张邦宁献进取滇黔之策，请发"满洲傲儿步一万"，大举南征。[1] 康熙三十四年（1695），密议来年征讨噶尔丹，禁旅

---

[1]《拜塔喇布勒哈番张邦宁奏副》（顺治十二年正月），国立中央研究院历史语言研究所编：《明清史料》甲编第4本，国立中央研究院历史语言研究所1930年版，第349页。

*117*

八旗调发"鄂尔博兵八百八十名"①。"傲儿步""鄂尔博"都是 olbo 的不同音译。康熙以降,"敖尔布"逐渐流行。雍正八年（1730），八旗汉军添设敖尔布 1360 名；乾隆四十六年（1781），以敖尔布挑补京城巡捕五营兵缺。② 考其语义，据道光年间宗室奕赓称："汉军旗分有兵名敖尔布，月食银二两，与满洲、蒙古之披甲同"，③ 则"敖尔布"特指八旗汉军的一类甲兵，当属无疑。

然而，作为甲兵之名的"敖尔布"只是满语 olbo 的后起义。至于 olbo 的本义、引申义和后起义的演变过程，还有待讨论。日本学者最早意识到 olbo 在清代军事史上的重要性，着力尤勤。内藤湖南注意到 olbo 指绵甲，释曰："所谓的绵甲，就是在其表面绝无甲片，仅用缎子或木棉（织造）"，④ 认为 olbo 是用缎疋和棉花织造，不含铁甲片的绵甲。安部健夫进一步论证说：

> 当时满洲的士兵，按机动力可划分为骑兵和步兵，从披戴衣甲上可分为铁甲兵与绵甲兵。……在这个时期（天命四至五年）之前，只要是步兵，皆为绵甲兵，但在此

---

① 《山西总兵官康调元题本》（康熙三十四年十二月初二日），中国科学院编：《明清史料》丁编第 8 本，商务印书馆 1951 年版，第 761 页。

② 《世宗宪皇帝上谕旗务议覆》卷八《雍正八年十二月二十五日》，《景印文渊阁四库全书》史部第 171 册，台北：商务印书馆 1986 年版，第 456 页；《大清高宗纯皇帝实录》卷一千一百三十六，乾隆四十六年七月戊申，中华书局 1986 年版，第 182 页。

③ 奕赓：《寄楮备谈》（不分卷），收入氏著，雷大受校点《佳梦轩丛著》，北京古籍出版社 1994 年版，第 120 页。

④ 内藤湖南：《清朝史通論》，東京：弘文堂 1953 年版，第 329—330 页。

## 第二章　金国之"绵甲军"（1619—1628）

之后，步兵也有穿戴铁甲的。我将彼时的绵甲理解为武将以下人员穿戴的装备。果然，在绵甲兵里既有下等绵甲，也有上等的高级绵甲……但是一般情况下，与铁甲相比，绵甲不得不被认为是指"只有普通兵士穿著"，"用木棉织造的铠甲形状的物品"之意（引用句出自内藤先生，以及《嘉庆会典图》卷六三描述的鹿角兵、炮手用的无袖无裳绵甲乃是其代表）。事实上，也有人指出"穿著绵甲打仗"差不多是在最前线——特别是攻城战的最前线充作炮灰作用的同义词。①

安部健夫认为：第一，绵甲是棉花织成之甲，通常装备普通士兵。《嘉庆会典图》（本名《大清会典图》）收录炮手、鹿角兵所穿，无袖无裳的绵甲是其代表。第二，天命四年至五年（万历四十七年至泰昌元年，1619—1620）之前，清军步兵都是穿戴绵甲之兵。身服绵甲与否，是骑兵和步兵的划分标准。第三，穿绵甲的兵士，其实是攻城之兵。中山八郎也提出了自己的看法：

> 所谓绵甲，从《清文汇书》的解释："马褂，即外出穿的短褂"来看，绵甲就是我们现在穿用的类似马褂的短外套。弓箭手要站在后面射箭，身上负担不能过重，为作战方便，通常披服不含铁的轻便短（绵）甲。……根据《太祖实录》和《满文老档》记载，绵甲兵作战时经常使用战车和挨牌，而弓箭手在射箭杀敌时通常站在战车

---

① 安部健夫：《八旗滿洲ニルの研究》，第265—266页。

*119*

和挨牌的遮挡处，所以操纵战车和挨牌的兵士穿的也是短甲。甚至那些为阻塞敌兵前进道路和保护营地而使用鹿角的兵士，以及搬木头石块的跟役穿的也是短甲。……清军入关后，汉军每佐领下各设鹿角一架，搬运者被称为鹿角兵，隶京营八旗汉军骁骑营。①

引文可简要归纳为三点：一、满文olbo有"马褂"之义，故绵甲形似马褂，是不含铁片，短而轻的甲。二、使用战车、挨牌之兵、弓箭手、抬鹿角的士兵、搬运木、石的跟役都穿绵甲。三、清入关后，八旗汉军鹿角兵穿服绵甲，可作为第二点的证据。总而言之，日本学者的上述观点基本是讨论清入关前，olbo的所指问题。他们都认为olbo是由织物制成，不含铁叶的绵甲，主要装备步兵。区别在于：其一，olbo的材料，内藤湖南指出是由缎疋和棉花制成，安部健夫认定由棉花制造。其二，olbo的形制，安部健夫声称olbo是无袖无裳之甲，而中山八郎认为是形同马褂，短而轻的甲。其三，olbo的穿用者，安部健夫指出步兵统一披挂绵甲，等于攻城甲兵，而中山八郎进一步细化了穿绵甲兵士的种类。

日本学者为考证清初olbo的语义做出了杰出贡献，但也存在两个问题。首先，前辈学者囿于时代所限，论证olbo的语义时，未能引用《满文原档》、"满文内国史院档"等第一手史料，而他们考证的内容，落实到一手史料上，其实包括olbo和olboi niyalma以及olboi cooha三个术语的含义，却未作

---

① 中山八郎：《清初の兵制に関する若干の考察》，《明清史論集》，東京：汲古書院1995年版，第346—347頁。

细致区分，本章下一节将就后两者作出讨论。其次，他们论述清入关前 olbo 的形制和披服 olbo 的兵种时，所引《清文汇书》《嘉庆会典图》是清朝中期的后出史料，其实是倒放电影般的逆推，论证逻辑上存在问题。《清文汇书》是乾隆十六年（1751）刊行的满汉简明辞典，解 olbo 为："马褂子，即出外短褂也"。① 查清代满文辞典，最早将 olbo 释为"齐肩褂"即马褂的，是康熙三十八年（1699）面世之《大清全书》。② 嗣后康熙年间官方编纂的满文辞典《御制清文鉴》（han i araha manju gisun i buleku bithe）将 olbo 释为"野地里穿的短褂子"（bigan de eture foholon kurume），③《清文汇书》里 olbo 的词义是由此而来。然而，这充其量能证明 olbo 在康熙朝的确有马褂的含义，至于能否以此概括清入关前 olbo 的形制，得出它们都是马褂样式的结论，还是有待证明的题目。

查清代官、私著述，"鹿角兵"是迟至乾隆年间出现在汉文文献里的术语，常见于乾、嘉两代的官书如《大清会典则例》《皇朝礼器图式》以及安部健夫引用的《嘉庆会典图》（原名《大清会典图》）。但在满文史料里，与"鹿角兵"对应，指八旗汉军里抬鹿角的正兵之名，仍是 olbo。查清代官方编纂的满文辞典《御制增订清文鉴》（han i araha noggime toktobuha manju gisun i buleku bithe）收录 olbo，旁注汉字"敖尔布"，满文释为：

---

① 李延基：《清文汇书》卷一《ol sere hergen》，北京故宫博物院编：《故宫珍本丛刊》第719册，海南出版社2000年版，第28页。
② 沈启亮：《大清全书》卷二《e. i. o》，辽宁民族出版社2008年版，第55页。
③ 拉锡纂：《御制清文鉴》卷十五《etuku adu i hacin》，中央民族大学图书馆藏康熙四十七年（1708）武英殿本，第17b页。

*121*

ujen coohai gūsa. hiyahan tukiyere cooha be. olbo sembi.

**译文**：汉军旗抬鹿角兵丁，谓之敖尔布。①

所以，至少在清代中期钦定的满文辞典里，olbo 音译"敖尔布"，义为"抬鹿角兵丁"（hiyahan tukiyere cooha），是八旗汉军里抬鹿角的正兵之名。满文史料里固然有 hiyahan i cooha 的写法，直译为"鹿角兵"，但它的本义是指雍正朝讨伐准噶尔时，抽调漠北军营的汉军跟役，扛抬鹿角之兵，是专有术语。②那么，指代八旗正兵之名的"鹿角兵"其实是个出现时间很晚，局限于部分汉文文献的概念。其含义与满文 olbo，即汉文史料中的"敖尔布"等同。他们使用的绵甲也是清中期的式样，嘉庆《大清会典图》记载"鹿角兵"的绵甲"无袖，无左裆，无裳"，③也就是安部健夫所说的"无袖无裳"的绵甲，是乾隆二十一年（1756）钦定：

> 鹿角兵棉甲，谨按乾隆二十一年钦定：鹿角兵棉甲无裳及裆，余俱如骁骑棉甲之制，炮手亦披服之。④

---

① 傅恒纂：《御制增订清文鉴》卷八《coohai hacin》，北京大学图书馆藏乾隆三十六年（1771）武英殿刻本，第 4a 页。

② 中国第一历史档案馆藏：军机处满文录副奏折，03-0187-054，005-198，绥远将军马尔赛奏，雍正十年九月初七日。作者曾对二者差异略作论述，参《雍正朝北路军营"鹿角兵"考》，《历史档案》2015 年第 4 期。

③ 托津等纂：《大清会典图》卷六三《武备·绵甲（鹿角兵及炮手用）》，台北：文海出版社 1992 年版，第 2099 页。

④ 允禄等纂：《皇朝礼器图式》卷十三《武备一·甲胄·鹿角兵棉甲》，《文渊阁四库全书》史部 414 册，第 730 页。

## 第二章 金国之"绵甲军"(1619—1628)

因此,指代八旗汉军抬鹿角兵丁的名称"鹿角兵",以及炮手所着"无袖无裳"的绵甲(见图2-3)是清中期,或者说乾隆二十一年之后的情况,不能由此断定清入关前olbo的形制。既然日本学者的论证尚有漏洞,作者将基于明、清、朝鲜史料,在本节追索清入关前olbo的确切含义,重点考察两个问题:一是清入关前,作为绵甲的olbo是否从"马褂"发展而来,它的形制究竟如何?二是乾、嘉两朝炮手、鹿角兵穿着的绵甲,与清入关前的olbo是否存在继承关系。要搞清上述问题,还要寻本溯源,从15—16世纪女真战士的衣甲谈起。

15世纪女真部落披服之衣甲,可就朝鲜史料窥知一二。李朝成宗二十二年(明弘治四年,1491)女真南下,与朝鲜军战于庙洞:

> 彼人百余名,骑、步相半,而被铁甲者居其半。其被甲者皆以铁为其领袖,又裹其面,所露者两目而已。①

约50名女真兵士披戴铁甲,另附铁制臂手、面具。同年袭扰高山里之女真头目着"中原水银甲",即明朝之精铁铠甲,日光照耀下闪烁如水银,炫人耳目。② 知当时女真部落兵士穿用铁甲,尤以得自大明,甲片在外的精铁甲,即明人所称之"明甲"为贵,至于着铁甲之外的女真兵士何以蔽体,尚不清楚。16世纪后期,努尔哈赤起兵后,olbo一词方见于清代文

---

① 慎成善、表沿沫等纂:《成宗康靖大王实录》卷二四九,二十二年正月辛丑,第687页。
② 《成宗康靖大王实录》卷二五七,二十二年九月丁丑,第90页。

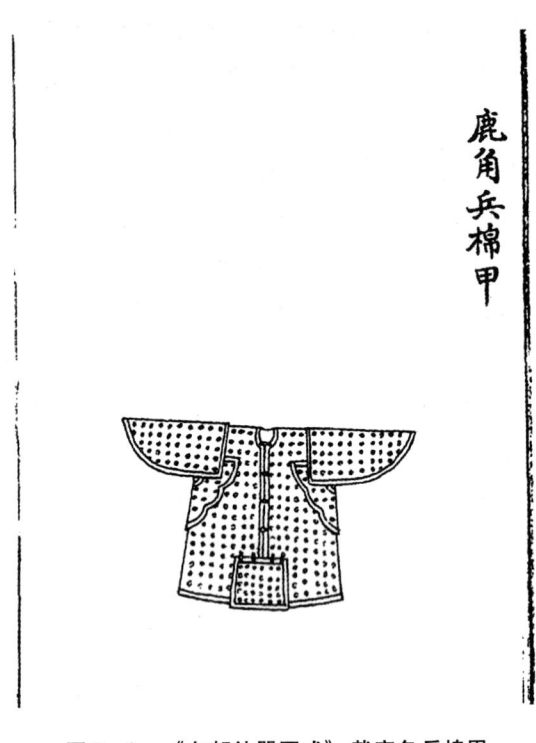

图 2-3 《皇朝礼器图式》载鹿角兵棉甲

献，但在不同语境下含义不一，须具体分析。总体而言，olbo 有两个含义，一是指常服褂子，后来演变为清代流行的号衣或马褂，二是指攻坚时穿用的绵甲，以下将分别论述。

（一）常服之 olbo

目前反映 16 世纪末，女真部落装备 olbo 情况的史料仅有《清太祖实录》《皇清开国方略》等后出文献。其中修纂较早，相对可信者当属《大清太祖武皇帝实录》。书中关于 olbo 的首次记录是万历十一年（1583）某个夏夜：

## 第二章 金国之"绵甲军"(1619—1628)

taidzu sure beile mujilen dengsiteme deduhe niyalma babi ilifi olbo etufi beri ladu ashafi jangkū jafafi. hoton i ninggude tafufi tuwaci..①

**译文**：太祖淑勒贝勒心神频动，自卧处起，穿 olbo，带弓、箭筒，执刀登城观之。

努尔哈赤惊觉匪类潜入其宅，遂身着 olbo，佩刀挟弓夜巡。满文 olbo 在顺治朝汉文本中的对应词汇，据北平故宫博物院 1932 年出版的排印本，将 olbo etufi 合译为"着衣"。嗣后乾隆朝重修的《大清太祖高皇帝实录》改为"被（披）绵甲"，②已失其本义。如顺治本所言，这里的 olbo 并无"绵甲"之义，不过是常服衣物。想来努尔哈赤因事出紧急，未及披甲，选择了便于穿着的 olbo。万历十四年（1586），努尔哈赤突袭死敌尼堪外郎（nikan wailan）所居鹅儿浑城（olhon i hoton），一名敌酋仓促未及披甲，穿 yacin olbo 即"鸦青色的 olbo"奔窜。③根据上述材料，olbo 是 16 世纪女真武士日常所穿的衣物，至于其形制如何，尚待探究。

根据淑勒汗皇太极以降的清初史料，olbo 有褂子特别是绵褂的含义。天聪七年（崇祯六年，1633）颁诏，规定全国服制。原诏见于中国第一历史档案馆藏满文内国史院档案，④惜

---

① 《大清太祖武皇帝实录：满文》卷一，癸未年六月，第 47 页。
② 《清太祖武皇帝弩儿哈奇实录》卷一，癸未年六月，第 5b 页；鄂尔泰等纂：《大清太祖高皇帝实录》卷一，癸未年六月辛亥，中华书局 1985 年版，第 27 页。
③ 《大清太祖武皇帝实录：满文》卷一，丙戌年七月，第 74 页。
④ 中国第一历史档案馆藏：满文内国史院档，天聪七年档，天聪七年六月初十日，第 55b 页。

残缺不全，须以《实录》补足。存世之《大清太宗文皇帝实录》共3个版本，即顺治十二年（1655）告成的初纂本、康熙二十一年（1682）的重修本和中华书局出版的乾隆四年（1739）重修本。① 据顺治初纂本的汉文本所收同一诏书称："凡一应人等，绵褂、皮褂无袖者及腰带之宽者，止许出外服之，平居不许"。所谓"绵褂"的满文是 olbo。② 天聪十年（崇祯九年，1636），皇太极称帝，定御前仪仗，其中2名执役者穿"青补服褂"，满文为 yacin puse noho olbo，此处的 olbo 是"褂子"之义。③《满文原档》载天聪六年（崇祯五年，1632），皇太极率军远征察哈尔，累次颁赏随征蒙古贵族，赏给科尔沁贵族、国舅满珠习礼（manjusiri/manjusiri）之物包括一件 suwayan olbo，即"黄褂子"。④ 康雍以降，suwayan olbo 统一译为"黄马褂"，专以赏赐重臣，褒其劳绩，其例实自此始。总之，清入关前作为常服的 olbo 是指褂子，无可非议。

olbo 不止是平时穿用的绵褂或褂子，也是汗或贝勒畋猎时，随从穿着的外衣。《清太宗文皇帝实录》顺治初纂本收录天聪六年，汗谕诸贝勒射猎时，不得强取随从所获猎物，复令

---

① 松村潤：《康熙重修清太宗実録》，《明清史論考》，東京：山川出版社2008年版，第355—360頁。

② 《大清太宗文皇帝实录》卷十一，台北"故宫博物院"藏顺治朝汉文本，天聪七年六月初十日，第44b—45a页。《大清太宗文皇帝实录》满文本（daicing gurun i taidzung genggiyen šu hūwangdi yargiyan kooli）卷十四，台北"故宫博物院"藏顺治朝满文本，天聪七年六月初十日，第20a页。

③ 《大清太宗文皇帝实录》顺治朝汉文本卷二二，天聪十年四月十三日，第55a页；《大清太宗文皇帝实录》满文本，卷二八，天聪十年四月十三日，中国第一历史档案馆藏康熙朝小红绫本，第52b页。

④ 《满文原档》第8册，《地字档》，第146—147页。

## 第二章 金国之"绵甲军"(1619—1628)

贝勒属下亲随立誓遵从的谕旨,称贝勒属下为"身披绵甲之人"。乾隆重修本径作"绵甲军"。① 然而,本条谕旨在档案中写作 beise be dahara olbo etuhe niyalma be wacihiyame gashū seme gashūbuha,直译:"令跟随诸贝勒穿 olbo 之人各按誓言发誓"。② 又查内国史院档案收录天聪九年(崇祯八年,1635)十一月,汗在猎场之谕,有:"汗与诸贝勒射中之兽,穿 olbo 之人尾随"(han beisei gabtara gurgu be dahara olbo etuhe niyalma)之语。③ 可知金国统治者出猎时,卫队穿 olbo 跟随,已是不成文的规矩。女真以轻骑畋猎,挟弓矢而逐鸟兽,讲究身姿轻盈,俯仰随意。亲贵射中虎、熊、豕等巨兽,往往难以一击毙命。野兽负箭奔窜,麾下亲随蹑踪追击,动辄数里或数十里,所着之 olbo 必非攻城所披厚甲,而是便于驰逐的褂子。《清太宗文皇帝实录》将 olbo 译作"绵甲",失其本意。康熙年间编纂之《大清世祖章皇帝实录》载顺治五年(1648),正蓝旗主济尔哈朗称顾尔马洪(gūlmahūn)在入关前后任其护卫,"遇出猎时,令其穿号衣相随"(aba de olbo etufi dahabure),④ 将护卫在行猎时所穿 olbo 译作"号衣",实即入关前的

---

① 《大清太宗文皇帝实录》顺治朝汉文本,卷十,天聪六年十月二十六日,第29b页;《大清太宗文皇帝实录》卷十二,天聪六年十月庚寅,中华书局1985年版,第174页。
② 《满文原档》第8册,《地字档》,第266页。
③ 满文内国史院档,淑勒汗乙亥九年档册(sure han i niohon ulgiyan uyuci aniya i dangse),天聪九年十一月十七日,第154b页。
④ 《大清世祖章皇帝实录》卷三七,顺治五年三月己亥,中华书局1985年版,第297页;《大清世祖章皇帝实录》满文本(daicing gurun i šidzu eldembuhe hūwangdi i yargiyan kooli)卷三七,顺治五年三月己亥,中国第一历史档案馆藏康熙十一年(1672)大红绫本,第42a页。

褂子。《清世祖章皇帝实录》较诸《清太宗文皇帝实录》虽属后出史料，该词译文却接近清入关前的史实。可知前揭淑勒汗两道谕旨内，出猎亲随所着olbo本为绵褂或褂子之义，绝非厚重绵甲。

总之，清入关前作为常服的olbo可译为"褂子"或"绵褂"，也就是清入关后流行的"号衣"或"马褂"。它本是16世纪末，女真武士所穿的衣物，后来除日常穿用外，也被金国亲贵用来笼络近臣，充入仪仗，以及发给亲随驰骋猎场，具有礼服和猎装的性质。

（二）绵甲之olbo

从现存史料看，自16世纪末开始，建州女真武士便身着olbo驰骋沙场。万历十三年（1585），努尔哈赤讨伐折陈部（jecen i aiman），麾下计"绵甲五十人、铁甲三十人"，满文本中的"绵甲"写作olbo。① 万历十七年（1589），努尔哈赤攻取赵家城（joogiyai hoton），为制止军士争夺俘虏而自相残杀，先后将所服之"甲"（uksin）和olbo解下，交给亲信前往申明纪律，有"见甲如见人"之意。② 汉文本《清太祖武皇帝实录》称努尔哈赤两度解甲后，"身无甲胄"，满文本写作uksin olbo akū，即"无甲及olbo"。③ 知努尔哈赤临阵外披铁甲，内穿olbo。万历四十六年（1618），金军围攻清河，名将巴都里（baduri）的叔父身披olbo攻城阵亡，这是《满文原

---

① 《清太祖武皇帝弩儿哈奇实录》卷一，乙酉年四月，第7b页；《大清太祖武皇帝实录：满文》卷一，乙酉年四月，第69页。
② 《大清太祖武皇帝实录：满文》卷一，己丑年，第85页。
③ 《清太祖武皇帝弩儿哈奇实录》卷一，己丑年，第9a页；《大清太祖武皇帝实录：满文》卷一，己丑年，第85页。

## 第二章 金国之"绵甲军"(1619—1628)

档》首次记载女真兵身着olbo作战。① 总体而言,从努尔哈赤起兵到全面征明为止,将近40年里,女真甲兵穿用olbo的记录寥寥无几,但原因在于记载建州早期崛起史的材料过少。就上述记载来看,女真甲士穿着olbo即绵甲上阵,在实战中是司空见惯之事,可我们不仅无由得知olbo的形制,也不能将绵甲和铁甲作为划分步、骑之别的标志。直到惊天动地的萨尔浒大战后,关于金军配备olbo的史料才日渐增多,故而下文讨论的,金军临阵披服之olbo亦即绵甲的情况,其实是萨尔浒战役后的事。

金军虽然在萨尔浒战胜,但明朝仍然控制着辽东绝大部分城镇,而且从关内源源不断地征调军队援辽,企图守住沈阳、辽阳等重镇,稳固局势。努尔哈赤意识到若想夺取全辽,必须准备攻坚,选拔甲士当先搏战,而olbo就是赖以护体的重甲。

金军olbo的样式史无明文,仅能就少数记载推求。上文提到中山八郎认为"绵甲兵"和弓箭手都是穿着短甲的步兵。他的依据是《旧满洲档》里,涉及萨尔浒之战的一条史料,经查对,与《满文原档》的原文一致:

ujen uksin etuhe niyalmade. juleri gida jangkū jafabubi. .
uweihuken uksin etuhe niyalmabe amargici gabtabume. . dulga
cooha amala adame morin yaluhai②

---

① 原文如下:emu eshen bihe niowanggiyaha de olbo etubi afabi. beye būcehe. .(曾有位叔父,在清河穿着绵甲打仗,身亡),见《满文原档》第6册,《调字档》,第481页。
② 《旧满洲档》第1册,第403—404页;《满文原档》第1册,《戾字档》,第216—217页。

129

**译文**：穿重甲者，执矛、刀在前。穿轻甲者，从后射箭。一半兵士乘马殿后行走。

问题在于此处记载只字未提 olbo，仅将金军之甲分为 ujen uksin（重甲）和 uweihuken uksin（轻甲）两类，而且同属 uksin，也就是"铁甲"。因此，仅凭这条史料不能得出 olbo 属于短甲的结论，中山八郎的观点自然无法成立。李朝光海君十三年（明天启三年，1621），朝鲜国王向满浦金使郑忠信征询女真军制，郑忠信对曰：

> 其兵有八部，二十五哨为一部，四百人为一哨。一哨之中，别抄百、长甲百、短甲百、两重甲百。别抄者，着水银甲。万军之中，表表易认。行则在后，阵则居内，专用于决胜。两重甲，用于攻城填壕。①

郑忠信所说的"部"和"哨"分别对应固山和牛录，每一部含25哨，正与每个固山下辖25个牛录的编制相吻合。他特别介绍每个牛录下有名为"别抄"和"两重甲"的兵种。前者身披精铁铠甲，格外出众，是用于决胜之兵，应指扈卫汗与王公的"巴牙喇"（bayara），是金军中的精锐骑兵。至于"两重甲"，顾名思义，是身穿两层甲，在火线上攻城和填平城壕的步兵。那么，这"两重甲"究竟是指两层铁甲抑或另有所指，还要结合金国档案分析。

《满文原档》载努尔哈赤攻灭叶赫时，两度出动"两重

---

① 《光海君日记（太白山本）》卷一六九，十三年九月戊申，第644页。

## 第二章 金国之"绵甲军"(1619—1628)

甲"之兵。其一是在强攻山城时:

> genggiyen han i coohai **niyalma** ujen uksin i oilo olbo etubi sacai oilo amba jirami kubuni mahala etuhe niyalma juleri kalka be gambi hoton araha alini dade ilibubi uweihuken foholiyon uksin etuhe gabtara mangga be sonjobi tucibuhe coohai niyalma amala genebi gabtaha manggi. . ①

译文:英明汗之军士,重甲之外穿 olbo,盔外戴大厚绵帽,携挨牌在前,立于山城下。以所选穿轻短甲善射军士,随后去射箭。

叶赫部实行"双头政长"制度,两位酋长分居山城和平城。金军攻打叶赫部最后的山城据点时,以"两重甲"之兵为先锋。这时的"两重甲"是在重铁甲(ujen uksin)之外覆以 olbo 即绵甲,在铁胄外套上"大而厚的绵帽"(amba jirami kubuni mahala)。另一处是在攻入城后,以兵士伐毁叶赫贝勒金台石(gintaisi)死守之台:

> **han i** coohai niyalma de dasame olbo etububi sūhe sacikū jafabi jafabubi tai be sacime efulerede. . ②

译文:汗的兵士穿两层 olbo,执斧、镢劈毁其台。

金台石及其党羽携带弓矢,据台作困兽之斗,金国兵士着两层

---

① 《满文原档》第 1 册,《昃字档》,第 275—276 页。
② 《满文原档》第 1 册,《昃字档》,第 286 页。

*131*

olbo 抵达台下，以斧凿捣毁此台。可见英明汗治下的"两重甲"兵士是根据作战需要选择护体甲胄。金军攻拔叶赫时，甲兵或内着铁铠，外裹 olbo，或者身穿双层 olbo。由此可以断定金军的 olbo 至少具备两个特征：首先是尺寸宽大，足以套到铁甲之外。其次是坚厚致密，两层 olbo 便能抵御女真强弓从近距离射来的箭矢。所以，金军上阵穿着的 olbo 里，有一类是用棉花或丝绵制成，尺寸宽大，质地坚厚的绵甲。它在尺寸、质地和防护力等方面，和作为褂子的 olbo 有很大区别，那种根据清中期的史料，将金军临阵穿着的 olbo 径直等于轻甲或短甲的观点，并不符合清入关前的实际状况。可是，金军攻城使用的 olbo 与作为常服的 olbo 既然有很大区别，为何却被称为 olbo，是亟待讨论的重要问题，而破解这一问题的关键，在于落实金军上阵穿用之 olbo 是否存在其他形制。

《满文原档》关于金军有组织地使用 olbo 的最早记录，是天命四年（1619）六月的汗谕，出现"带着 olbo 行走的牛录额真、五牛录额真"（olbobe gaibi yabure nirui ejen.. sunja nirui ejen..）的字句。[①] 这一时间点特别值得重视。努尔哈赤起兵伐明后，在舍里甸、萨尔浒战役迭次获胜，但明军阵中，包括鸟铳（火绳枪）和佛郎机炮（见图 2-4）在内的火器也令金人印象深刻。《满文原档》收录额尔德尼巴克什，即为金国创制文字、更定典制的学者达海（dahai）对两次战事的评价，其主旨固然在于吹嘘金军膺天眷佑而制胜，却也提到明军火器的作用。他在舍里甸之战后，提到明军火器威力，称"能击穿二三层铁甲叶的炮和鸟枪"（selei hitha jursu ilarsu be hafu

---

① 《满文原档》第 1 册,《昃字档》,第 245 页。

## 第二章 金国之"绵甲军"(1619—1628)

genere boo miocan),① 证实明军鸟铳、佛郎机、虎蹲炮、灭虏炮足以贯透多层铁甲;复于萨尔浒战役目睹明军"发射达千万次的炮和鸟枪"(sindaha tuttala minggan tūmen boo miocan),② 持续射击的火力令金人印象深刻。努尔哈赤作为一流的将领,不可能对此无动于衷。事实上,金军投入萨尔浒战役的穿重甲兵士,所着之甲还是铁甲,但在战争结束三个月后,前揭汗谕中就出现管带 olbo 也就是绵甲的官员,说明金军开始大规模装备绵甲。萨尔浒战役后,英明汗每逢恶战,皆以身着绵甲之兵当先冲锋。不过,清入关前史料涉及绵甲形制的记载不多,《太祖实录战图》(taidz'u hūwangdi i yargiyan kooli afara nirugan)是少有直观反映金军武备样貌的资料,但它是

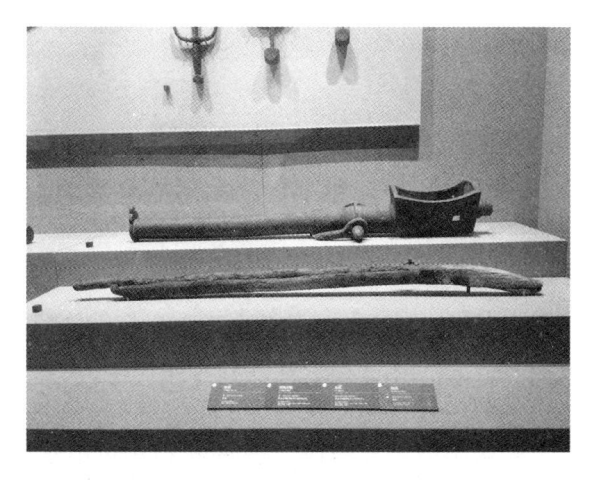

图 2-4 江苏徐州博物馆藏明代鸟铳及佛郎机铳(2020年摄)

---

① 《满文原档》第 1 册,《荒字档》,第 88 页。
② 《满文原档》第 1 册,《昃字档》,第 233 页。

否可靠，尚存争议。松村润先生认为淑勒汗为祖述其父筚路蓝缕之功，命令画匠图绘事迹，于天聪九年八月告竣，还早于崇德元年修成之《太祖太后实录》。乾隆年间，高宗指示史官根据《太祖太后实录》编纂《满洲实录》，收入这套战图，指示宫廷画师门应兆予以重绘，但保留最初风貌，以《太祖实录战图》之名行世。① 杨勇军反对其说，认为门应兆秉承上意，不惟创制 6 幅新图，且其余 77 幅图均有润色，已非原貌。② 作者鉴于《太祖实录战图》收入诸多金军攻战图页，是研究 olbo 形制应予参考的史料，不容置之度外，又考虑到学界就其是否清初原貌，还存在争议的现状，决定择取相关战图，细致归类，对照档案求证，以期有所收获。纵观《太祖实录战图》，有 4 幅战图描摹绵甲式样，叙述如下：

A. 攻取叶赫

此即《满洲实录》所收《太祖灭叶赫》（taidz'u genggiyen han yehei gurun be efulehe/tayisu yehege ulus un törü-yi abuluγ-a）之图（见图 2－5）。③ 图中围攻东城之兵分两类，一是图左侧攀缘城墙而上之兵，二是麇集城下，以斧斤穴城兵丁，但他们的装束都是内着衣物，外套无袖、无护肩，长可及腰之短甲。两名穴城兵士里，左侧一人的短甲为开襟式样，甲上点有斑痕，代表缀合甲衣的甲钉；右侧一人甲身绘有鳞片，似属铁甲，但这套打扮与《满文原档》所载绵甲式样差距过大，明显不是真实反映当日攻战场景之作。

---

① 松村润：《清太祖武皇帝实录の编纂》，《明清史论考》，第 322—330 页。
② 杨勇军：《〈满洲实录〉成书考》，《清史研究》2012 年第 2 期。
③ 《满洲实录》卷六，中华书局 1985 年版，第 272 页。

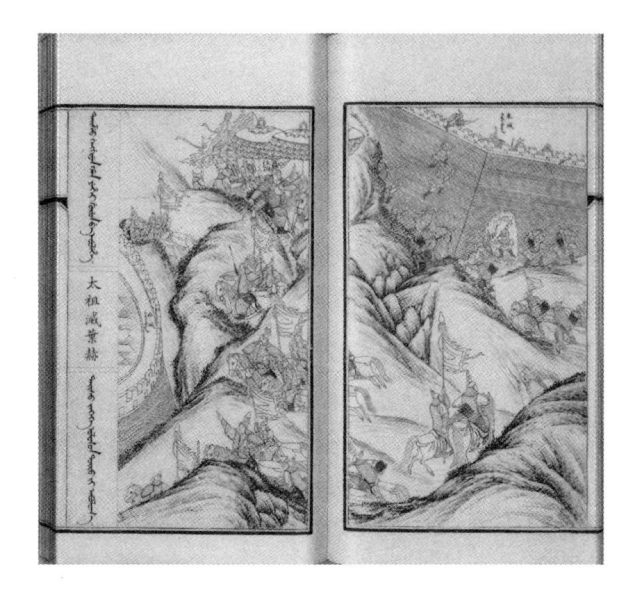

## 第二章 金国之"绵甲军"(1619—1628)

图2-5 太祖灭叶赫

B. 浑河战役

天命六年(天启元年,1621),金军拔取沈阳后,在浑河两岸以绵甲兵为前锋,覆灭明将陈策、童仲揆所率援军。《满洲实录》所收《太祖破陈策营》(taidz'u cen ts'e i ing be efulehe/tayisu cen se-yin čerik-i daruluγ-a)、《太祖破董仲贵营》(taidz'u genggiyen han dung jung gui i ing be efulehe/tayisu dũng jũng gũi-yin čerik-i daruluγ-a)两图(见图2-6、2-7)中,[①] 绵甲兵

---

[①] 《满洲实录》卷六,第310、315页。《满洲实录》记载明将"董仲贵"(dung jung gui/dũngjũng gũi)之名,实系"童仲揆"之误。明朝档案明白记载童仲揆援辽阵亡后,其子童以振于天启六年加荫正千户,见《选过袭替复职并职优给优养簿》(崇祯二年),中国第一历史档案馆编《中国明朝档案总汇》第76册,广西师范大学出版社2001年版,第394页。

图 2-6　太祖破陈策营

的装束较之进攻叶赫时的情况出现差别。《太祖破陈策营》一图的大部分绵甲兵以及《太祖破董仲贵营》所绘全体绵甲兵所着之甲是无袖、无护肩、有甲钉，但长可过臀的开襟式样，《太祖破陈策营》一图左下角的两名绵甲兵甚至穿着长逾双膝之甲，依稀留存清初风貌。

C. 西征宁远

天命十一年（天启六年，1626），金军西征宁远，不克而返。《太祖率兵攻宁远》（taidz'u ning yuwan be afafi bahakū bederehe/tayisu ning yuwan qota-yi qatquldu ju en-e abuluγ-a）图（见图 2-8）绘有三批绵甲兵：第一批在图左侧，或执斧、铲，或推车，他们外罩类似《太祖灭叶赫》战图所绘之短甲；第二批在图右侧，推车掩护弓箭手向城上放箭，他们同样外罩

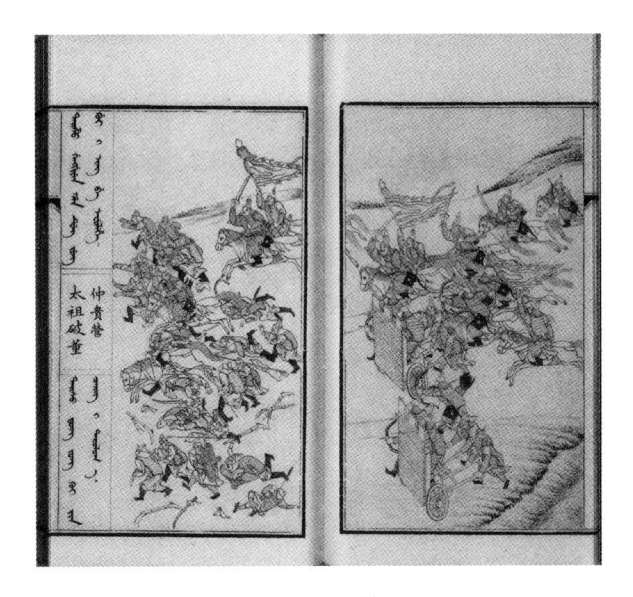

## 第二章 金国之"绵甲军"(1619—1628)

**图2-7 太祖破董仲贵营**

有甲钉的短绵甲,但右侧一人长可过臀,是《太祖破陈策营》《太祖破董仲贵营》两图的主流式样;第三批在最右侧,负责穴城,其中一人上披甲衣,下着甲裳;再细加观察,三批兵士在绵甲之下,穿有一种衣甲,长可及膝,下摆呈圆弧状,明显充有绵絮。[①] 其形制近似明军绵甲,也与《满文原档》所载叶赫之战,攻城甲士身着两层绵甲的记录相吻合,接近金人绵甲的真实形态。

综上所述,《太祖实录战图》所绘金军之olbo包含五种不同形制:一是无袖、无护肩、有甲钉,长可及腰之短甲;二是无袖、无护肩、有甲钉,但长可过臀之甲;三是无袖、有甲

---

[①]《满洲实录》卷八,第392页。

图 2-8 太祖率兵攻宁远

钉，长逾双膝之长甲；四是包含甲衣和甲裳的"两截甲"；五是类似明军穿着的两臂过肩，长可及膝的绵甲。这五种绵甲里，前两种特别是第一种近似女真人日常穿着的褂子或短褂，所有甲衣都是开襟式样。那么，能否得出金军之 olbo 包含五种式样的结论呢，恐怕是不成立的。众所周知，古人绘画重在写意，而非忠实反映战场原貌。况且从战图所绘各类甲械判断，作者倾向杨勇军之说，即画师门应兆奉乾隆之命，以旧图为蓝本做了润色修改。譬如图中所绘努尔哈赤以下多名高级将领所披铠甲，均未依照真实样貌绘出保护臂膊之臂手；摹绘明军配备之佛郎机铳，完全依照康熙之后的子母炮形制；描绘浑河之战及攻击宁远时，竟画出金军火绳枪手参战，不符合当时兵制等，均属明显讹误。回归到绵甲本身来讨论，金军兵士所

## 第二章　金国之"绵甲军"(1619—1628)

穿形如短褂，无袖无裳，缀有甲钉之甲近乎乾隆之后，八旗汉军敖尔布穿用之甲，且与《满文原档》的记录彼此出入，必非清入关前 olbo 的原貌。可是，《太祖破陈策营》《太祖率兵攻宁远》两图所绘长绵甲在一定程度上还保有昔日痕迹，而且考虑到金军在旧有护甲外，缴获大批不同类型的护甲和纺织品，必然存在不同式样衣甲混装的情况，可以断定《太祖实录战图》经画师润饰后，虽然五种绵甲之图不可尽信，却依然能解读出一些信息。

那么，金人为何以指代"褂子"或"短褂"的 olbo 作为绵甲之名？《满洲实录》载有《太祖射敌救旺善》（taidz'u uksun i deo wangšan be tucibuhe/tayisu törüi-ün degü yügen wangšan-i dayisun-aca ɣarɣabai）图（见图2－9），① 描绘努尔哈赤夺取赵家城后，先后解下铁甲与 olbo，仅穿褂子解救族弟旺善场景，所服褂子两臂过肩，是有短袖的开襟式样。无独有偶，明军绵甲两臂过肩，且为开襟式样，而《太祖实录战图》所绘各类绵甲皆为开襟式样。笔者估计这就是金人以 olbo 指代各式绵甲之因。

言而总之，金军赢得萨尔浒等战役后，在旧有护甲外，还为军队配备缴获的织物甲，导致绵甲包含多种式样，比较杂乱。目前唯一能够确定形制者，唯有两臂过肩，宽大坚厚，长可及膝，能穿在铁甲之外的绵甲。其它因为缺乏书面记载，还没办法确定具体形制。这类织物甲在满语里统称为 olbo，用本义为"褂子"的语汇指代绵甲，大概出于两个共同点，一是两臂过肩，足以护住肩胛骨；二是同属对襟式样，但绵甲的长

---

① 《满洲实录》卷一，第75页。

图 2-9　太祖射敌救旺善

度和厚度其实没有统一标准。那种从清入关后的文献出发，认为金军之 olbo 形如马褂，属于短甲的观点，显然是以今拟古，但如果仅就英明汗攻打叶赫的一条史料，得出金军的 olbo 都是宽大坚厚，可套在铁甲外的绵甲，也是不完整的认识。

英明汗之所以能够为攻城军士装备大批绵甲，是得益于累次战役掳获的海量物资。萨尔浒大战后，明人哀叹："一应盔甲、弓刀、枪炮等项，为百年之所藏贮、各镇之所搬运者，尽归贼手，而辽之军器一空如洗矣"，[1] 金国档案也声称在萨尔

---

[1] 熊廷弼：《请发军器疏》（万历四十七年八月十三日），收入《熊廷弼集》卷七《前经略奏疏第一》，第337页。

## 第二章 金国之"绵甲军"（1619—1628）

浑战役缴获的甲胄器械不可胜数，各类盔甲堆积如山。① 由于当时明军普遍装备绵制衣甲，特别是南路军主将刘綎长期镇守西南，参与援朝、平播、征缅，可谓无役不与，极其熟悉早期近代火器与绵制甲胄，金人必定掳获相当数量的绵甲胄，正宜用作护体之具。天启元年（天命六年，1621），金军占领辽、沈，几乎将明朝自万历四十六年起发往关外的巨额军需一网打尽。据明人统计，其中除了大量火器外，还包含绵、纸甲14000副、丝绵100斤（约50公斤）、新棉花2700斤（约1350公斤）、旧绵花20300斤（约10150公斤）、胖袄、裤40000领。② 英明汗借此大举调整军制，首先是扩大编制，将一个牛录的甲兵自100人增加到150人，包括100名出征兵士和50名守城兵士。③ 其次是扩充装备数目，天命八年（天启三年，1623），努尔哈赤把每个牛录100名出征甲兵分为白巴牙喇10名、红巴牙喇40名，以余下50名披甲成立"黑营"，为其配属火器。同时规定每个牛录设立15身绵甲，交给"黑营"所属甲兵，逢出征携带。④ 这是清代史料首次记载金（清）军绵甲数目。淑勒汗皇太极执政后，将每个牛录的甲兵从150名减少至60名，仅当英明汗时代的1/3强，绵甲数目也随之精简。天聪四年（崇祯三年，1630）谕：

jai emu nirui sunjata jangkū.. juwan ta olbo be gusai ejen

---

① 《满文原档》第1册，《昃字档》，第239页。
② 《大明熹宗悊皇帝实录》卷二十，天启二年三月庚戌，第1015—1016页。
③ 《满文原档》第3册，《来字档》，第88—89页。
④ 《满文原档》第3册，《列字档》，第298页。

141

beile tuwame dagila..①

**译文：** 再，一牛录备大刀五把、绵甲十身，由固山额真贝勒监造。

每个牛录制备的绵甲由 15 身减为 10 身，裁去了 1/3 的数目，但这只反映了淑勒汗早期的情况。嗣后，随着天聪五年，"汉兵"的重建以及天聪七年，孔有德、耿仲明率部浮海降金，金军的绵甲数目不断增加，下文探讨 olboi niyalma 即"绵甲人"时，将予以论述。

就作者所见史料来看，清军配备的绵甲形制从英明汗时代直到康熙三十四年（1695）未见革新，均为适合攻坚步兵穿用的式样。然而，康熙二十九年（1690），清朝与准噶尔汗国兵戎相见后，绵甲形制为之一变。准噶尔骑兵拥有众多枪炮，是将火器威力和骑兵的高机动性融为一体的军队。康熙帝决心组建一支能够携带火器，深入朔漠追击准噶尔兵马的骑兵军团，遂于二十九年九月精选满洲、蒙古甲兵，组建八旗满洲火器营。② 康熙三十四年冬，皇帝预备来年亲征漠北，鉴于旧式绵甲不宜马上作战，谕内务府试制鸟枪不能射透的新式绵甲，江浙、闽赣、山东五省照样制造 12000 件。③ 次年二月，以新

---

① 《满文原档》第 7 册，《吕字档》，第 199 页。
② 马齐等纂：《大清圣祖仁皇帝实录》卷一四八，康熙二十九年九月癸巳，中华书局 1985 年版，第 640 页。
③ 上谕兵部："近将内造绵甲试以鸟枪，不能贯入，是此甲大有造于军士也。应令浙江省制造五千，江南省制造三千，福建省制造二千，山东、江西省各制造一千。倘乏丝绵处，即以䌷代之，不必俟齐，随得随解。可颁内造绵甲五领，差笔帖式分送五省，以为式样"，见《亲征平定朔漠方略》卷一七，康熙三十四年十一月戊辰，《景印文渊阁四库全书》史部第 112 册，第 717 页。

## 第二章 金国之"绵甲军"（1619—1628）

甲分赐随征的鸟枪骑兵：

> 时浙江等五省制造绵甲陆续解至京师，上命颁给从征将士，复传谕曰：此甲，朕曾亲试。进退周旋，毫无阻碍，甚觉轻便。此外更加以一层铁叶，一切鸟枪无有贯入之理。此甲表里皆系单层丝绵，尚易透出，或缎或布，内外再加衬贴，则益觉坚好矣。①

本条史料出自康熙帝覆灭噶尔丹博硕克图后，下诏编纂之《亲征平定朔漠方略》，采编年体，记录皇帝三次亲征噶尔丹史事，有满、汉文两个版本。满文本名为 beye dailame wargi amargi babe necihiyeme toktobuha bodogon i bithe，义为"亲征平定西北地区方略"。史官编纂过程中，多有删改原档之举，已经乌云毕力格先生批判。② 唯是鉴于清初档案损毁较多，不少幸存卷宗迄未开放，该书在研究军事史，尤其是技术装备史领域，仍有一定价值。经查，上述引文在满文本中，面貌如下：

> tere fonde jegiyang ni jergi sunja golo ci weilehe yoohan i olbo be. siran siran i ging hecen de benjihe manggi. dergici. cooha de genere hafan cooha de šangname bu sefi. geli hese wasimbuhangge. ere olbo be. mini beye etufi tuwaha. yabure feliyere de umai kušun tookabure ba akū. umesi haihūn icangga.

---

① 《亲征平定朔漠方略》卷二〇，康熙三十五年二月甲午，《景印文渊阁四库全书》史部第113册，第35—36页。
② 乌云毕力格：《康熙皇帝第二次亲征噶尔丹的满文文书及其流传》，《十七世纪蒙古史论考》，内蒙古人民出版社2009年版，第88—157页。

oilo damu selei hitha emu jergi bici tetendere. yaya miyoocan de ainaha seme dara kooli akū. erei tuku doko damu emursu ojoro jakade. yoohan kemuni tucimbi. ede suje ocibe. boso ocibe. tuku doko jai emu jergi burime dokomire ohode. ele akdun sain ombi. ①

这种新绵甲在满文里写作 yoohan i olbo，即"丝绵的绵甲"，是由单层丝绵织就。上谕应用缎（suje）或布（boso）作表里，使之坚固耐用。官兵临阵时，贴身穿着新绵甲，外着铁甲，足以抵御准噶尔鸟枪。嗣后这类新绵甲在满文文献里写作 yohan uksin，直译"丝绵甲"。乾隆三十六年（1771），官方编纂的满文辞典《御制增订清文鉴》释为：

yohan be umesi jiramin sektefi. suri burime weilefi. afara dailara de eturengge be. yohan uksin sembi. . ②

**译文**：全用丝绵厚铺，覆以绸子织造，交战时穿着者，谓之丝绵甲。

康熙三十四年制造的新式丝绵甲（yohan uksin）和旧式绵甲（olbo）的区别在于两点。首先是质地差异，丝绵甲完全由丝织品制成，内充丝绵，外覆绸（suri）或缎，成本极高，而旧式绵甲多以棉花和棉布制造。其次是形制不同，新式丝绵甲是

---

① 《亲征平定朔漠方略》满文本（beye dailame wargi amargi babe necihiyeme toktobuha bodogon i bithe）卷二〇，康熙三十五年二月甲午，第12a—13a页。
② 《御制增订清文鉴》卷九《coohai agūra i hacin》，第16页。

## 第二章　金国之"绵甲军"（1619—1628）

为骑兵制造，轻捷利便，兼具极佳的防弹性能，而旧式绵甲尺寸宽大，坚厚笨重，适合步兵穿着。八旗军的绵甲经本次改革，以新式丝绵甲替代了旧式绵甲。雍正六年（1728）、九年（1731），江宁织造先后为八旗满洲火器营和征讨准噶尔的八旗"家选兵"（booi sonjoho cooha）制造 5000 件绵甲，全由杭州、湖州出产的缎绸、丝绵织成。[①] 乾隆二十一至二十二年（1756—1757），清军西征准噶尔的战事如火如荼之际，上谕江宁、苏州、杭州三织造赶制 37800 件丝绵甲以备军需。[②] 查《会典》，安部健夫和中山八郎引用的乾、嘉两朝，鹿角兵所穿的绵甲，是"白缎表，蓝绸里，缘如表色，中敷绵"，[③] 属于内敷丝绵，外覆绸缎的 yohan uksin，不可与早期的 olbo 混为一谈。清代满文史料里，康熙三十五年之后，表示"绵甲"的词汇逐渐写作 yohan uksin/yogan uksin，olbo 则缓慢消失，体现清朝西征准噶尔之战对八旗军事系统的影响。今日北京、承德、沈阳等地博物馆收藏的八旗军"绵甲"（见图 2-10）纯属 yohan uksin，而非清入关前后的 olbo 了。

由此可知，英明汗在萨尔浒之战后，将掳获的绵甲分发卒伍。金军攻取叶赫时，攻坚兵士或内着铁甲，外覆绵甲，或身

---

[①]《两江总督高其倬奏报制造役兵绵甲数目并解运肃州日期折》（雍正九年六月初二日），中国第一历史档案馆编：《雍正朝汉文朱批奏折汇编》第 20 册，江苏古籍出版社 1987 年版，第 636—637 页；《署宁远大将军查郎阿等奏请指示西路军营存贮绵甲应否解送北路军折》（雍正十二年二月十七日），《雍正朝汉文朱批奏折汇编》第 25 册，第 895 页。

[②] 中国第一历史档案馆藏：宫中朱批奏折，04-01-01-0216-035，031-2282，织造托庸等奏，乾隆二十二年十月二十四日。

[③] 托津等纂：《大清会典图》卷六三《武备·绵甲（鹿角兵及炮手用）》，第 2099 页。

145

图 2-10　北京故宫博物院藏新式丝绵甲（2008 年摄）

披双层绵甲，即朝鲜史料提到的"两重甲"之兵。金军配备的绵甲包含多种形制，统称为 olbo，但今人能够确定的，仅有类似明军所服长可及膝、宽大坚厚、可穿在铁甲之外的绵甲。清入关前，绵甲是八旗军的主要攻坚装备。英明汗时，一个牛录设 15 身绵甲，到淑勒汗时减为 10 身。康熙三十四年后，清朝出于讨伐准噶尔的需要，以适合骑兵穿用的 yohan uksin 即新式丝绵甲取代了旧式绵甲，结束了八旗兵装备 olbo 的时代。

综上所述，可以认为：第一，清入关前的 olbo 包括两个含义，它的本义至迟出现在 16 世纪后期，指平时穿着的褂子、绵褂，在清入关后才被译为号衣、马褂。

第二，16世纪后期，女真武士已经身着olbo参战，但具体情况不详。金军有组织地大规模使用olbo，是在萨尔浒战役后，形制较为混杂。目前能够确定的一类，是近似明军穿着的两臂过肩，长可及膝，宽大坚厚，可穿在褂甲之外的绵甲。金军绵甲和金人短褂均为两臂过肩，对襟式样的纺织品，故而统称为olbo。自此，olbo具备了"绵甲"的后起义。

第三，英明汗统治后期，每个牛录设有15身绵甲，在淑勒汗执政后降为10身。

第四，清朝出于击败准噶尔的目的，在康熙三十四年革新八旗军的绵甲形制，以适合骑兵的yoohan i olbo即丝绵甲取代了旧式olbo。yoohan i olbo后来写作yohan uksin/yogan uksin，成为普遍配备八旗军之绵甲，而olbo及其汉字译名仅用以指代兵种。

olbo既然包括长、短两类绵甲，就不能说清入关前的绵甲仅从"马褂"演变而来。同样，乾、嘉两朝，炮手和鹿角兵所穿的绵甲属于yohan uksin，不可作为考察清入关前olbo形态的依据。不过，olbo既然在清入关前仅有衣甲的含义，又在何时变为八旗汉军的兵种之名？清入关前，穿着olbo作战的兵士是否同巴牙喇一样，属于独立兵种，都有待继续评估。

## 三　英明汗与淑勒汗执政初期的 olboi niyalma/olboi cooha

上文提到，清代中后期的olbo是兵种之名，特指八旗汉军中抬鹿角的甲兵。不过，清入关前的olbo是衣甲而非甲兵之名，身披 olbo 的甲兵被称为 olboi niyalma（olbo i niyalma）或 olboi cooha（olbo i cooha），汉文史料称之为"绵甲军""绵甲兵"，在战斗中披坚执锐，为王前驱，堪称决胜之兵。然而，目前学界对 olboi niyalma 的认识尚存在诸多争议和空白，诸如 olboi niyalma 是否如"白巴牙喇"（šanggiyan bayara）、"红巴牙喇"（fulgiyan bayara）般，在英明汗治下便独立成军；它的选拔对象究竟是 uksin（披甲）还是 kutule（跟役）；清初 olboi niyalma 的武器和作战方式的演变过程，以及 olbo 何时兼并了 olboi niyalma 的含义，成为兵种之名，都有待深究。

日本学者最早注意到 olboi niyalma 的问题，并予以阐释，却存在两种截然不同的看法。安部健夫认为天命四年之前，作为兵士的 olbo（オルボ）是由穿绵甲的"诸申"（jušen/jūsen）组成的步兵，直到天命四至五年（万历四十七至四十八年，1619—1620）才出现一些穿着铁甲的步兵：

> 但是，问题在于步兵是否全部是绵甲兵（绵甲［オルボ］の兵）。关于这一点，我自己本身也未能得出可以让自己充分信服的结论。就目前而言，都只是认为以天命四、五年为界限，这个时期前后的事情有所不同，在这个时期之前，只要是步兵，则全部都是绵甲兵（オルボの兵），但在这个时期之后，步兵中也开始出现了穿戴铁甲（ウクシン）的士兵。
>
> 这个时候的我将绵甲（オルボ）理解为是武将身分以下人士所穿戴的装备。果然，在绵甲中既有下等的绵甲，也有上等的高级绵甲，从"大将等穿着缎制棉甲"

## 第二章 金国之"绵甲军"（1619—1628）

可以知道这一点是事实（内藤先生，同上续。另外，在《满洲实录》的 59 页中提到，太祖自己也穿着绵甲。在《老档》的 602 页中也可以看到蒙古台吉（蒙古のタイジ）有穿着红色绵甲的例子）。但是，通常与铁甲对比时提到绵甲的情况下，不得不认为它专门是指"只有普通军队穿着……"的"用木棉制作而成的铠甲形状的物品"的意思（引用句出自内藤先生，还有嘉庆会典图卷六十三中描述的鹿角兵、炮手用的无袖・无裳的棉甲就是其代表）。事实上，"穿着绵甲打仗"的说法不久之后甚至成为在最前线——特别是在攻城战中的最前线发挥牺牲品作用的同义语（第三章中有详细说明）。并且，关于在这种意思解释下的绵甲兵（オルボ）——在这之后所例举到的关于甲兵（ウクシン）功能的各项叙述中，除了没有发现任何关于类似这种步兵的记述之外，也没有别的比较大的积极的根据——必须将其视为过去是步卒专用的。然而，或许在关于抚顺攻略影响的记录中也有相关记载吧？——大致从天命四、五年左右的时候开始就出现了穿着铁甲（ウクシン）的步兵。标有同六年三月日期的老档（二百三十八页）的一项记述中写道——与"穿着单衣的步仆"（niyereme yafahan kutule）形成鲜明对照——可以发现在"步兵队伍末尾穿着铠甲的人"（yafahan dubei uksin i niyalma）就是一个例子。

此外，李民寏在大约天命五年归国途中，在某人家里投宿时，询问了满洲汗国的兵数：

前日长甲军八万余骑，步卒六万余名，今则长甲军十万余骑，短甲军亦不下其数云（建州闻见录）

*149*

清入关前步兵研究

据传说得到了如上的答案。具体数字暂且不论，值得注意的是步兵被称为短甲军。因为这里短甲的意义——就是步兵和骑兵的区别，《满洲实录》第138页汉文记载的短甲（即两截甲）明显等同于满文里一种叫做 weihuken sirata uksin 的轻网甲。因此，至少有部分步兵（很难说是全部）属于武士阶层。即便只是其中的一部分，仍然在相当程度上清晰表明披甲者已成为武士身份。这种情况下，着铁甲的步兵或者说步兵与穿戴绵甲的步卒，必须在概念上有所区别。此外，内藤博士把《实录》里出现的轻甲看作绵甲，这个看法是否妥当呢？我的观点姑且不论，但可以断定的是在天命初年前，甲士可以说就是骑兵（可以参照前文第264页，河世国的话），但那时后，步兵也逐渐被包括在内了。①

他的观点是基于对清入关前社会阶层的分析而得出的，并非基于军事史角度的研究，虽然纠正内藤先生将 weihuken sirata uksin 视作绵甲之讹，却未分析 olbo 的含义，不仅将努尔哈赤所着马褂误认为绵甲，且将 olbo 误作兵种之名。但以上言论的核心问题，在于声称清入关前，甲兵（甲士）与诸申（jušen）是两个不同阶层。甲兵是从"自由民"（irgen）里选拔，类似于"士"（士分）的特殊阶层。上阵时，甲兵着明甲，乘马出战，诸申即所谓"步兵"（徒步兵），穿绵甲（オルボ，即 olbo 的日语音译）参战。这种将兵种差异归结于社会阶层高低的叙述，不禁令人联想起日本战国时代，武士和"足軽"（步

---

① 安部健夫：《八旗滿洲ニルの研究》，第265—267页。

## 第二章　金国之"绵甲军"（1619—1628）

兵）的身份鸿沟，遭到阿南惟敬质疑：

> 最后，是关于步兵和敖尔布兵（オルボ兵）。因为安部健夫先生认为甲兵和诸申的身份不同，诸申在奔赴战场和狩猎时，相对于穿明甲的乘马甲兵，他们基本上都是步兵，据说是穿敖尔布，也就是绵甲。安部认为甲士经常带着三、四名仆从兵（從僕兵）一起上阵，所以清军的步、骑比例是3∶1的观点，是个很大的误会。天命初年，直到萨尔浒战役时，作为清军主力的甲兵本来都是骑兵。在那之后，没有马的甲士，即众多步甲和徒步的仆从才开始参军。即使他们被称为步兵，也不存在数量超过骑兵的事实。……虽说是天命年间的甲兵，跟之后佐领下属的马甲或步甲性质、身份相同，归根结底是从一牛录300名诸申里选出的平常士兵，不必特地将他们划作"士"这样的特殊阶层。……总之，可以断言的是，天命时期的清军核心是作为甲兵的骑兵，此外能称之为正规兵的并不多。……我们来试着区别一下绵甲之人和甲兵的区别。不过，这也不应该简单地下结论。太宗天聪之后急剧增多的出战仆从，或许大多数都是只穿着不含铁片的绵甲的敖尔布兵。虽说叫做绵甲兵，但不意味着他们都是甲兵。……我想指出的是天命初期为止，绵甲兵是用来指代重甲兵的。[①]

不难看出阿南惟敬否定了安部健夫的观点，认为清入关前的

---

[①]　阿南惟敬：《清初の甲士の身分について》，第201—204页。

甲兵并未拥有明确的特殊身份。全体甲兵皆是从每个牛录300名诸申里选拔的兵士，而非类似"士"（武士）这样的特殊阶层。英明汗统治初期（即所谓"天命初年"），军队的核心是甲兵，也就是骑兵。直到萨尔浒战役后，始有无马甲兵（步甲）和徒步仆从随军参战。英明汗统治初期的绵甲兵是指重甲兵，到了淑勒汗时代（即所谓"太宗天聪之后"），骤然增多的出战仆从大多是穿着绵甲的敖尔布兵，即 olbo 的音译，也叫做绵甲兵。阿南先生的上述观点简明透彻，至今仍是学界认识 olboi niyalma 的基础。但是，先生限于所处的时代，对清初史料的掌握程度毕竟有限，今人完全有能力立足于他的观点，进一步深化对 olboi niyalma 的认知。不过，因为金国（清朝）兵制在皇太极执政中后期发生了巨大变化，导致 olboi niyalma/olboi cooha 的概念与之前有所区别，本章将就英明汗与淑勒汗执政初期，关于 olboi niyalma/olboi cooha 的几个重点问题予以讨论，而在下一章探讨皇太极改革之后的情况。

（一）olboi niyalma/olboi cooha 的译名

清入关前的满文档案里，olboi niyalma 与 olboi cooha 是两个含义相同，可以互换使用的语汇，但其译名并不统一。20世纪80年代，中国第一历史档案馆与中国社会科学院历史所合作翻译《满文老档》时，并未参照早期汉文官书，而是按字面意思将 olbo i niyalma 译作"绵甲人"，将 olbo i cooha 译为"绵甲兵"或"绵甲军"。本书在讨论 olboi niyalma/olboi cooha 的问题时，首当其冲的就是要借助两部清初汉文官书，即《清太祖武皇帝实录》和顺治本《清太宗文皇帝实录》同档案进行比对，明确其译名。

## 第二章 金国之"绵甲军"(1619—1628)

据《满文原档》,天启元年三月二十日,金军围攻辽阳时,出动 olboi cooha 围攻平夷门外明军:

> tereci ici ergi duin gūsai juleri afara olboi cooha sejen kalka gamame nikan i tucike coohai baru ibeme dosime genere①

**译文**:于是,右翼四固山当先作战的 olboi cooha 带着战车,向明朝出(城)的兵进战。

乾隆年间重抄之《内阁藏本满文老档》作:

> tereci ici ergi duin gūsai juleri afara olbo i cooha. sejen kalka gamame. nikan i tucike coohai baru ibeme dosime genere.②

不难发现,《内阁藏本满文老档》基本保持了《满文原档》的风貌,只是按照清入关后的语法规范,将 olboi cooha 改为 olbo i cooha,同时增添了分隔短句的符号。汉文译本《满文老档》将 olbo i cooha 译为"绵甲兵"。③ 查《大清太祖武皇帝实录》满文本,原句如下:

> ici ergi duin gūsai juleri afara olboi cooha sejen kalka be gamame dergi dukai teisu tucike coohai baru ibeme dosime genere de..④

---

① 《满文原档》第 2 册,《张字档》,第 46 页。
② 《内阁藏本满文老档》第 2 册,第 863—864 页。
③ 《满文老档》上册,第 179 页。
④ 《大清太祖武皇帝实录:满文》卷四,第 376 页。

153

**译文**：右翼四固山当先作战的 olboi cooha 带着战车，向出东门外之兵进战时。

汉文本作：

遂令绵甲军排车，进战东门敌兵。①

崇德年间，清人纂修《实录》时，以档案为基础做了删改。档案起首的 tereci（于是）和句中的 nikan i（汉人的、明朝的）被删去，添上了 dergi dukai teisu（对着东门、东门外）和句尾表示状语的 de（在……时），但 olboi cooha 仍沿用档案的写法。汉文本的翻译言简意赅，将 olboi cooha 译为"绵甲军"。

再查《内阁藏本满文老档》，天聪元年（1627）五月，皇太极率军进攻宁、锦，以 olboi niyalma 殿后而行：

terei sirame hoton de afara ambasa. olbo i niyalma. wan. kalka gajime kūtule temen be gaifi. jio seme toktobuha. ②

**译文**：于是，让攻城大臣们率领 olboi niyalma、带着梯子、挨牌来的跟役和骆驼作为后续，吩咐妥当。

这段引文里的 olboi niyalma 在汉文译本作"绵甲军"。③ 查其

---

① 《清太祖武皇帝弩儿哈奇实录》卷三，第 13b 页。
② 《内阁藏本满文老档》第 8 册，第 3988 页。
③ 《满文老档》下册，第 846 页。

## 第二章 金国之"绵甲军"（1619—1628）

本原，出自《满文原档》之《天字档》，这册档案在封皮内页上，写有三行满文题字，居中为 fulahun gulmahun sūre han i sūcungga aniya..，fulahun gulmahun 在新满文写作 fūlahun gūlmahūn，即"丁卯年"或"红兔年"，整行义为"丁卯淑勒汗元年"；左面一行是 juwan jakūci.. **uyuci** sonjoho dangse..，满文 jakūci（第八）被删却，代之以 uyuci（第九），即"选定第十八九（宗）档子"；右侧一行是 ede juwan juwe biya yooni bi..，即"这十二个月都在"，后来被史官整行划去。① 封皮之下的扉页上，唯余 fulahun gulmahun sūre han i sūcungga aniya.. 字样，是改订后的结果。② 引文所在页码是第 101 页，按旧编号是"天五十二"页，内容也和乾隆重钞之《内阁藏本满文老档》有所区别：

> terei sirame hoton de afara ambasa.. olboi niyalma wan kalka gajime nūkte **kūtule** temen be gaifi jio seme toktobuha..③

史官将 nūkte 一词抹掉，代之以 kūtule，令这段话前后含义发生较大变化。原句可译作："于是，让攻城大臣们率领 olboi niyalma、带着梯子、挨牌来的辎重骆驼（队）作为后续，吩咐妥当"，修改后译作："于是，让攻城大臣们率领 olboi niyalma、带着梯子、挨牌来的（牵）骆驼跟役作为后续，吩咐

---

① 《满文原档》第 6 册，《天字档》，第 1 页。
② 《满文原档》第 6 册，《天字档》，第 2 页。
③ 《满文原档》第 6 册，《天字档》，第 101 页。

妥当。"顺治朝《大清太宗文皇帝实录》满文本收入此句，改为：

> terei sirame hoton de afara ambasa. olboi cooha. wan kalka. kūtule temen be amala obufi. ①
>
> **译文**：于是，以攻城大臣等、olboi cooha、梯子、挨牌、跟役、骆驼作为后续。

汉文本为：

> 其攻城官员领绵甲兵及厮卒等，带梯牌，牵驼马等后行。②

可见顺治年间，清人依据老满文档册纂修《实录》时，大幅度调整语句。档案中原有的 wan kalka gajime kūtule temen（带梯子、挨牌来的［牵］骆驼跟役）本是完整的词汇，被删去了 gajime，变为并列名词。原句的谓语 be gaifi（把……带着）和之后的 jio seme toktobuha 都被抹掉，换成了 be amala obufi。原句中的 olboi niyalma 也被改为 olboi cooha，在汉文本中译为"绵甲兵"。

如前所述，清初文献中的 olboi niyalma 和 olboi cooha 是含义等同，可以互换的语汇。清初编纂官书时，将 olboi niyalma 易作 olboi cooha，译为"绵甲军"或"绵甲兵"。至于清代官

---

① 《大清太宗文皇帝实录》顺治朝满文本，卷三，第9a页。
② 《大清太宗文皇帝实录》顺治朝汉文本，卷二，第36b页。

## 第二章 金国之"绵甲军"(1619—1628)

书将 olboi niyalma 按照字面意思译为"绵甲人",是迟至康、雍两朝之事。① 因此,将英明汗时代和淑勒汗统治前期,金军的 olboi niyalma/olboi cooha 译为"绵甲军"或"绵甲兵"是比较确切的译法。不过,在崇德末年和顺治朝,情况发生了变化,满洲牛录的 olboi niyalma/olboi cooha 一度被译作"步兵"。这与皇太极执政后期,八旗军制演变有关,将留待后文说明。

(二)olboi niyalma/olboi cooha 是否正兵之名

清入关前的 olboi niyalma/olboi cooha 是否八固山下的正兵,是特别值得讨论的题目。作者曾宣称,英明汗时期,八固山统属之正兵包括巴牙喇(bayara)、甲士(ūksin/uksin)和绵甲人(olboi niyalma)。② 然而,这一观点其实存在问题。作

---

① 就作者所见,《清实录》载康熙十四年(1675),都统海尔图为攻取平凉,请求增发 olbo i niyalma 即"绵甲人",是较早的记录。汉文本如下:"都统海尔图以运炮屯夫俱逃,请发枪手步军四百名、绵甲人八百名防护,又以炮手熟练者少,请于八旗满洲、汉军内,择素习者遣发赴军,大将军多罗贝勒董额以闻。上切责之,曰:'贝勒董额等帅兵抵平凉,为日已久,不速灭贼、平定地方。及命其用炮攻平凉,海尔图又托故具启,迁延时日。董额等并不议可行与否,但据启以奏,殊为不合。前送红衣炮,拨汉军每佐领二名,海尔图谓不足,又添拨一名。及海尔图去时,藉口沿途养马,不即速行,至关山,又请兵二千,欲靖贼寇,复如所请添发,而究不能开通关山。今令用红衣炮急取平凉,海尔图复请自京师发枪手、绵甲人,耽延时日,有误军机,殊负任使,著解参赞之任。董额等仍遵前旨,速定平凉'"。引文之"绵甲人"在满文本里俱写作 olbo i niyalma,属于直译。不过,考虑到《大清圣祖仁皇帝实录》纂修于雍正年间,在未目睹原奏前提下,为求谨慎,姑且将 olbo i niyalma 译作"绵甲人"的时间定为康、雍之间。引文出处,见马齐等纂《大清圣祖仁皇帝实录》卷五八,康熙十四年十一月丁亥,第749页;马齐等纂《大清圣祖仁皇帝实录》(daicing gurun i šengdzu gosin hūwangdi i yargiyan i kooli)卷五八,康熙十四年十一月丁亥,中国第一历史档案馆藏乾隆六年(1741)大红绫本,第30a页。

② 张建:《清入关前"黑营"与"汉兵"考辨》,《中国史研究》2016年第4期。

者当时之所以这样认为,一是受康熙年间的八旗兵制影响,将 olboi niyalma 与清入关后,作为独立兵种的 olbo 混为一谈;二是未能全面把握英明汗统治时期的档案,而是仅就天命六年(天启元年,1621),英明汗赏赉属下的史料作出判断,失之偏颇。

天命六年三月,金军攻陷辽、沈后,英明汗颁谕,赏赐在事立功之人。汗谕综合官阶高低、军功大小,将赏格分为13等,olboi niyalma 位居第 6 等:

šanggiyan hiya bayara daise beiguwan. . olboi niyalma emu jergi tofohoto yan menggun. . tofohoto boso juwete suje buhe. . ①

**译文**:白侍卫、巴牙喇、代子备御、绵甲军同等,给 15 两银子、15 疋布、2 疋缎子。

《满文原档》抄录的第 6 等得赏官兵包括 šanggiyan hiya bayara daise beiguwan 和 olboi niyalma,《内阁藏本满文老档》将官兵名称断为 šanggiyan hiya(白侍卫)、bayara(巴牙喇)、daise beiguwan(代子备御)和 olboi niyalma,共 4 类。② 其他领赏的甲兵名称包括第 7 等的 šanggiyan giyajan bayara(白护卫巴牙喇)、fulgiyan bayarai ūju(红巴牙喇头目)、第 8 等的 uksin i niyalma(甲兵)、uksin gajihakū jihe yafahan dubei uksin i niyal-

---

① 《满文原档》第 2 册,《张字档》,第 58 页。
② 《内阁藏本满文老档》第 2 册,第 888 页。作者对于《满文老档》的断句,特别是将 šanggiyan hiya 和 bayara 断开这一点,尚有所怀疑,但因为涉及金军在辽、沈之战的全局表现以及清入关前"巴牙喇"的制度演变,与本书关系不大,拟另撰文讨论。

ma bime morin uksin（未衷甲而来，步行在最末的马甲）等等。① 作者之前据此认为 olboi niyalma 与 bayara 以及 uksin i niyalma 一样，是独立成军的正兵之名。然而，上述官兵等次其实是根据军功高低，将领赏官兵的类别予以细化的结果，不见得是独立兵种之名。譬如甲兵（uksin i niyalma）分为甲兵和未携甲的步行马甲两种，都属于普通甲兵，而非两类兵种。因此，olboi niyalma 是否正兵之名，仍需要深入分析。

前文谈到金军攻取叶赫，是以"军士"（coohai niyalma）穿"重甲"（ujen uksin），外罩 olbo，携带挨牌列阵，复以军士着两层 olbo 拆毁金台石贝勒死守之台。又，金军在萨尔浒之战后，袭取开原时，也是以军士攻城：

> bi tereci cooha hecen i julergici siyun dekdere ergi wadarambe kame genebi morinci ebubi kalka huwaitabi hecende sindabi hecembe sacime efelerede. . siyun dekdere ergi dukai tule ilibi afara coohabe bosiome gamahai heceni dukabe dositala gamabi. . nikan cooha dukabe dasimbi. . jūsen i cooha dukabe naime durinuhei tere temseme durinure siolode. dukai julergibe sacime efelere coohai niyalma sacime efelerebe nakabi coohai amargi dubei niyalmai isinjire onggolo hecen behecem-

---

① 《满文原档》第 2 册，《张字档》，第 58 页。《满文老档》将 uksin i niyalma. . uksin gajihakū jihe yafahan dubei uksin i niyalma bime morin uksin 断为 uksin i niyalma uksin gajihakū jihe. yafahan dubei uksin i niyalma bime. morin uksin, 汉译本《满文老档》译作"甲兵未携甲而来及有骑甲之殿后步甲"，与《满文原档》的文义出入较大，参见《内阁藏本满文老档》第 2 册，第 888 页；《满文老档》上册，第 184 页。

*159*

be uthai **wan sindahakū** dabame dosika..①

译文：我（于是，军队）自城南往城东包围，下马系挨牌，置于城下。拆毁城墙时，去追城东门外站立交战之兵。（明军）退入城门。明军关城门，诸申之兵去力夺城门。方争夺之际，拆（东）门南面（城墙）军士停止拆城，在后队军士抵达之前，**未架梯子**即翻越入城。

金军是以"兵"（cooha）或"军士"（coohai niyalma，亦可译作"兵丁"）携带挨牌攻城，与攻取叶赫的记载相同。将这两条记载与天命六年（1621），英明汗赏赉属下之谕对照，可以认为，至少在萨尔浒战役之后，到天命六年十一月，努尔哈赤调整兵制为止，金国武力的骨干统称为 cooha 或 coohai niyalma，根据战时实际需要，穿用不同甲胄，可分为 uksin i niyalma（甲兵或铠甲兵）和 olboi niyalma（绵甲军/绵甲兵）。

从天命六年沈阳、辽阳之战到天命八年（天启三年，1623）兵制改革期间，olboi niyalma 的选取对象愈发明确。查《满文原档》，金军攻克沈阳后，在浑河两岸遭遇增援明军，努尔哈赤下令："右翼四固山之兵，取绵甲、战车，徐徐交战"（ici ergi duin gusai cooha be olbo sejen kalka gajibi elhei afa），又提到红巴牙喇擅自进兵失利。② 可见此时的 olboi niyalma 是选择巴牙喇之外的固山兵丁，披服 olbo 作战。

---

① 《满文原档》第 1 册，《昃字档》，第 248—249 页。《内阁藏本满文老档》之文本，与《满文原档》略同，惟汉译本《满文老档》将两军争夺城门之后的语句译为："南面攻城之兵，停止拆城，于后队兵士到达之前，云梯未架即越入城"，失却本义，参见《满文老档》上册，第 93 页。

② 《满文原档》第 2 册，《张字档》，第 40 页。

## 第二章 金国之"绵甲军"（1619—1628）

天命六年十一月，英明汗以"甲"（ūksin/uksin）作为武力统称，与"兵"（cooha）或"军士"（coohai niyalma）同义。嗣后，uksin与"披甲"成为八旗兵丁的笼统称呼，沿用不替。天命八年的兵制改革，将每个牛录所辖全部披甲的2/3，也就是100名甲士定为"行走的百名披甲"（yabure tanggū uksin），包括白巴牙喇10名、红巴牙喇40名，余为"黑营"（sahaliyan ing）统属之甲。"黑营"的50甲内，有20甲携带各类攻城器械，就包括15身绵甲。① 本次改革更明确地将olbo与其他攻城器械并列，视作普通披甲人临战穿用之物。由此可见，olboi niyalma/olboi cooha在英明汗时代并非八固山正兵，只是每逢战时，临时穿着olbo作战的军士之名。

正因为八固山下仅有olbo而没有作为常备军的olboi niyalma，因此战时督率olboi niyalma/olboi cooha的将校制度，还需要再讨论。萨尔浒战役后，金国以牛录额真、五牛录额真携带olbo出兵行走，② 他们在战时变为管束olboi niyalma的军官。从现有史料看，管辖olbo的牛录额真、五牛录额真分为两种，一种是实任职官，金军进取辽阳城时，古勒玛浑（gulmahun）、哈喇巴拜（karababai）、雅鼐（yanai）、布来（burai）四人未赴"绵甲攻战之处"（olboi afara bade）参战，受到严惩。四人中的布来确实担任牛录额真。③ 又如永顺（yungsiyun）、伊郎阿（ilangga）、博和里（bohori）、布兰珠（bulanju）4名五牛录额真因为未将梯子、挨牌运到指定地点而被剥

---

① 《满文原档》第3册，《列字档》，第235、298页。
② 《满文原档》第1册，《昃字档》，第245页。
③ 《满文原档》第3册，《辰字档》，第137页；《满文原档》第2册，《张字档》，第1页。

夺赏赐，①从他们负责攻城器械来看，很可能是率兵攻城的将校。另一种是临时派委者，譬如上文提到的古勒玛浑、雅䵣与哈喇巴拜在攻取辽东时，皆非牛录额真，应属临时委派。另如长期担任牛录额真的绰霍诺（cohono），多次撺绵甲督军作战，无疑是统辖 olbo 之官。然而，天启二年（1622），金军西征广宁门户沙岭时，他是以牛录额真之职充当五牛录额真，指麾 olboi niyalma 作战。②再如傅尔丹（furdan），天聪元年（1627），金军东征朝鲜，史称"丁卯胡乱"，他以革职游击的身份，穿绵甲率甲喇兵攻打安州。《满文原档》称为 solhoi an jo hoton de olbo etubi jalan be gaibi afaha，③根据三田村泰助的考释，这里的 jalan 与 sunja niru 同义。也就是说，傅尔丹以革职将官的身份，被委派为管理 olboi niyalma 之五牛录额真。这种在出兵时临时委派，负责管理 olbo，在战时督率 olboi niyalma 作战的牛录额真、五牛录额真者，数目要多过实任的牛录额真、五牛录额真。

在战时管理 olbo，督责 olboi niyalma/olboi cooha 作战的牛录额真、五牛录额真之上，还有临时指派的高级将官。贵为五大臣之一的费英东在攻取铁岭后因擅自分配财物而获罪，"著彼穿绵甲，率前作战之绵甲军，当先作战"（i olbo etubi. juleri afaraolboi coohabe gaibi julergi jūleri afakini），④命其统率 olboi cooha，亲临一线作战以赎罪。金军攻打辽阳时，以担任副将兼都事官（baitasi）的伊荪（isun）管理 olboi niyalma/ol-

---

① 《满文原档》第 2 册，《张字档》，第 77 页。
② 《满文原档》第 8 册，《地字档》，第 61 页。
③ 《满文原档》第 6 册，《调字档》，第 462 页。
④ 《满文原档》第 1 册，《昃字档》，第 379 页。

## 第二章 金国之"绵甲军"(1619—1628)

boi cooha 攻城。① 所以，战时金军 olboi niyalma/olboi cooha 的完整组织制度是由高级将官—五牛录额真—牛录额真构成的 3 级制，而非五牛录额真—牛录额真的 2 级制，3 级制中的大多数将校是临时指派的。

淑勒汗执政之初，沿袭自每个牛录挑选甲兵穿着 olbo，充当 olboi niyalma 的制度。金军在天聪元年围攻宁、锦，复于次年远征华北，皆以身披绵甲的官兵当先作战。天聪四年五月，皇太极将每个牛录预备的绵甲数字从 15 身降为 10 身。次年，他以八固山下编审所得汉人壮丁重建"汉兵"（nikan i cooha），即汉文史料之"旧汉兵"。天聪七年（崇祯六年，1633），登州叛将孔有德、耿仲明率领曾受葡萄牙军事顾问训练的 3600 余名精兵浮海降金，带去包括红夷大炮在内的各类火器，令金军如虎添翼。② 金国兵制经此大变，已非昔日气象，olbo 逐渐兼并 olboi niyalma/olboi cooha 的含义，演化为独立兵种和正兵之名，将于后文详述。

（三）olboi niyalma/olboi cooha 的军械与战术

明代辽东镇、巡开府广宁，既是捍御蒙古，统驭女真的要塞，也是联络宣大，卫护北京之藩屏，号为九边严疆之首。迨至女真坐大，明朝业已经营辽东 230 余载，城池密布，营垒森罗，即便在萨尔浒战败后，仍能动员十余万大军出关，重建河东防务，于沈阳、辽阳屯驻重兵以备不虞，是兼具深沟高垒和机动兵团的军区。努尔哈赤自万历四十六年

---

① 《满文原档》第 3 册，《辰字档》，第 137 页；《满文原档》第 2 册，《张字档》，第 159 页。
② 黄一农：《红夷大炮与皇太极创立的八旗汉军》，《历史研究》2004 年第 4 期。

(1618)起兵，至天命七年（1622）攻克广宁，不足5年，便使辽东大军灰飞烟灭。究其原因，除了胸怀韬略，善于用兵外，与他基于多年南征北伐的经验，针对明军弱点，为部下配备精良的军械，采取合宜的战术密不可分。那么，充当金军矛头的olboi niyalma/olboi cooha 的兵器和战术如何，是不容忽视的问题。

《满文原档》收录天命八年（1623），英明汗改革兵制的谕旨，规定黑营所辖每个牛录的50甲内，有20甲携带15身绵甲以及各类器械，计有2辆战车（sejen kalka）、1架梯子（wan）、2把锹头（sacikū）、2把锛子（bun）、2个攀钩（dehe）、2把镰刀（hadufun）、2把斧头（sūhe）、4领席子（dergi）、2具叉（fasilan）、1根连枷棍（lasihikū）、2个水囊（mūke tebure）和供一月使用的木炭（yaha），① 大部分用来攻城。鉴于此时金国已攻克广宁，并吞辽东，上述令人眼花缭乱的器械，其实是英明汗总结累次作战的经验，对金军攻坚装备的规范化。换句话说，这些装备不能反映天命八年之前，金军攻坚武器的实际情况。之前金军作战，是选拔兵士（cooha）穿着olbo，充当 olboi niyalma/olboi cooha 当先战斗，olbo 和其他器械都是 olboi niyalma/olboi cooha 的装备。金军将帅会根据作战需要，为 olboi niyalma/olboi cooha 武装相应器械。以下将综合明、清（金）和朝鲜三方史料，逐次考察 olboi niyalma/olboi cooha 使用的兵器，重点论述 sejen kalka 的源流。

如前所述，《满文原档》最早记载女真军士身披 olbo 上阵，是万历四十六年的清河之战，却未交代所执器械与战术。

---

① 《满文原档》第3册，《列字档》，第298页。

## 第二章　金国之"绵甲军"（1619—1628）

《剿事汗语》称："贼用大木板斜靠城下，从底挖墙"，[1] 则金军攻城兵士是以木板蔽体掘城，装备比较简陋。萨尔浒战役获胜后，英明汗因利乘便，用缴获的军械重新武装部队。当年，金军席卷开原、铁岭，攻灭叶赫。据《满文原档》，金军在讨伐叶赫之役，始以穿 olbo 的兵士攻城，但在万历四十七年（1619）六月，金军出兵开原之前，便已设立管理 olbo 的将校制度，[2] 预备有组织地投入 olboi niyalma/olboi cooha 参战，而金军在三次战役中使用的武器也基本一致。可知这三场战役是金军有组织地大规模装备 olbo，使 olboi niyalma/olboi cooha 熟悉兵器，完善战术的阶段。金军在三场战役中，均使用挨牌（kalka）和梯子（wan），[3] 其余上阵之具，就《满文原档》所载伐叶赫之役来看，有斧头（sūhe）、锹头（sacikū）等用以穴城的器械。[4] 至于金军在开原、铁岭之役应用器械，《满文原档》虽未交代，却提到兵士拆毁城墙，[5] 足见与叶赫一役应无区别。因此，olboi niyalma/olboi cooha 的攻城战术是以挨牌护体，遮蔽城上射落的弹丸、箭矢和石块，兵士或在牌下以工具掏挖城墙，或架梯登城。

金军自天命六年的沈阳之战起，为 olboi niyalma/olboi cooha 配备一种名为 sejen kalka，形似战车的武器，收到奇效。嗣后，金军在辽阳、广宁、宁远诸役中，皆以操纵 sejen kalka

---

[1] 阎鸣泰：《呈三院禀稿》（万历四十六年八月初七日），收入《剿事汗语》卷上《剿前》，国家图书馆藏明刻本，第48b 页。
[2] 《满文原档》第1册，《昃字档》，第245 页。
[3] 《满文原档》第1册，《昃字档》，第248—249 页。
[4] 《满文原档》第1册，《昃字档》，第286 页。
[5] 《满文原档》第1册，《昃字档》，第248—249、268 页。

的 olboi niyalma/olboi cooha 当先突击，使之同挨牌、梯子并列为 olboi niyalma/olboi cooha 的基本装备，它的渊源、形制和运用战术有待考辨。三田村泰助认为建州军队早在 16 世纪末，便普遍配备这种攻坚兵器：

> 首先，鸳渊博士认为"四运"应是"四军"之误，虽然没有涉及具体内容，但中山先生和安部博士都像鸳渊博士一样，认为"运"是"军"之误，实为四种军队。所以环刀军被认为是以大刀做武器，铁锤军被中山先生理解为拿着铁枪的军队，而能射军被认为是弓箭兵。我以为这三类的情况正是这样，关于串赤军，二位先生都理解为八旗精锐部队红巴牙喇兵（紅バヤラ兵）。这大概是从串赤军的赤字推测而出的，但果真如此吗？据我了解，"分军四运"不属于分类错误，"运"的字面意思是运气，可以解释为一支军队分为四个分队，逐个派出的意思。从五牛录编设的记载已经可以知道，这是努尔哈赤独创的战术，披重甲的兵士在前，后面是着轻甲的弓箭手，其后配以游击部队，这是有机地合为一体，打击敌人的战术。上述的四运也必定是如此的所谓。因此，环刀军先攻击，之后是铁枪军、串赤军以及弓军的顺序。那么，何谓串赤军呢？从《实录》和《老档》的记载来看，可以认为它是立在弓箭兵前面的车盾。例如《老档》关于太祖进攻叶赫城的记载"重甲外披绵甲，盔外戴大厚棉帽者，在前持盾而进，立于山城之下。继之以选出着轻短甲善射之军士，从后面放箭"，这可能是真实反映盾与弓箭手关系的记录。然而，"串赤"这个词和别的三个军名不一样，无

## 第二章 金国之"绵甲军"(1619—1628)

法从字面了解其涵义,所以只能把它理解为满语对应的单词。但这个词不是完全的音译,至少"串"字似乎意味着某些含义。从满洲实录的插图想像一下,似乎是来自车盾排列成串状的情况。从文字记载中可以确认这一点,《太祖实录》记载甲申年也就是万历十二年袭击了玛尔墩(マルヅン)mardun,里面写道:"乃以战车三辆并进,路渐隘,一车前进,二车随之,将近城下,路愈隘,令三车前后联络上攻",这种横纵排成一线,正符合"串"这个词。这就解释了为什么选择"串"字的理由,但"赤"字是什么则不清楚。那么"串赤"这个词仍然要从满语里找答案。"串赤"的朝鲜语读音是 koan cyək,车盾兵的满语则是 kalkangga cooha,所以"串赤"似乎是这个词的讹读,或者是口语的假借字。因此,众所周知建州女真很早就使用了车盾战术,但串赤军是一支用车盾保护弓箭手的军队从此处可以确认。综上所述,显而易见它不是红巴牙喇军。①

李朝宣祖二十二年(万历十七年,1589),归顺朝鲜的建州女真人报告努尔哈赤兄弟"分军四运",分别称为环刀军、铁鎚军、串赤军和能射军。② 日本学者就这四支军队的情况,作出

---

① 三田村泰助:《清朝前史の研究》,第314—315页。
② 原文如下:"平安兵使书状:满浦呈内,建州卫彼人童坪者等十八名,童海考等十六名,童多之等四十八名归顺出来,言内:'左卫酋长老乙可赤兄弟以建州卫酋长李以难为麾下属,老乙可赤则自中称王,其弟则称船将,多造弓矢等物,分其军四运,一曰环刀军,二曰铁锤军,三曰串赤军,四曰能射军,间间炼习,胁制群胡,从令者馈酒,违令者斩头,将为报仇中原之计'云云",见《宣祖昭敬大王实录》卷二三,二十二年七月丁巳,第459页。

反复分析，认为环刀军配备大刀，铁鎚军执铁枪，能射军都是弓箭手，而串赤军则是众说纷纭。中山八郎、安部健夫根据"赤"字臆测它是红巴牙喇兵，被三田村泰助否定，认为它其实是"车盾兵"，但他为了证实"串"这个字的来历，也犯下一系列逻辑错误。首先，他强行把"串"字与"车盾""盾""战车"等一批兵器挂上钩，却不作细致甄别，是将一系列兵器混为一谈。尤其是他引用《太祖实录》即《大清太祖武皇帝实录》证明建州兵士早在万历十二年（1584）便用"战车"攻城，却未注意到满、汉文本表述互异，论证粗率。其次，他用20世纪之朝鲜语音推测16世纪女真语，属于以今拟古，是很危险的做法。因此，建州军队是否早在16世纪便配备 sejen kalka 攻坚，犹待讨论。

另一位注意到这个问题的，是周维强教授：

> 万历十二年（1584），努尔哈齐大战玛尔墩（《清太祖实录》作"马儿墩"，今辽宁省新宾县境内）以战车攻城，开启了清军使用战车的首例。……此役战车虽未关胜负，但已可知努尔哈齐在起兵之初，已对使用战车攻城有一定的认识，其后并多次以战车攻城，惟运用数量不多。《满洲实录》亦绘有战图。后金军于万历四十七年（天命四年，1619）六月十日出兵袭击开原……后金军利用战车、云梯攻城，顺利攻下开原城，而铁岭来援的三千兵亦退走。而七月二十五日，后金军抵铁岭城……仍以战车和云梯攻城北。……八月十九日，努尔哈齐整军攻叶赫部，先围布扬古城，并进取锦台什城。努尔哈齐……并令军士整顿云梯和战车后，命锦台什降，但遭到拒绝。努尔哈齐

## 第二章 金国之"绵甲军"(1619—1628)

遂令后金军推战车登山,拆城墙,叶赫军四面皆溃。①

他进一步总结称:

> 与萨尔浒战前对战车战术生疏的明军相较,后金军早在万历十二年(1584)就已有用战车攻城的战例。而在萨尔浒之役后,开原、铁岭以及讨伐叶赫部的锦台什城诸攻城战中,后金军屡屡以此取胜。这些实战的经验,对于后金了解战车的用途与限制,也有一定的帮助。②

周先生未留意此前日本学者的讨论,他的观点近似三田村泰助,认为努尔哈赤在万历十二年便使用"战车"作战,后来围攻开原、铁岭、叶赫诸役均投入"战车"攻坚。若二位先生所说的"战车"就是 sejen kalka 的话,可将金人使用 sejen kalka 的历史提前 37 年。然而,他立论的基本史料是迟至 18 世纪中叶,史官在乾隆帝授意下编纂之《满洲实录》,算不上研究清入关前历史的一手史料,比起三田村先生使用《大清太祖武皇帝实录》作论证,在史料层面存在倒退。下文首先引用清入关前史料,校勘《满洲实录》《大清太祖武皇帝实录》汉文本记载萨尔浒之战前,女真军队使用"战车"的相关记载是否成立,再依据各方史料,查清 sejen kalka 的早期译名,及其实际问世时间。

---

① 周维强:《明代战车研究》,博士学位论文,新竹:"国立"清华大学,2008 年,第 355—356 页。

② 周维强:《明代战车研究》,第 356 页。

《满洲实录》载玛尔墩战事,云:

> 六月,太祖为噶哈善复仇,率兵四百往攻纳木占、萨木占、讷申、完济汉,直抵玛尔墩山下,见山势陡峻,乃以三辆战车并进。路渐隘,一车前进,二车随之。将近城下,路愈隘,令三车前后联络上攻。①

可见《满洲实录》确实谈到努尔哈赤指挥兵士以战车进攻玛尔墩山寨,也是周先生讨论的起点。不过,《满洲实录》存在满汉合璧本与满蒙汉合璧本。周先生引用的《满洲实录》是中华书局在1985年影印之满蒙汉合璧本,满文的记载便与汉文有异:

> taidz'u sure beile ninggun biya de duin tanggū cooha be gaifi ini meye be waha namjan samjan. nesin. wanjigan be dailame genefi mardun gebungge šancin be afara de. tere šacin alin i ninggude arafi haksan ehe ofi afara de ilan kalka be adafi ibeme gamafi hafirahūn ba de isinaha manggi. emu kalka be juleri obufi. juwe kalka be amala obuha. hoton i hanci juwe dai dube de isiname ba geli hafirahūn ofi ilan kalka be siran siran

---

① 《满洲实录》卷一,甲申年六月,第46—47页。又,《满洲实录》满汉合璧本记载如下:"六月,太祖为噶哈善复仇,率兵四百往攻纳木占、萨木占、讷申、万济汉,直抵马儿墩山下,见山势陡峻,乃以战车三辆并进。路渐隘,一车前进,二车随之。将近城下,路愈隘,令三车前后络上攻",与满蒙汉三体合璧本在个别语汇上有所出入。辽宁省档案馆编:《满洲实录》卷一,甲申年六月,辽宁教育出版社2012年版,第98—99页。

## 第二章 金国之"绵甲军"（1619—1628）

i ilibufi afara de.[①]

**译文**：太祖淑勒贝勒于六月率600名兵士，去讨伐杀害他妹夫的纳木占萨木占、讷申、完济汉，攻打名为玛尔墩的山寨。因为建在山上的山寨（地势）险恶，故于进攻时，排齐3架挨牌，带着前进。到狭窄处后，将一架挨牌摆在前面，两架在后。到了离城两庹之处，（路）更窄，遂以三架挨牌前后排列进攻。

不难发现，汉文中的"战车"在满文里写作 kalka，即"挨牌"。续查蒙古文本，"三辆战车"作 γurban qalq-a,[②] 同样是"三架挨牌（挡箭牌）"之义。既然《满洲实录》汉文中的"战车"在满、蒙古文都写成"挨牌"，令人怀疑努尔哈赤在万历十二年（1584）便使用战车之说成立与否。《满洲实录》附有《太祖大战玛尔墩》（taidz'u mardun i hecen de ambula afaha/tayisu mardun-u qota-dur qatqulduluγ-a）战图（见图2-11），[③] 图中攻城兵士3人一组，推行竖有木板之车登山，似可视为使用战车之说的佐证。可是，此图是天聪年间（1626—1636）之作，抑或乾隆年间宫廷画师的改绘，无从查究。即便大胆假设它是天聪时代的原作，却出自不谙典籍的汉人画师之手，所绘战事更发生在近半世纪之前，不排除润色增饰的嫌疑。努尔哈赤之兵在玛尔墩山寨是否使用战车，尚需其他史料佐证。

---

① 《满洲实录》，强光美女史较早发现本段满、汉文本有异，指出汉文本将 mardun gebungge šancin 译为"玛尔墩山"，见氏著《〈满洲实录〉满汉文本对勘研究》，《历史档案》2015年第4期。
② 《满洲实录》卷一，甲申年六月，第46页。
③ 《满洲实录》卷一，甲申年六月，第46页。

*171*

图 2-11 太祖大战玛尔墩

其实,《满洲实录》满、汉文本的差异,可追溯至《大清太祖武皇帝实录》。该书的汉文本记载:

> 六月,太祖为刚哈鄯复仇,率兵四百往攻纳木张、沙木张,内申、湾吉干,直抵马儿墩山下,见山势陡峻,乃以战车三辆并进。路渐隘,一车前进,二车随之。将近城下,路愈隘,令三车前后联络上攻。①

上文与《满洲实录》汉文本基本一致,称努尔哈赤以战车仰

---

① 《清太祖武皇帝弩儿哈奇实录》卷一,甲申年六月,第6a页。

## 第二章 金国之"绵甲军"(1619—1628)

攻,满文本称:

> taidz'u sure beile ninggun biya de. duin tanggū cooha be gaifi ini meye be waha. . namjan. samjan. nesin. wanjigan be dailame genefi mardun gebungge šancin be afara de tere šacin alin i ninggude arafi haksan ehe ofi. afara de ilan kalka be adafi ibeme gamafi hafirahūn bade isinaha manggi. . emu kalka be juleri obufi. . juwe kalka be amala obuha. . hoton i hanci juwe dai dubede isiname ba geli hafirahūn ofi ilan kalka be siran siran i ilibufi afarade. . ①

陈捷先先生早已指出《满洲实录》的满文本是由《大清太祖武皇帝实录》满文本誊录而来,② 将以上引文同《满洲实录》对照,会发现二者除个别字词、句读略有参差外几无区别,足见陈先生所言不虚。所以,满、汉文本在 kalka(挨牌)和"战车"一词上的差异在天聪、崇德年间便已形成。由于《大清太祖武皇帝实录》是先有满文本,再译成汉文本,作者倾向于努尔哈赤在玛尔墩山寨投入挨牌而非战车攻坚,但要证实这一点,尚需更充分的论据。周先生宣称金军在开原、铁岭、叶赫诸役均配备战车,设若努尔哈赤在 16 世纪末便使用战车,他在扫荡辽北时,必然会投入久经沙场的战车部队。那么,金军在上述诸役使用战车与否,是亟待商榷的题目。

萨尔浒战役后,辽东明军新承丧败,兵力薄弱,士气不

---

① 《大清太祖武皇帝实录:满文》卷一,甲申年六月,第 56—57 页。
② 陈捷先:《满文清实录研究》,台北:大化书局 1978 年版,第 92 页。

振,并无固守开原、铁岭之志。金军采取突袭战术,迅速攻陷二城。明人声称金军仅出动万余兵马,不数时便袭取开原,①而铁岭之战,从金军入边到城池失守不过3个时辰(6小时)。②辽北丘陵密布,河渠纵横,金军若携带战车前往,很难维持高速行军。次年,金军进攻沈阳,将攻城辎重沿水路运送,而非伴随主力军行动,③是战车不易携带,拖累行军速度的例证。因此,突袭开原、铁岭的金军不大可能推车前往。周先生认为金军依靠战车夺取开原、铁岭的史料依据,仍是《满洲实录》的汉文部分,开原之战记载如下:

> 我兵遂布战车、云梯进攻,欲先破东面,塞门掩杀。正夺门时,攻城者云梯未竖,遂逾城而入。④

满文部分为:

---

① 《大明神宗显皇帝实录》卷五八三,万历四十七年六月乙亥、丁丑,第11105、11108页。
② 《大明神宗显皇帝实录》卷五八五,万历四十七年八月壬子,第11181页。
③ 《大清太祖武皇帝实录:满文》卷三,天命六年三月初十日,第354页。原文为 taidz'u genggiyen han beise ambasa geren cooha be gaifi. daiming gurun be dailame wan kalka coohai ing ni tehereme hashalara den hashan be gemu weihu de tebufi hunehe bira be wasime. 这句话直译为:"太祖英明汗率领贝勒们、大臣们、众多军队讨伐大明国,把梯子、挨牌、兵营里与城墙一般高的栅栏,都搁在船上,顺浑河而下",未提到 sejen kalka 即战车,但《满文原档》谈到英明汗用 sejen kalka 攻打沈阳,原文为 juwan ilan de gulmahun erinde olboi niyalma sejen kalka gamabi hecen i siyun dekdere dere be afame,直译为"十三日卯时,绵甲军带着战车攻打城的东面",可知讨伐沈阳的金军所携攻城器械确实包括 sejen kalka 即战车。参见《满文原档》第2册,《张字档》,第38页。
④ 《满洲实录》卷五,天命四年六月十六日,第260页。

174

## 第二章 金国之"绵甲军"(1619—1628)

tereci manju gurun i cooha kalka wan faidafi afame dosire de. šun dekdere ergi dukai tule iliha daiming ni cooha be. manjui amba cooha gidafi sacime gamame hecen i duka de fihebufi duka durinume afara de. hecen be afame tucike manjui cooha wan sindahakū uthai hecen be dabame dosire jakade.①

**译文**：于是满洲国的兵，排列挨牌、梯子进攻。满洲大军将东面门外列阵的大明的兵击败掩杀，堵塞城门，夺取城门的时候，派出攻城的满洲兵没有竖云梯，所以就翻越城墙而入。

《满洲实录》汉文部分称金军配备战车和云梯，但在满文部分里，"战车和云梯"对应的词汇是 kalka wan，即"挨牌（和）梯子"。蒙古文部分记载攻城金军的器械有 qalqabčin kiged šatud，② 同样是"挨牌和梯子"之义。前述《满洲实录》追溯玛尔墩山之战，汉、满文本关于"战车"和 kalka（挨牌）的记载差异，到此再度出现。究其本源，同样出自《大清太祖武皇帝实录》，该书汉文本如下：

> 我兵遂布战车、云梯进攻，欲先破东面寨门掩杀。正夺门时，攻城者云梯未竖，遂逾城而入。③

满文本称：

---

① 《满洲实录》卷五，天命四年六月十六日，第260页。
② 《满洲实录》卷五，天命四年六月十六日，第260页。
③ 《清太祖武皇帝弩儿哈奇实录》卷三，天命四年六月十六日，第5b页。

*175*

> tereci manju gurun i cooha kalka wan faidafi afame dosire de. šun dekdere ergi dukai tule iliha daiming ni cooha be. . manjui amba cooha gidafi sacime gamame hecen i duka de fihebufi duka durinume afara de. . hecen be afame tucike manjui cooha wan sindahakū uthai hecen be dabame dosire jakade.①

《满洲实录》的满、汉文部分几乎照抄《大清太祖武皇帝实录》的满、汉文本。作者将《大清太祖武皇帝实录》的满、汉文本同前文引述的《满文原档》中,金军攻打开原的记载互勘,发现《满文原档》与《大清太祖武皇帝实录》满文本记载一致,袭取开原的金军仅配备挨牌和梯子,未携带战车。
《满洲实录》汉文部分记载金军攻取铁岭事如下:

> 我兵布战车、云梯,攻城北面。……我兵竖梯拆城垛,摧锋突入。②

满文部分为:

> tereci manju gurun i amba ing ni cooha wan kalka faidafi tiyei ling hecen i amargi dere be afame dosire de. ……manju gurun i cooha uthai wan sindafi hecen i keremu be efulefi loho gida be jailabume bireme dosika.③

---

① 《大清太祖武皇帝实录:满文》卷三,天命四年六月十六日,第290—291页。
② 《满洲实录》卷六,天命四年七月二十五日,第268页。
③ 《满洲实录》卷六,天命四年七月二十五日,第268页。

## 第二章 金国之"绵甲军"(1619—1628)

**译文**：于是，满洲国大营的兵士排列梯子、挨牌，进攻铁岭城北面。……满洲国兵丁便竖起梯子，拆毁城垛口，将刀枪全部躲过而（攻）入。

汉文部分的"战车、云梯"对应的满文词汇是 wan kalka，即"梯子（和）挨牌"，在蒙古文部分则是 šatu qalqabačin，[①] 也是"梯子和挨牌"。上述记载同样誊自《大清太祖武皇帝实录》，其汉文本称：

> 我兵布战车、云梯，攻城北面。……我兵竖梯拆城垛，摧锋突入。[②]

满文本作：

> tereci manju gurun i amba ing ni cooha wan kalka faidafi tiyei ling hecen i amargi dere be afame dosire de……manju gurun i cooha uthai wan sindafi hecen i keremu be efulefi loho gida be jailabume bireme dosika. . [③]

《满文原档》相关记载如下：

> tereci hecei amargi fajiran be afame wan sindabi. . kalk-a

---

[①] 《满洲实录》卷六，天命四年七月二十五日，第268页。
[②] 《清太祖武皇帝弩儿哈奇实录》卷三，天命四年七月二十五日，第6a页。
[③] 《大清太祖武皇帝实录：满文》卷三，天命四年七月二十五日，第290—291页。

gamabi afaci……wan sindabi hecei keremu be efelefi uthai taf-aha dabaha..①

译文：于是树立梯子，带着挨牌攻打北城墙……立起梯子，拆掉城垛，立即（攀上）翻越。

综合档案、《实录》可知袭取铁岭的金军仅配备梯子、挨牌，与开原之役相同。金军攻陷开、铁，击溃蒙古援军后，挥师克取叶赫二城。《满洲实录》汉文部分提到建州军队用"战车"攻取叶赫贵族金台石所居之山城：

军士整顿云梯、战车已备，令锦台什降，锦台什不从……遂令兵攻之。两军矢发如雨，我兵即推战车登山，拥至，拆其城。②

满文部分为：

coohai niyalma wan kalka be faidame dasame wajiha manggi. gintasi beile be daha seme hūlaci. karu jabume. …… genggiyen han uthai coohai niyalma be hecen be afabume wan kalka be ibeme gamara de. juwe coohai gabtara sirdan aga bono i gese. manju i cooha uthai kalka be alin i wesihun ibeme gamafi hecen de latubufi efulere de③

---

① 《满文原档》第1册，《昃字档》，第268页。
② 《满洲实录》卷六，天命四年八月二十二日，第273—274页。
③ 《满洲实录》卷六，天命四年八月二十二日，第274页。

## 第二章 金国之"绵甲军"(1619—1628)

建州兵卒整顿之"云梯、战车"仍是 wan kalka,即"梯子(和)挨牌",蒙古文是 šatu qalqabačin,① 也是"梯子和挨牌"。他们攻打山城,推挽之"战车"是 kalka,即"挨牌"。上述文本依然出自《大清太祖武皇帝实录》,其汉文本称:

> 军士整顿云梯、战车已备,令金台石降,金台石不从……遂令兵攻之。两军矢发如雨,我兵即推战车登山,拥至,拆其城。②

满文本作:

> coohai niyalma wan kalka be faidame dasame wajiha manggi.. gintasi beile be daha seme hūlaci karu jabume. ……genggiyen han uthai coohai niyalma be hecen be afabume wan kalka be ibeme gamara de juwe coohai gabtara sirdan aga bonoi gese.. manju i cooha uthai kalka be alin i wesihun ibeme gamafi hecen de latubufi efulere de③

对比之下,除个别字词略作改动外,差异极小。至于《满文原档》详细记载攻取叶赫事,包含丰富细节,也明确谈到建州军士用来攻坚的武器是挨牌和梯子:

---

① 《满洲实录》卷六,天命四年八月二十二日,第 274 页。
② 《清太祖武皇帝弩儿哈奇实录》卷三,天命四年八月二十二日,第 6b—7a 页。
③ 《大清太祖武皇帝实录:满文》卷三,天命四年八月二十二日,第 304—305 页。

179

kalka wan be amba hotoni efulehe babe dosimbubi.. amba hoton i dolo kalka wan be arame huwaitame wajibi coohai niyalma hoton efuleme kalka wan hūwaitame joboho beyebe ergembume musi omi seme coohai ing tehereme hulabi coohai niyalma gemu musi omibi beye ergenbi.. jai kalka gamara onggolo hotoni niyalmabe dahacina seme hulame gisureci..①

**译文**：在大城毁坏之处，把挨牌、梯子运进来，在大城里边连起来绑妥了之后，因为军士破坏城墙，系挨牌、梯子，业已劳累，（汗）就传令每个军营，让他们休息，吃炒面，军士都休息，吃炒面。接着，取挨牌之前，传着喊，让城里的人投降。

金军攻破"大城"（amba hoton）亦即"外城"后，运入挨牌、梯子，预备攻取内城。军士在发动进攻前，要分别捆扎梯子和挨牌，前者是制作云梯，后者很可能是拴在一起，成为大盾牌，求得更大的防御面积，仍属于 kalka 而非 sejen kalka。另外，《满洲实录》所收《太祖克开原》（taidz'u k'ai yuwan i hecen be afame efulehe/taisu k'ai yuwan-u qota-yi qatquldun abuluγ-a）、《太祖克铁岭》（taidz'u tiyei ling hecen be afame gaiha/taisu tiyei ling qota-yi qatqulduǰu abuluγ-a）战图，亦无金人用车的蛛丝马迹。② 由此可见，金军在夺取辽北，吞灭叶赫诸役，固然以梯子、挨牌作战，却未投入车辆攻坚。《满洲实录》

---

① 《满文原档》第 1 册，《昃字档》，第 275 页。乾隆年间誊录原档，基本保存原貌，未作多少改动，见《内阁藏本满文老档》第 1 册，第 510—511 页。
② 《满洲实录》卷五，第 259 页；卷六，第 266 页。

## 第二章 金国之"绵甲军"（1619—1628）

汉文部分声称金军以"战车"攻城，是沿袭《大清太祖武皇帝实录》汉文本将满文 kalka 即"挨牌"误译为"战车"之谬。这样看来，女真部落早在 16 世纪末便使用战车，又在萨尔浒战役之后，攻打沈阳之前屡屡以战车出击的观点，并无确凿的证据。那么，金军配备战车亦即 sejen kalka 的历史最早可追溯到何时，它的形制如何，缘何博得英明汗青睐，成为 olboi niyalma 的主战装备，都有待深究。

实际上，最早记录金军战车的史料出自明朝和朝鲜方面。萨尔浒大战后，兵部尚书黄嘉善条陈御房八事，提到金人正制备战车："闻奴多造木梯、战车，此何非攻城之具？我当豫为设备，勿使近城。"① 此语绝非空穴来风，在萨尔浒战役随朝鲜元帅姜弘立降金的李民寏目睹金军攻城器械，称：

> 攻城之具，长梯、小车（车上张牛皮、毛毡以遮矢石，推之以行）、铁弗、皮牌（张牛皮四五重为牌，矢不能穿云）。②

李民寏之语是目前有关金军"战车"形制的最早记载。20 世纪 90 年代，我国学者点校其作品，将金军器械分为"长梯小车"与"铁弗皮牌"两类，有待商榷。③ 从之前考证可知，建州兵士惯用梯子和挨牌，小车则是首次出现，而"铁弗"实

---

① 黄嘉善：《题为危辽夷房交讧中外绸缪宜固敬陈末议以图万全事》，收入《筹辽硕画》卷一九，第 632 页。
② 李民寏：《建州闻见录》，第 389 页。
③ 李民寏：《栅中日录等五篇·建州闻见录》，收入潘喆、李鸿彬、孙方明编《清入关前史料选辑》第 3 册，中国人民大学出版社 1991 年版，第 471 页。

为"铁铲",属于掘城工具。是以萨尔浒战役后,金军攻城器械包括长梯、小车、铁铲(弗)和牌四类,而非两类。参照金军攻陷清河事,可知牌分两种,一是形如木板,类似明人常用长5尺、宽3尺之普通挨牌,① 二是以4—5层牛皮叠成之牌。车上张挂牛皮与毛毡,遮蔽箭矢、礌石,与《太祖大战玛尔墩》战图所绘之车迥然不同。

英明汗在全胜之余大肆扩充兵车,与他在萨尔浒战役后,审时度势,改善军备与战术,谋求席卷辽东有关。明人声称金军在舍里甸、萨尔浒之役专以甲骑驰突,所向披靡,"铁骑山裂,所向无前",② 复云:"奴酋之众以重盔重甲当先驰驱,利刃不能入,弓矢不能透。"③ 李民寏锋镝余生,回忆道:"贼骑齐突,势如风雨,炮铳一放之后,未及再藏,贼骑已入阵中"。④ 检视《满文原档》,金军在舍里甸、萨尔浒、尚间崖、瓦尔喀什、富察之野迭次战胜明、朝鲜联军,的确凭借精锐骑兵制胜。但英明汗在兮洪泊原野(wahumoi bigan)面对在平衍之地扎营,防御器械完善的明军,被迫指麾骑兵下马徒步冲锋:

> han wahumoi bigande nikan i amala boo miocan sejen kalka aika jakabe gaibi yabure emu ing ni **emu** tūmen coohabe

---

① 茅元仪:《武备志》卷一一四《军资乘守五·堡约一·堡器》,第4885页。
② 阎鸣泰:《请讨盔甲详语》(万历四十六年六月二十九日),收入《剿事汗语》卷上《剿前》,第8a页。
③ 李自用:《题为敷陈末见以殄丑虏以复封疆事》,收入《筹辽硕画》卷四三,第642页。
④ 李民寏:《栅中日录》,收入氏著《紫岩集》,第376页。

## 第二章 金国之"绵甲军"(1619—1628)

sabubi. . han i beye emu minggan isirakū cooha be gaibi afame genebi. . tere ing i nikan i emu tūmen cooha ulan fetebi boo miocan jergi sindame dasabi sejen kalka be ilibubi alime gaiha manggi. . minggan isirakū coohabe dulimbe yafahalabubi afame geneci dosirede nikan cooha boo miocan be emu dubei sindaci donjirakū bireme genebi sejen kalka be aname tūhebubi tere **emu** tūmen coohabe gidabi gemu waha. . ①

**译文**：汗在圪洪泊原野，目睹汉人携带炮、鸟枪、战车（等）一应器械，在后行走之营的万名兵士。汗亲率不足千名之兵往攻，这营汉人的一万兵士挖掘壕沟，摆放炮、鸟枪等，布置战车应战。之后，（汗）以不足千名之兵的半数步行<u>去进攻时</u>，不顾汉人兵士频频施放炮、鸟枪，冲过去依次推倒战车，击败杀尽这一万名兵士。

根据《满文原档》，金军在萨尔浒战役两度舍马步战，分别是在圪洪泊与斐芬山（fiyefun alin）。圪洪泊附近地形属于平坦原野（bigan）而非高峻山地，正宜女真骑兵迂回合围。努尔

---

① 《满文原档》第1册，《昃字档》，第213—214页。清代档案、官书就明军扎营之处记载不一。《满文原档》写作 wahumoi bigan，乾隆年间重抄原档形成的《有圈点字档》（《满文老档》）写作 wahūmu i bigan。《大清太祖武皇帝实录》满文本作 wahūn omo，汉文本译作"圪洪泊"，释作"臭泥泊"。《大清太祖高皇帝实录》汉文本作"圪閟鄠漠"。《满洲实录》满文部分沿袭《大清太祖武皇帝实录》满文本，作 wahūn omo，汉文写作"斡珲鄂谟"。本文因《大清太祖武皇帝实录》汉文本早出，用其写法。参见《满文原档》第1册，《昃字档》，第213页；《内阁藏本满文老档》第1册，第353页；《大清太祖武皇帝实录：满文》卷三，天命四年三月，第261页；《清太祖武皇帝弩儿哈奇实录》卷三，天命四年三月，第2b页；《大清太祖高皇帝实录》卷六，天命四年三月，第80页；《满洲实录》卷五，天命四年三月，第236页。

哈赤掌握的"不足千名之兵"是随侍的白巴牙喇，乃金军骑兵之尤精悍者。他却命令半数骑兵下马冲锋，是因为明军依托战车构筑了完善的防御阵地。据明朝史料，这支明军是由广宁正兵营原任参将龚念遂、前保定总兵标下车营都司李希泌率领，随山海关总兵杜松行动的车营，囊括杜松部全数战车，[①]这是金军在萨尔浒大战中唯一一次同明军战车交锋，也很可能是英明汗首次在实战中遭遇明朝战车。[②]

明军战车形制，据《四王皇太极破龚念遂营》（taidz'u i juleri hong taiji beile. gung niyan sui i ing be efulehe/tayisu-yin emün-e qung tayiǰi noyan. güng niyan sui-yin čerik-i daruluγ-a）战图（见图2-12）看，是车头架设挨牌的双轮车，车身搭载火

---

① 《明实录》载杜松麾下将校，仅有"原任参将龚念遂"而无李希泌。当年九月，优恤辽东阵殁将官，始见"留守李希泌"之名。查《按辽疏稿》，龚念遂原任广宁正兵营参将，在万历三十六年（1608）为熊廷弼弹劾去职。又查《筹辽硕划》，李希泌于万历四十六年（1618）九月任保定总兵王宣标下车营都司，次年出兵时头衔为"原任留守"。二人专管车营，携带配属杜松部的全部战车与大批火器，因渡河缓慢落后。参见《大明神宗显皇帝实录》卷五七九、卷五八六，万历四十七年二月乙亥、九月甲辰，第10963、11234页；熊廷弼《纠劾将领疏》（万历三十七年二月初七日），收入《熊廷弼集》卷一《巡按奏疏第一》，第27页；杨镐《题为恭报师期大彰天讨以振国威事》；陈王庭《题为援将违律丧师狡奴猖獗愈甚乞亟敕廷议以救危疆并候圣明处分事》，收入《筹辽硕画》卷一六、卷一七，第529、544页；陆战史研究普及会《中国古战史：明と清の決戦——サルフの戦い》，第76—83页。

② 《满洲实录》称开原道潘宗颜在斐芬山使用"战车"拒战，但满文写作kalka即"挨牌"。这一差异同样源自《大清太祖高皇帝实录》汉、满文本的不同记载。查《满文原档》，潘宗颜部在"山上遮盖挨牌，放鸟枪、炮作战"（nikan cooha alini ninggude kalka daldabi boo miocan sindame afaci），可知斐芬山明军未用战车。参见《满文原档》第1册，《昃字档》，第217页；《满洲实录》卷五，天命四年三月，第240页；《清太祖武皇帝弩儿哈奇实录》卷三，天命四年三月，第3a页；《大清太祖武皇帝实录：满文》卷三，天命四年三月，第265页。

第二章 金国之"绵甲军"(1619—1628)

**图 2-12 四王皇太极破龚念遂营**

炮，通过挨牌上的炮孔射击，① 类似 16 世纪末，辽东明军装备的双轮战车（见图 2-13）。② 明军火器手藏匿挨牌之后发炮，可有效防御女真骑兵发射的箭矢。金军骑兵被迫下马，冒着重重弹雨推开战车，始能突破防线。虽然《满文原档》对金军损失数目讳莫如深，但可以想见伤亡必不会少。明人在战后指责杜松覆败在于不善用车，称："御奴长技，惟车与炮车营难破"，③ 认为车阵足以防御骑兵冲突。身经百战，慧眼如

---

① 《满洲实录》卷五，第 234 页。
② 栗在庭：《九边破房方略》卷一《战车式·制轻车以备战守》，台北汉学中心影印日本内阁文库藏明万历十五年（1587）刊本，第 25a—b 页。
③ 官应震：《题为敬摅援辽管见以祈立允施行事》，收入《筹辽硕画》卷三八，第 484 页。

185

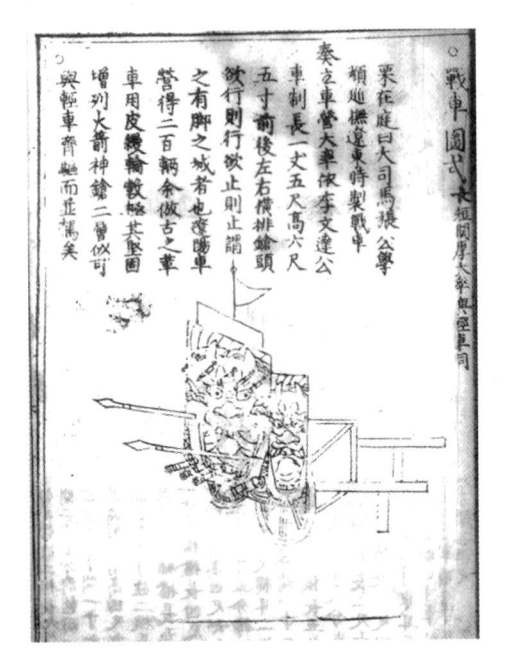

图 2-13 《九边破虏方略》载辽东明军战车图

炬的努尔哈赤经此一役，亲身体会到战车在野战中保护阵线的价值，意识到金军需要能够掩护兵卒穿过枪林弹雨，挺进到营垒之下的兵器，方能夺取辽东的坚城，sejen kalka 遂应运而生。

金军战车的学名是 sejen kalka，来自乞洪泊之战，金人对明军战车的称呼，直译"车（的）挨牌"。努尔哈赤在萨尔浒诸役缴获大批明军战车和物资后，打造 sejen kalka，训练军士操纵，终于在天命六年将其投入强攻沈阳、辽阳之役。《大清太祖武皇帝实录》汉文本将 sejen kalka 译作"战车"。《满洲实录》蒙古文部分写作 terge qalqabčin，即 sejen kalka 的直译，

## 第二章 金国之"绵甲军"(1619—1628)

汉文部分沿袭《大清太祖武皇帝实录》所用的"战车"。①《大清太祖高皇帝实录》将辽沈之战,金、明两军的"战车"统一改为"楯车",②看似更契合满文原文,其实是后起译法,难以反映金军战车之由来。

天命六年春,英明汗以绵甲军推行战车,充当全军矛头攻打沈阳,开启金军以战车上阵的先河。③明人称:"奴贼深入沈阳,用战车冲锋,马步继之",④直言金军以战车为开路先锋。金军战车形制虽不见于《满文原档》,但可自明朝史料窥知一二。明遗民彭孙贻将金军战车分为两类:一类是载土填濠的"小车",一类是"战车",形制为"用毡裹四轮车",即以毛毡覆盖的四轮战车。⑤彭孙贻未及而立,明社已墟,不可能亲履辽东战场,所述金军战车情况显然得自他书,《两朝从信录》应系其一:

> 奴兵结阵,前一层用木板,约至五六寸,用机转动,如战车之制,以蔽枪炮;次一层用弓箭手;次一层用小车载泥土,以填沟壑。⑥

---

① 《清太祖武皇帝弩儿哈奇实录》卷三,天命六年三月初十日,第12a页;《满洲实录》卷六,天命六年三月初十日,第311页。
② 《大清太祖高皇帝实录》卷七,天命六年三月乙卯,第101页。
③ 《满文原档》第2册,《张字档》,第38页。
④ 《大明熹宗悊皇帝实录》卷八,天启元年三月甲寅,第378页。
⑤ 彭孙贻:《山中闻见录》卷三《建州》,收入潘喆、李鸿彬、孙方明编《清入关前史料选辑》第3辑,第29页。
⑥ 沈国元:《两朝从信录》卷六《(天启元年)四月》,《续修四库全书》史部第356册,第196—197页。

此语为辽东经略袁应泰幕僚张思任在小凌河采访溃兵所得，称金军投入两种车辆，一是搭载厚达5—6寸（约15—18厘米）的木板，可左右转动，形似明军战车者，另一种是载土填濠的小车，未提及用毛毡包裹的四轮大战车。查《满洲实录》所载《太祖破陈策营》《太祖破董仲贵营》《太祖兵克西平堡》(taidzʼu si ping pu be gaiha/tayisu si ping bu qota-yi abuluγ-a) 三图，金国战车都是车头树立坚厚挨牌，牌顶设有垛口与射击孔，由绵甲军推行前进的双轮车。① 对照张思任记载，此即溃卒所言第一种战车，亦即《大清太祖高皇帝实录》记载之"楯车"。

然而，《太祖率兵攻宁远》战图显示天启六年（1626）宁远之战，金军除双轮战车外，还将一类上张厚牌，下有四轮，形状介于挨牌与战车之间的兵器投入火线。② 这大概就是彭孙贻所说的四轮战车，见于《无梦园初集》：

> 其攻城之具，则用槐、榆木，厚八寸余，高八尺，如轿形。下有四小轮，以人御之。其板俱用活销，每遇铅、铁弹击之，似板而实活，以致铅弹遇之，车往后番去。铅弹子折而过，车随复起，不能伤，人马无所中。③

金军的四轮战车形如轿子，以属于硬杂木，致密柔韧的槐、榆木制备。车上所竖木牌高8尺（约248厘米），厚达8寸（约24厘米）有余，尺寸远过于普通挨牌，木牌与车轮连接处用

---

① 《满洲实录》卷六、卷七，第310、315、338页。
② 《满洲实录》卷八，第392页。
③ 陈仁锡：《陈太史无梦园初集》海集一《纪奴情》，第76页。

活销固定。明军炮弹击中木牌后,木牌向后翻转,弹开弹丸。金军将其推至城下,以牌斜靠城上,兵士在牌下用工具凿挖城墙,实为装在四轮底盘上,以人力推行的巨大挨牌。

金军战车除以木为牌外,还如李民寏、彭孙贻所言,用牛皮、毛毡加强防护。金日升记述宁远攻防战,称金军战车"用数寸厚板,冒以生牛革",① 在厚木板外覆盖生牛皮,加强防护。守卫宁远的主将袁崇焕目睹金军遗弃之车,指出车头之牌用2寸(约6厘米)厚木板为芯,外裹皮革,笨重不堪,仅能用船运输。② 综合明朝、朝鲜、清朝三方史料来看,金军战车包括3种:首先是载有高8尺、厚逾8寸的巨型挨牌,下设四轮的战车,其次是车头竖立厚5—6寸挨牌,以木为芯,外裹牛皮,上设垛口与射击孔的双轮战车,最后是载土填濠的小车。

努尔哈赤之所以为金军配备战车,是汲取乞洪泊之役的经验,针对明朝苦心经营的辽东防线,调整进攻战术和技术装备之举。辽东明军在宁远战役前奉行的战区战略(theater strategy)是前沿防御(forward defense),这套战略的核心是围绕一系列前沿要地精心构筑防御阵地,屯驻重兵,一俟敌军来犯,各要塞固守之余,彼此出击应援,使之腹背受敌,不支引去,以熊廷弼精心设计的辽东防线为例,明军以奉集堡、虎皮驿为前哨,沈阳、辽阳为核心,彼此呼应。各要塞驻军在战役法(operation art)和战术(tactics)层面的基本思路是背城作战而非婴城自守,冀望发扬火器优势。譬如沈阳以城墙为核心设

---

① 金日升:《颂天庐笔》卷二三《冒爵辨真》,《四库禁毁书丛刊》史部第6册,第442页。
② 袁崇焕:《师老敌张任重事巨疏》(天启六年八月十八日),收入杨宝森辑校《袁崇焕集》卷一《奏疏题本(上)》,上海古籍出版社2014年版,第49页。

立3道防线，最外侧是10道1人高的堑壕，壕内设有尖木，再向内是一条壕沟与两道护城河，壕沟与护城河间设有用大木所制木栅，护城河经改建后宽5丈（约16米），深2丈（约6.4米），最内侧是高2丈5尺（约8米）的城墙，墙下环布战车1000辆，车辆间隙筑有矮墙。① 金军进攻时，明军出城，依托车与墙构成的工事发射火器迎敌。此外，辽阳等处驻军闻知沈阳有警，可以迅速集结一支野战兵团来援。因此，英明汗挥师攻城之前，先要做好在攻坚战中击破守城明军主力和在野战中打垮援军的预备，落实到战术和技术（technology）层面，关键在于消弭双方投射兵器在有效杀伤距离上的落差。②

金军以弓箭为主要投射兵器，但现存涉及清入关前弓箭性能的史料过少，相关研究格外薄弱，缺乏可靠的性能参数，仅能做一些浅显的推测。金军之弓与15—17世纪奥斯曼军队配备的突厥弓同属反曲复合弓（composite recurved bow）。二者都提倡以精炼重箭头破甲，突厥弓所用之箭重达1盎司（约28.35克），而金军的锋镝长逾3寸（约9厘米），材质精良，所谓"必极其精铦而后已"，锐利无比（见图2-14）。③ 不

---

① 毕恭：《辽东志》卷二《建置志·城池·沈阳城》，《续修四库全书》史部第646册，第502页；熊廷弼：《答监军道邢参议（慎言守沈排兵）》（万历四十八年五月十五日），收入《熊廷弼集》卷二〇《前经略书牍第四》，第1008—1009页；《满文原档》第2册，《张字档》，第38—39页。

② 本文对明朝辽东战略的分析，采用鲁特瓦克的战略层级概念，参见Edward Luttwak, Strategy, *The logic of war and peace*, Cambridge, Mass: Belknap Press of Harvard University Press, 1987, pp. 69–71.

③ Paul E. Klopsteg, *Turkish Archery and the Composite Bow*, Manchester: Simon Archery Foundation, 1987, pp. 36–85. 陈仁锡：《陈太史无梦园初集》海集一《纪奴情》，第76页。

190

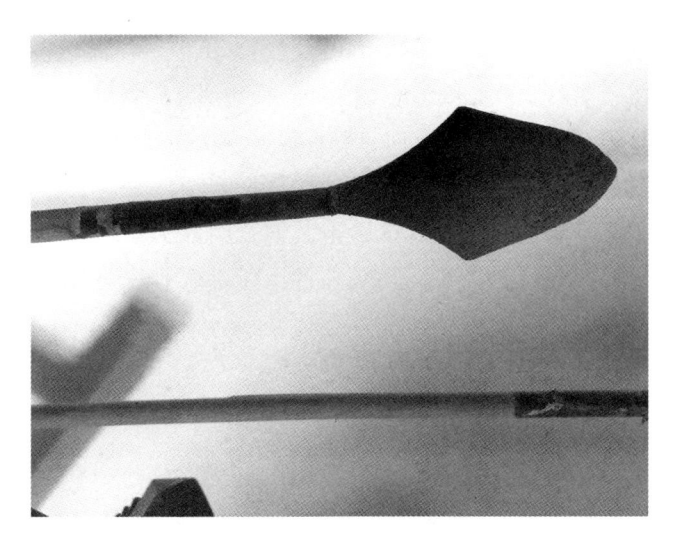

第二章　金国之"绵甲军"（1619—1628）

图 2-14　辽宁沈阳故宫博物院藏清军大錍箭镞（2020 年摄）

过，金军弓箭有两处弱点：一是有效杀伤距离短，明人称："虏之矢不三十步不发，发无虚者"，[①] 有效命中距离仅 30 步（约 46.8 米）。二是难以保证连发速度，优秀射手固然能在 1 分钟内射出 6 箭，但很难维持这种速率。[②] 明军火器在射击距离上远胜金军弓箭，明人总结御倭经验，称："倭之火器只有鸟铳，直百步而止。中国有鸟铳，又有大炮，去七百步；佛郎机，去三百步"。[③] 查明代兵书，宋应星经略朝鲜，自称大将

---

① 郭浧:《与文总督疏》，收入《东事书》不分卷，玄览居士辑《玄览堂丛书：三十二种》第 106 册，上海：玄览居士 1941 年版，第 18b 页。

② John F. Guilmartin JR., *Gunpowder and Galleys: Changing technology and Mediterranean warfare at sea in the sixteen century*, Cambridge: Cambridge University Press, 1980, pp. 150–151.

③ 张萱:《西园闻见录》卷五六《外编·兵部五·防倭》，《续修四库全书》子部第 1169 册，第 387—388 页。

*191*

军炮（见图2-15）射程达400步（约624米）以上；其次为佛郎机，射程300—350步（约468—546米）；戚继光练兵蓟镇，规定鸟铳手日常训练时，靶标设于100步（约156米）之外，实战放铳则在50—60步（约78—94米）。[①] 明人鼓吹："贼在数百步之远，先以铳炮击其前，则冲突不暇施。百步内，继以鸟铳、佛郎机，伤其马首，则刀箭不敢发"，[②] 强调

图2-15　河北山海关长城博物馆藏大将军炮（2020年摄）

---

[①] 宋应星：《与参军郑文彬赵汝梅书》（万历二十一年正月十四日），收入《经略复国要编》卷五，第98页。

[②] 范世文：《题为辽警方殷愚忠思靖敬陈征剿方略以壮国威以殄逆酋事》，收入《筹辽硕画》卷二一，第712页。

## 第二章　金国之"绵甲军"（1619—1628）

以层层火器克制骑兵。如果金军拘泥于先前野战大获全胜的经验，以铁骑突击沈阳、辽阳这种工事完备、火器众多的坚城，从600米外冲锋到距城墙40米，要经历数轮密集弹雨的洗礼，却毫无还手之力，无疑会伤亡惨重。

可是，金军在沈阳、辽阳战役一反铁骑驰射的战法，改用步、骑结合的战术。新战术的要着在于以绵甲军操作战车当先进攻。金军攻打沈阳、辽阳，皆以绵甲军携带战车，当先攻战，① 足证战车是专门配属绵甲军的兵器。绵甲军装备的主力战车在宁远之战前，足以抵御明军的大部分火器。辽东镇的火器已在舍里甸、萨尔浒诸役，随主力军损失殆尽，沈阳、辽阳戍军的火器是经略熊廷弼积年经营而成，以鸟铳、三眼铳、灭虏炮、百子炮等轻型火器为主，辅以大炮。熊廷弼自称制成重200斤以上灭虏炮数百位、70—100斤以上灭虏炮逾3000位、百子炮上千门、鸟铳和三眼铳7000杆以上，并自负地宣称200斤以上灭虏炮的威力胜过千斤铜炮。② 此外，两城驻军还配备自北京解送而来的火器，包括在万历援朝战役屡立战功的大将军炮与刑部尚书黄克缵招募闽南炮匠铸造之"吕宋大铜炮"（见图2-16），最大者超过3000余斤。不过，实战证明上述火器对金国战车的损害相当有限。明人特重鸟铳，称："盖奴甲之坚利，箭不能入。惟鸟铳之铅弹，则贯札洞胸而立毙"，③ 足以贯穿重甲，是可靠的穿甲武器，但金军战车之牌

---

① 《满文原档》第2册，《张字档》，第38、46页。
② 熊廷弼：《奉旨交待疏》（泰昌元年十月十七日），收入《熊廷弼集》卷一一《前经略奏疏第五》，第547—548页。
③ 程子颐：《武备要略》卷一四《兵谈·奴酋兵制图说》，《四库禁燬书丛刊》子部第28册，第450页。

图 2-16 英国皇家炮兵博物馆藏"吕宋大铜砲"（黄一农老师提供）

动辄厚达 5 寸以上，外覆牛皮，坚厚致密，鸟铳难以洞穿。至于灭虏炮、百子炮则是发射铅、铁质霰弹的轻型火炮，精度欠佳，穿透力不足。实际上，明军唯一能够摧毁金军战车的兵器便是大炮，但限于冶铸工艺、装备数量和训练水平低下，无法扭转战局。其中，"大将军炮"受铸造工艺拖累，"一发后，再不敢入药"，①炮手怯于连续装填，唯恐炸膛。至于"吕宋大铜炮"仅有 7 门送到辽东，且因设计不当、冶铸不精，连发后炮膛温度过高，难以维持高频次射击。②奉命督饷辽阳的户部郎中傅国目击金军以战车为先锋来攻，因守军连放巨炮，迫使推行战车的绵甲军"辄伏辀辕下，势若却状"，③《满文原档》亦载金军逡巡退缩，为总兵官布三（busan）奋力阻

---

① 郑大郁：《经国雄略·武备考》卷六《制铳》，收入哈佛大学图书馆编《美国哈佛大学哈佛燕京图书馆藏中文善本汇刊》第 19 册，广西师范大学出版社 2003 年版，第 395 页。

② 黄一农：《明末萨尔浒之役的溃败与西洋大炮的引进》，第 396—399 页。

③ 傅国：《辽广实录》卷下，收入潘喆、孙方明、李鸿彬编《清入关前史料选辑》第 1 册，中国人民大学出版社 1984 年版，第 166 页。

## 第二章　金国之"绵甲军"（1619—1628）

止之事，① 可见明军凭借巨炮之威一度遏制金军战车的锋芒，但大炮放三、四次后，无力连发，难以阻止金军抵近营垒。

由于坚固的战车足以抵御鸟铳和轻型火炮发射的弹丸，绵甲军身披的 olbo 亦可抵挡鸟铳和箭矢的攻击，事实上抵消了明军引以为豪的火器优势。综合档案、战图可知，金军精锐弓箭手藏匿车上，靠绵甲军推行，穿越重重障碍和明军火器的优势区域，直抵阵地前沿。② 至此，明朝完全丧失投射兵器上的优势，金军弓箭手以精准的射击压制明军火力，殪毙将校，掩护绵甲军摧毁工事，令其阵脚动摇，再投入精锐骑兵夹攻，使之土崩瓦解。一旦城外明军覆败，绵甲军以挨牌、云梯协助大军蚁附登城，城破只在旦夕。实际上，沈阳、辽阳这两座深沟高垒，重兵把守的要塞要么因为轻率野战，要么因为守军傍城作战，蒙受惨败而失陷，徐光启对此有非常清醒的认识：

> 臣之愚见，以为广宁以东一带大城，只宜坚壁清野，

---

① 布三遏止金军后退，力挽狂澜之举，见于天命八年三月二十四日，英明汗谕如下：liodon i hecen be gaijara de han i tūkiyehe geren ambasa gemu mūsei coohai bedereme jiderebe sabi yaya tucibi kadalame dosimburakū gemu booi dalda de ukakabi.. busan emhun tucibi kadalame jurceme cooha ūnggihebi.. tuttu musei joboro bade busan emhun beyede alibi kadalaha seme amba gung arabi，直译为："取辽东城时，汗所提拔的大臣们都眼瞧着咱们的军队退回来，没出来管的，都逃回营帐里躲着。布三独自站出来管，交错派兵，布三在咱们那么危难之处，自己个承担料理，立下大功"，可见金军进攻辽阳时，因畏惧明军炮击撤退，面临全线溃退的风险。《满文原档》第3册，《列字档》，第289—290页。布三在战后不仅未得升赏，还因巴都里等人诬陷而惨遭褫职，直到天命八年始沉冤得雪，授为头等总兵官，参见细谷良夫《布山総兵官考》，《清朝と東アジア：神田信夫先生古稀纪念論集》，東京：山川出版社1992年版，第40—42頁。
② 《满文原档》第2册，《张字档》，第46—47页；《满洲实录》卷六、卷七，第310、315、322页。

> 整备大小火器,待其来攻,凭城击打。一城坚守,必不敢
> 蓦越长驱;数城坚守,自然引退。关以西只合料简大铳,
> 制造火药,陆续运发,再用厚饷招募精兵。能守城放炮
> 者,令至广宁、前屯、宁远诸城,助之为守,万勿如前二
> 次列兵营火炮于城壕之外,糊涂浪战,即是目前胜算矣。①

徐光启批评辽东戍军将主力和火器置于城外是"糊涂浪战",要求明廷向山海关外各城解送大炮、火药,凭借火器固守城池,放弃野战。可是,辽东明军野战御敌的战术取向,非一时一刻所能改易,更缺乏如戚南塘般革故鼎新的将才。英明汗得以运筹帷幄,在次年的广宁之役围点打援,诱使守军倾巢出援,在沙岭之战大败明军,进占广宁。明军再三拘泥于野战决胜的战役法,面对金军步、骑结合战术毫无招架之功,丧师失地,足以证明配备战车的绵甲军是决定胜负的关键力量。

英明汗在沈阳之战便命令骑兵没有得到绵甲和战车支援时不准冲锋,② 在大获全胜后,益加重视战车的效用。天命六年十一月,英明汗调整兵制,将每牛录的甲数提升至150名,分为4等:第一等是驻防辽东城、海州的30甲,按"人一马三"比例配备战马。第二等是按"一人一马"比例配备战马的40甲。第三等是30名"无马披甲人"(morin akū uksin i niyalma)。第四等是新设立的50名新甲(ice uksin),装备火器,专务守城。③ 英明汗命令每个牛录的30名"无马披甲人"每

---

① 徐光启:《谨申一得以保万全疏》(天启元年四月二十六日),《徐光启集》卷四《练兵疏稿二》,第175页。
② 《满文原档》第2册,《张字档》,第40页。
③ 《满文原档》第3册,《来字档》,第88—89页。

## 第二章 金国之"绵甲军"(1619—1628)

逢战事，须携带战车出征，① 确定了使用战车，步行作战的甲兵，亦即绵甲军的选拔范围。次年，英明汗夺取广宁后，他的宏图壮猷已是廓清辽西，进窥山海，为此在天命八年改革兵制，将火器普及全军，并继续完善攻坚战术。"黑营"管辖的50名甲兵里，有20甲专门携带攻城器械和绵甲，可知金军临战所需的 olboi niyalma/olboi cooha 从"黑营"兵丁选拔。从上文谈到的"黑营"装备的兵器看，除了之前见于史料的战车、挨牌、梯子、斧头和镢头外，还增添了多种攻城器械，含有包裹土石，起避弹作用的席子和灭火的水囊。这一变化证明努尔哈赤料到未来攻坚战的难度，提前调整兵制和战术。根据改革兵制的史料，金军在天命八年重编后，已是兼具步、骑、炮、辎的强大军队，奉行更复杂的进攻战术：绵甲军既要推动战车掩护弓箭手和鸟枪手前出至有效射程内，还负责将攻坚器械如四轮战车和挨牌运到城下，在其掩护下掏挖城墙，以及为后继支队架设云梯。攻城甲兵会获得大炮的火力支援，精锐骑兵位居阵后待命出击。如果本次兵制改革成功，金军堪称当时东亚范围内首屈一指的武装力量。

可是，本次军制改革的成果因金国内部愈演愈烈的民族矛盾而未竟全功。天命十年（天启五年），金军全面撤装火器，失去中远距离支援火力。明朝却在信奉天主教官绅积极推动下，向辽西运送新式重炮。天命十一年（天启六年，1626），英明汗率军西征，袁崇焕不折不扣地执行当年徐光启提出的战术，放弃野战，凭借大炮死守宁远城（见图2-16）。黄一农先生指出守军配备12门西洋大炮，其中11门出自英国沉船，

---

① 《满文原档》第3册，《来字档》，第88—89页。

是发射12磅（约5.44公斤）实心弹的"半蛇铳"（demi-culverin）。① 明军轮番射击，"一发，车牌扫尽"，攻击战车、挨牌如摧枯拉朽，② 侥幸突击到炮击死角，靠挨牌和战车蔽体的绵甲军又被掷下的"万人敌"烧夷殆尽，"车鳞叠不得开，焚死甚众"。③ 金人铩羽而归，努尔哈赤愤恚身死。次年，甫登汗位，急于靠战功巩固权力的皇太极复以绵甲军为先驱攻打锦州、宁远，《满文原档》记载金军携带"八固山梯子、挨牌、作战一应器械"（jakun gusai wan kalka afara ai ai agūra），④ 可谓倾巢而出，却再度受挫于西洋大炮等火器。据守锦州的明将赵率教声称金军损失惨重，积尸如山，充斥沟渠，金人亦承认："是役，兵士死亡甚多"（tere afaha de coohai niyalma ambula būcehe），⑤ 宣告绵甲军攻坚战术的破产。

淑勒汗经此当头一棒，密筹革新兵制、攻城器械与战术。天聪四年至五年，金国重建"汉兵"，为其装备各类火器，就包括名为"天祐助威大将军"的红夷炮，并在大凌河战役初试锋芒。⑥ 嗣后，随着"三顺王"来归与满洲步兵（manjui yafahan i cooha/beki cooha）的设立，金国（清朝）依靠自铸和缴获的枪炮，重新确立了步、骑、炮、辎协同作战，以红夷

---

① 黄一农：《欧洲沉船与明末传华的西洋大炮》，《"中央研究院"历史语言研究所集刊》第75本（2004年），第3分，第610—615页。

② 范景文：《战守全书》卷一二《守部·火器·西洋守铳》，《四库禁燬书丛刊》子部第36册，第457页。

③ 金日升：《颂天庐笔》卷二三《冒爵辨真》，第442页。

④ 《满文原档》第6册，《天字档》，第121页。

⑤ 沈国元：《两朝从信录》卷三四《丁卯（天启七年）六月》，第770页；《满文原档》第6册，《天字档》，第121页。

⑥ 黄一农：《红夷大炮与皇太极创立的八旗汉军》，第84—91页。

## 第二章 金国之"绵甲军"(1619—1628)

图 2-17 宁远卫北门城楼(2007 年摄)

大炮为核心的攻坚战术,得以横扫关东,纵横中原。在此期间,olboi niyalma/olboi cooha 逐渐成为八旗汉军的固定兵种 olbo,配备的器械与战术角色也发生了变化,将在下文详述。

综上所述,可以认为:首先,清初史料里的 olboi niyalma 和 olboi cooha 是含义等同的语汇。英明汗时代和淑勒汗统治前期,金军的 olboi niyalma/olboi cooha 可译为"绵甲军"或"绵甲兵",不应直译为"绵甲人"。

其次,至少在英明汗时代,绵甲军由八固山的"兵"(cooha)或"甲"(uksin)充任,并非独立兵种。萨尔浒战役后,金国武力的骨干统称为 cooha 或 coohai niyalma,根据战时需要,穿用不同甲胄,可分为 uksin i niyalma(甲兵或铠甲兵)和 olboi niyalma(绵甲军/绵甲兵)。olboi niyalma 主要由巴牙喇之外的固山兵丁担任。天命六年十一月，英明汗调整兵制，以"甲"作为兵员统称，命令每个牛录的30名"无马披甲人"须携带战车出征，确定了绵甲军的选拔范围。天命八年的兵制改革，规定黑营管辖的50名甲兵里，有20甲携带攻城器械和绵甲，金军临战所需的 olboi niyalma/olboi cooha 从黑营兵丁选拔。所以，英明汗治下的绵甲军并非八固山正兵，只是每逢大战，临时穿着 olbo 作战的甲兵之名。如前所言，战时绵甲军的完整组织制度是由高级将官—五牛录额真—牛录额真构成的3级制，而非五牛录额真—牛录额真的2级制，大多数将校是临时指派的。

最后，绵甲军起初仅承担穴城与架梯登城之责。萨尔浒大战后，英明汗吸取乞洪泊之战的经验，为绵甲军配备战车，是女真军队运用战车之始。至于建州女真在16世纪末便使用战车的说法，其实没有确切的史料依据。绵甲军使用战车穿越火线，将弓箭手和攻城器械输送到指定位置，敉平明、金两军在投射兵器上的落差，是克敌制胜的关键。沈阳、辽阳与广宁战役，配备战车的绵甲军堪称决定成败的胜负手，是天命八年（天启三年）兵制改革着重加强的对象。然而，明军引入西洋大炮后，金军迭遭重创，旧式攻坚战术随之破产，让位于以红夷大炮为核心的新战术。

## 小　结

自铁岭之战后，至天聪元年（天启七年，1627）宁锦之役为止，金国步兵的战术地位较此前有所上升。英明汗每逢战事，选拔"军士"（coohai niyalma）或"甲"（uksin）充当步

## 第二章　金国之"绵甲军"（1619—1628）

兵，穿着绵甲（olbo），作为"绵甲军"（olboi niyalma/olboi cooha），配备新式"战车"（sejen kalka）及其他攻坚器械，充任全军先锋，在火线上同明军搏战。这一变化的根本原因，在于战争形态演进。明军在萨尔浒战后，依托沈阳、辽阳等城市组织防御体系，军队普遍配备大量火器、战车，南兵队伍还列装绵甲，火力密度和防护手段均有提高。辽东战场的战争形态，正由骑兵野战向攻坚战过渡。金军直接以骑兵冲击预设阵地，将付出高昂代价。英明汗早在乞洪泊之战，就注意到明军车队的作用，所以在战后很有先见之明地为步兵配备绵甲和战车，并作训练。金军攻击沈阳、辽阳，都采取"锤子和长矛"的战法，用绵甲军推挽战车，掩护弓箭手，当做敲开明军工事的铁锤，再投入精锐骑兵作为矛头，自突破口冲入，扫荡追杀明军部队。这套战术是此前重装铁甲兵和轻装弓箭手在前，骑兵在后战术的进阶版本。

　　那末，明军升级火力和防护器械，刺激金军推出绵甲军加战车的应对战术，引发步兵战术地位上升，是否意味着"明清军事革命"帷幕开启呢？作者认为并非如此。绵甲最初只能抵抗箭矢，经改良后，顶多可以防护鸟铳（轻型火绳枪）弹丸，而战车畏惧重炮，充其量只能抵挡将军、灭虏炮发射的霰弹。绵甲军和战车纵横辽东，事实上说明17世纪初的明军虽然拥有鸟铳等新式装备，总体技术水平依然乏善可陈，只能靠增加火器和兵员数量应付金人，没有足以改变战局的武备。至于金国一方，虽然步兵的战术地位有所上升，在个别战役中甚至超过骑兵，但身份和待遇上，仍然无法同骑兵相提并论。即便在天命四年至天命十一年（1619—1627），绵甲军大放异彩的时段里，金军声望最高，最精锐的部队，依然是由巴牙喇和大部分甲士组成的骑兵集团。绵甲军无论兵员抑或军官，都由兵士（甲士）和各级官长临时充当，不算八固山正兵。证实步兵在八固山系统中，还是一支相对次要的力量。

淑勒汗皇太极时代，随着新式大威力火器如红夷大炮、发熕和重型火绳枪广泛应用于辽东战场，促使金国重编并扩充汉兵，充实步兵队伍，引发兵数上涨。这一时期，满洲、蒙古、汉军皆有步兵编制，"绵甲军"成为出征步兵之名。他们逐步放弃战车，使用火器，协助炮手作战。关于此时金军步兵的情况，将在第三章予以考查。

# 第三章 皇太极时代的步兵
（1628—1644）

皇太极在宁锦之战失利后，企图绕过辽西，经蒙古草原千里迂回蓟镇，攻击华北，战果胜负参半。战局不利，迫使他谋求仿制红夷大炮，打破明朝技术垄断，又解放汉人，扩充军队，掀起"明清军事革命"的滔天巨浪。天聪五年（崇祯四年）后，金军作战能力逐年提升，征服蒙古、朝鲜和索伦部落，攻克松锦防线，兵锋直抵山海关外。不仅如此，军事革命令金国社会、政体为之一变，膨胀为雄踞东亚的大清国，积累起逐鹿中原的雄厚资本。八旗军容壮盛，久经沙场，它的军械、战术和组织制度较之英明汗时代不啻巨变，步兵亦不例外。

本章探讨皇太极时代，清军步兵的发展史，但在时段上，与皇太极执政时期稍有出入。具体来说，皇太极执政时期，根据国号、头衔、纪年不同，分为两段。第一段是从天命十一年至天聪十年（天启六年至崇祯九年，1626—1636），国号沿用"金国"，君主头衔为"淑勒汗"；第二段是从崇德元年至八年（崇祯九年至十六年，1636—1643），国号易作"大清国"，尊号"宽温仁圣皇帝"（gosin onco hūwaliyasun enduringge han）。本章主要讨论对象，则是天聪元年，宁锦之役后至顺治元年（崇祯十七年，1644）清军入关前，步兵之沿革，有时为说明问题，会下探至康、雍两朝。研究主题有二，一是穷究绵甲军的演变，探讨 olboi niyalma/olboi cooha 是怎样被 olbo 取代，从临战的安排变为常备军；二是结合实战，观察绵甲军的器械和战术到底有哪些变化。

## 一　从 olboi niyalma/olboi cooha 到 olbo

本节讨论 olboi niyalma 是怎样被 olbo 取代，从临战的安排变为常备兵制的过程，着重考察以下问题：（一）清入关前的 olboi niyalma 究竟是广泛分布于诸军，抑或仅在汉军里存在？它是否如前人所言，是以仆从为主的力量？（二）olbo 在何时取代 olboi niyalma/olboi cooha，成为独立的兵种之名？（三）从天聪三年，金军入掠华北到康熙二十二年，八旗汉军火器营成立，亦即1629—1683年间，olboi niyalma/olboi cooha/olbo 的职能发生了哪些变化？

清太宗时代，八旗兵制发生巨变。简而言之，首先是减少八固山正兵数目，尽力整顿营伍，裁汰老弱。英明汗时，每个牛录的披甲数字达到150甲，后来缩至100甲，皇太极进一步削减到60甲左右，仅相当于最高时期的2/5。每个牛录的绵甲数从15身减为10身，裁去1/3。[①] 其次是改革和新编兵种，

---

[①] 关孝廉编译：《天聪五年八旗值月档（二）》，《历史档案》2001年第1期；《满文原档》第7册，《吕字档》，第199页。

巴牙喇不复有"白巴牙喇"和"红巴牙喇"之名,另选精骑组成噶布什贤超哈(gabsihiyan cooha)充当先锋哨探,又集中各牛录徒步甲兵建立白奇超哈(beki cooha)作为步兵。此外,还集中各牛录的蒙古人和汉人,组织蒙古兵与汉兵。最终在入关前后形成八旗满洲、八旗蒙古和八旗汉军,奠定有清一代的兵制。

根据清初史料特别是档案史料,清军入关前,olboi niyalma/olboi cooha广泛分布在八旗满洲、蒙古、汉军,以及"三王一公"麾下按照"牛录—固山制度"改编的私兵中,但只有八旗汉军属下的olboi niyalma/olboi cooha在入关前后变为olbo,成为独立的常设兵种。下文将分别论述:

(一)满洲、蒙古固山的绵甲兵

皇太极重建汉兵后,绵甲归入汉兵,但在崇德四年至七年(崇祯十二至十五年,1639—1642)的明清斗争,特别是决定双方国运的松锦大战(1640—1642)期间,满洲兵士仍有穿绵甲作战的记录,可借此一窥满洲绵甲兵制度。其一是顺治本《大清太宗文皇帝实录》载崇德四年(1639)追论卜儿机罪愆:

> 又卜儿机之弟巴布赖,得罪废闲,与其在家闲居,何不令从睿亲王,于戊寅年入边随征?后攻松山,又何不令穿绵甲攻城?[①]

卜儿机(burgi),乾隆朝改订本《大清太宗文皇帝实录》作

---

① 《大清太宗文皇帝实录》顺治朝汉文本,卷三〇,崇德四年六月二十一日,第70a页。

"布尔吉"或"觉罗布尔吉",与其弟巴布赖(babulai)同属觉罗。① 巴布赖于崇德二年(崇祯十年,1637)充任议政大臣,后因罪褫职闲住。"戊寅年"指崇德三年(崇祯十一年,1638),睿亲王多尔衮率师伐明,攻陷济南。"攻松山"即崇德四年二月,皇太极麾军亲征,以红夷炮围攻松山,不克而返。皇太极斥责卜儿机袒护其弟,既不令其随多尔衮出兵,也不随征松山,穿绵甲攻城。此处的"绵甲"在满文本写作ol-bo。② 可知崇德年间,存在以罪臣、闲散充任绵甲兵,用以攻城的情况。

其二是崇德六年(崇祯十四年,1641)派兵至乳峰山驻防,顺治本《大清太宗文皇帝实录》作:

是日,命宗室、镇国将军阿拜率满洲、蒙古每固山分得拨什库一名、每牛录步兵二名,往乳峰山防守。③

阿拜是努尔哈齐第三子,才具平庸,在崇德四年受封三等镇国将军。④ 崇德六年八月,清军在松锦决战中获胜,明朝残军困

---

① 《大清太宗文皇帝实录》卷四七,崇德四年六月丁未,第629页。卜儿机、巴布赖同属努尔哈齐曾祖福满(兴祖直皇帝)第三子索长阿之裔,属于觉罗而非宗室,巴布赖隶属正红旗,参见《大清太宗文皇帝实录》卷一七,天聪八年正月癸巳,第221页;中国人民大学清史研究所、中国第一历史档案馆译《盛京刑部原档:清太宗崇德三年至崇德四年》,群众出版社1985年版,第145页。

② 《大清太宗文皇帝实录》顺治朝满文本,卷四七,崇德四年六月二十一日,第19b页。

③ 《大清太宗文皇帝实录》顺治朝汉文本,卷三七,崇德六年十月初二日,第1a页。

④ 允祹等奉敕撰:《钦定宗室王公功绩表传》卷一一《传九·镇国公辅国公·镇国公阿拜传》,《景印文渊阁四库全书》史部第212册,第192页。

## 第三章 皇太极时代的步兵（1628—1644）

守锦州、松山、杏山、塔山各城，朝不保夕。十月，阿拜奉命戍守锦州、松山之间的乳峰山，统带兵丁为"每牛录步兵二名"，满文为 emu nirui juwete niyalma be olbo etubufi,① 即"每个牛录两人，使之穿绵甲"。据此可知，崇德末期，不仅满洲兵士，蒙古牛录的兵丁也穿绵甲上阵，充任绵甲军。《实录》汉文本称之为"步兵"，是顺治年间的译法。至于皇太极统治时期的满文史料中，olboi niyalma 能否等同于 beki cooha/yafahan i cooha，指代步兵，有待考察。

崇德七年（崇祯十五年，1642），清军占领松山后拆毁城垣，顺治本《大清太宗文皇帝实录》称：

> 令同沙木什哈守松山步兵，将松山城毁如平地。至于炮、火药等项，仍在原库贮收，周围筑墙挖壕，量拨人看守毕，然后发步兵回家。②

沙木什哈，满文为 samšika，即曾经两度远征黑龙江，招讨虎儿哈、索伦部落，拔取雅克萨城（yaksa hoton）的名将萨穆什喀。他在崇德初年掌管"白奇超哈"，即出征之满洲步卒，早经阿南惟敬先生指明，无可非议。③ 至于"白奇超哈"的前身，阿南先生据乾隆朝改订本《大清太宗文皇帝实录》所载

---

① 《大清太宗文皇帝实录》顺治朝满文本，卷五八，崇德六年十月初二日，第 1b 页。
② 《大清太宗文皇帝实录》顺治朝汉文本，卷三八，崇德七年三月二十六日，第 23a 页。
③ 阿南惟敬：《露清对立の源流》，第 19—44 页；《清初の白奇超哈について》，《清初軍事史論考》，第 546—548 页。

天聪八年（崇祯七年，1634）更定兵制谕旨，认为是"步兵"（徒步兵）。① 查内国史院档案收录本条谕旨，写作 yabure yafahan cooha be beki cooha sembi,② 义为"将行走步兵称为白奇超哈"，知"白奇超哈"由 yabure yafahan cooha 即"出兵行走的步兵"改编而来。萨穆什喀率领"白奇超哈"投身松锦决战。崇德七年三月，清军占领松山一月后，皇太极命令萨穆什喀监督步兵拆毁城垣，改建军械库，竣工后将步兵撤回沈阳。此处的"步兵"无疑是"白奇超哈"，但查顺治朝《大清太宗文皇帝实录》的满文本，两处"步兵"均写作 olboi niyalma,③ 即绵甲军。可知崇德年间，除"乌真超哈"自成一军外，满洲、蒙古牛录所辖步兵组成"白奇超哈"，也被称为 olboi niyalma 即"绵甲军"，看来是穿着绵甲，徒步从征之军。

清朝为何委派萨穆什喀管理"白奇超哈"，以致有"萨穆什喀固山"（samšika gūsa）之名，④ 阿南惟敬先生未作交代。可这个问题事关皇太极执政中后期，满洲步兵主力的成分和来源，不可忽视。前文谈到崇德后期，每个牛录设有步兵，组成"白奇超哈"，是独立兵种，其中一部分来自闲散和罪徒，但这些人数目有限，主力另有其人，且必定与萨穆什喀关系密切。作者虽然未在清朝档案中发现相关记载，但明朝兵部题行

---

① 阿南惟敬：《清初の白奇超哈について》，第538—539页。

② 满文内国史院档，天聪八年档（元月至十二月），第79b—80a页。

③ 原文如下：sungsan i hoton be. samsika i emgi bisire olboi niyalma be. ten de isitala efuleme wacihiyafi pooi okto. poo ai ai jaka be akdulame fu sahame ulan fetefi ineku boo de uthai bikini. . niyalma teisuleme tuwakiyabu. . wajiha manggi olboi niyalma be boo de unggi. . 见《大清太宗文皇帝实录》顺治朝满文本，卷五九，崇德七年三月二十六日，第31页。

④ 《满文原档》第10册，《字字档》，第424页。

## 第三章　皇太极时代的步兵（1628—1644）

稿却留存着一条重要依据。崇祯十二年（崇德四年），蒙古人达赖逃亡明朝，报告清军动向：

> 每牛彔点选三名暗甲达子，约共有三千余人，去抢鱼皮达子。每年抢一次，抢来或数百，或千余不等。每犯抢，以鱼皮达子冲锋。①

达赖声称清军每年抽调"暗甲达子"，即着铁叶在内，外敷织物甲衣的军士，去抢"鱼皮达子"即黑龙江中下游，着鱼皮衣之渔猎部落民。清军将他们掳至盛京，编入满洲固山，乃是所谓"新满洲"（ice manju）。达赖说清军入关抢掠，用这些人打头阵。因为他们甫至旗下，尚未博得满洲统治者信任，不会立即得到甲胄、马匹，充作骑兵，而是被编入"白奇超哈"，当作火线攻城的炮灰，一来减少正身满洲壮丁伤亡，二来借机选拔先登勇士。由于萨穆什喀经常奉命出征黑龙江，熟悉当地风土人情，这些新满洲步兵统一归他调遣任使。这就是"白奇超哈"又名"萨穆什喀固山"之因。

总之，崇德年间，八旗满洲、蒙古的绵甲军约等于"白奇超哈"，指满洲、蒙古牛录下，出兵行走的步兵。身穿绵甲成为满洲步兵的标志。档案中存在以罪臣、闲散充任绵甲兵，用以攻城的情况，但它的主力是来自黑龙江流域的"新满洲"丁壮，因为隶属萨穆什喀麾下，又名"萨穆什喀固山"。

---

① 《兵部为被掳逃回姚上礼等人仍留前备用事题行稿》（崇祯十二年十二月二十七日），《中国明朝档案总汇》第16册，第439页。

## （二）八旗汉军（汉兵/乌真超哈）的绵甲兵

天聪五年（崇祯四年，1631），皇太极重建汉兵（nikan i cooha/fe nikan i cooha/nikan cooha，又名"旧汉兵"），下设6甲喇，掌管火器。因为统领汉兵的总兵官佟养性又称西武里额驸（si uli efu），故汉兵又名"西武里额驸固山"（si uli efu gūsa）。天聪八年元旦，改称nikan i gūsa，即"汉人固山"。五月，易"旧汉兵"（fe nikan i cooha）之名为"乌真超哈"（ujen cooha）。崇德二年（崇祯十年，1637），将乌真超哈析为2个固山，照满洲之例编为牛录。四年，增为4固山，每个固山下辖18牛录。七年，编为8固山。顺治十七年（1660），上谕改乌真超哈为汉军，即八旗汉军，满文仍作ujen cooha。[①]

汉兵始建于天命六年，后因英明汗屠戮汉人，将余者编庄，充为奴隶而无存。天聪四年十月，淑勒汗降旨编审全国壮丁，并针对汉人刊刻汉字榜文，公开张挂，内容与满文敕谕出入较大。满文敕谕要求各级官员"查各牛录下，有已成丁者"（meni meni nirui haha be baicame tolo），[②] 以牛录为基本单位，汉字榜文则督促官员"将各官家人及各固山民丁从实查勘"，[③] 所谓"各官家人"指官员户下（booi）之人，即包衣奴仆，而"各固山民丁"恐怕不是指irgen即"自由民"，而是八固山庄

---

[①] 本段据黄一农先生论述，参照满文档案修订而成，见黄一农《红夷大炮与皇太极创立的八旗汉军》，第84—88页；《满文原档》第7册，《余字档》，第430、436页；满文内国史院档，天聪八年档，第2b、80a页；《大清太宗文皇帝实录》顺治朝汉文本，卷二六，崇德二年七月二十九日，第26a页。

[②]《大清太宗文皇帝实录》顺治朝满文本，卷七，天聪四年十月十六日，第28a页。

[③]《天聪四年十月十三日敕谕》，收入陈湛绮编《后金汗国（皇太极）天聪朝稿簿奏疏》，全国图书馆文献缩微复制中心2010年版，第63页。

## 第三章 皇太极时代的步兵(1628—1644)

屯之男丁,亦即旗主贝勒的奴仆(aha)。故而汉兵自重建之日起,便与包衣奴仆制度存在千丝万缕的联系。相当一部分汉兵出身包衣奴仆而非自由民,绵甲军正是由这些人充当骨干。黄一农先生注意到天聪七年,淑勒汗以满洲户下汉人挑补绵甲军之事,称:

> 天聪七年七月初一日,皇太极命满洲各户有汉人十丁者授绵甲一,共1580丁,交付"汉军额真"马光远和石廷柱,以分补旧甲喇之缺额。①

他敏锐地认识到此事与佟养性去世、马光远入替有关,并否定之前有人将此作为汉军旗成立之始的观点,② 但碍于篇幅所限,未能进一步分析。此事见于《大清太宗文皇帝实录》,原文如下:

> 命满洲各户有汉人十丁者,授绵甲一,共一千五百八十户。命旧汉军额真马光远等统之,分补旧甲喇之缺额者。③

续查顺治本《大清太宗文皇帝实录》,与上文有所出入:

> 命满洲家下汉人十丁编一步兵,共编一千五百八十名,

---

① 黄一农:《红夷大炮与皇太极创立的八旗汉军》,第86页。
② 黄一农:《红夷大炮与皇太极创立的八旗汉军》,第86—88页。
③ 《大清太宗文皇帝实录》卷一四,天聪七年七月辛卯,第199页。

211

命总兵马光远、石廷柱分补各固山下不足数甲喇兵。①

两相对照，发现四处问题：首先，乾隆本《实录》称满洲每户有10名汉人男丁者，抽一人穿绵甲，而顺治本《实录》未提及各户，只是按"10丁抽1兵"的比例，抽调满洲"家下"的汉人作"步兵"。查顺治本《实录》之满文本，"十丁编一步兵"作 juwan haha de emu olbo etubuhe,② 即"10名男丁穿1绵甲"。那么，天聪年间之汉兵步兵是否等于穿绵甲之兵，尚待查考。

其次，乾隆本《实录》称"共一千五百八十户"，却未声明这是出丁的满洲户数抑或通过充兵而开户，摆脱奴仆地位的汉人户数。顺治本《实录》交代新兵数字是1580名，未提户数。汉人新兵是获得另户地位，或仍是户下奴仆，还不清楚。

再次，乾隆本《实录》指马光远为"旧汉军额真"，而顺治本《实录》提到马光远、石廷柱二将的头衔是"总兵"。查石廷柱于此时尚未晋升总兵官，惟马光远任正蓝旗总兵官,③知顺治本《实录》记事舛误。至于"旧汉军额真"，顺治本《实录》之满文本记作 ujen coohai ejen,④ 直译"乌真超哈额

---

① 《大清太宗文皇帝实录》顺治朝汉文本，卷一二，天聪七年七月初一日，第1a页。
② 《大清太宗文皇帝实录》顺治朝满文本，卷一四，天聪七年七月初一日，第36b页。
③ 《天聪朝臣工奏议》卷上《马光远请设六科奏》（天聪六年十一月二十九日），见于罗振玉辑《史料丛刊初编》，再收入于浩辑《明清史料丛书八种》第2册，国家图书馆出版社2005年版，第369页。此奏亦见于《后金汗国（皇太极）天聪朝稿簿奏疏》，第233—234页。
④ 《大清太宗文皇帝实录》顺治朝满文本，卷一四，天聪七年七月初一日，第36b页。

## 第三章 皇太极时代的步兵(1628—1644)

真",而汉兵易名乌真超哈是在天聪八年,即次年五月之事,所谓 ujen coohai ejen 自然子虚乌有。但"旧汉军额真"在满文的写法,以及究竟指谁,有待探查。

最后,汉人新兵的去向,据乾隆本《实录》是补"甲喇之缺额者",即填补汉兵6甲喇兵丁不足之缺,而顺治本《实录》却载为"分补各固山下不足数甲喇兵",因汉兵仅有1固山,难道是以汉人新兵补充满洲各固山兵缺?查顺治本《实录》的满文本,此处为 fe jalan de ekiyehun be tuwame neigenjehe,① 直译"瞧着旧甲喇的缺补充",与乾隆本《实录》相符。可是,顺治本《实录》的满文本毕竟纂修于清入关之后,追述天聪年间史事,或有乖谬之处,上文提到的 ujen coohai ejen 即为一例。因此,要解决上述悬而未决的疑案,须以档案史料为准绳。

本件谕旨见于满文内国史院档案中的"天聪七年档",誊录如下:

> manju i boode bisire nikan haha be. juwan haha de emu **ubaci duin jafaha gajifi** uksin olboetubuhe. . uheri emu minggan sunja tanggū jakūnju boigon be nikan coohai ejen ma suminggūwan si suminggūwan de afabufi fe jalan de ekiyehun be tuwame neigenjehe. . etubufi nikan coohai ejen sidingju. . ma guwang yuwan de afabufi meni meni gūsa jalan niru de kamcibufi

---

① 《大清太宗文皇帝实录》顺治朝满文本,卷一四,天聪七年七月初一日,第36b页。

213

kadala sehe..①

**译文**：把满洲**的**家里所有的汉人男丁，十丁抽一，**自此分四批带来进献**，使之穿甲，共计一千五百八十户，交给汉兵额真马总兵官、石总兵官，瞧着旧甲喇的缺补充。使之穿绵甲，交给汉兵额真石廷柱、马光远，归各固山、甲喇、牛录兼管，钦此。

"天聪七年档"多有删削涂抹，日本学者认为这是清朝入关后，编纂《大清太宗文皇帝实录》所致，② 本件亦不例外。上文以下划线标注的满文代表被删去的原始文本，即所谓档案底本，而以粗体字标明的满文代表顺治年间，史官增添的新文本，即删改本。档案底本记载天聪七年，淑勒汗查核满洲贵族所属汉人，按"10丁抽1兵"的比例披甲（uksin），共得1580户。这些人通过当兵摆脱奴仆之身，成为开户人，被交给"汉兵额真"（nikan coohai ejen）即汉兵主帅马光远、石廷柱，补充汉兵甲喇之缺额。顺治年间纂修《大清太宗文皇帝实录》时，直接在档案上做了删改，但不能简单认为删改本属于精心讳饰的欺诳之语，仍需具体而微的史料分析。

首先，本条谕旨不涉及讳败为胜，回护损失的内容。天聪七年，金国最重要的军事行动是夺取旅顺，时间在本次新编汉兵之后。其次，删改后的内容可在其他史料找到旁证。删改本指新编兵丁分为4批，穿着绵甲（olbo），未编牛录，而是交

---

① 满文内国史院档，天聪七年档，第81a页。
② 神田信夫、松村潤、細谷良夫、加藤直人、中見立夫、柳澤明訳註：《内国史院檔·天聰七年》，東京：東洋文庫2003年版，第10—16頁。

## 第三章 皇太极时代的步兵（1628—1644）

给汉兵额真石廷柱、马光远，由汉人固山、甲喇、牛录兼管。崇德二年，汉将鲍承先直陈汉兵制度混乱："一家有至三、五百丁，至七、八百丁者"，[①] 可为兼管人丁众多之旁证。鉴于顺治、康熙两朝，留存的入关前档案为数尚丰，种类齐全，可推知史官是参照其他档案如奏疏簿、值月档的记载，按实际处理情况做了改动。最后，史官修改态度较为审慎，天聪朝后期至崇德初年，石廷柱地位超过马光远，如崇德元年万寿节朝贺，由石廷柱率汉官行礼，居马光远之上，[②] 故改以石廷柱在先。同时因石廷柱彼时未任总兵官，删去二人官衔，反能纠正原档之误。

经分析可知，以上引文实际包括两个文本，首个文本即档案底本是淑勒汗在天聪七年七月一日颁发的谕旨，第二个文本即删改本是其他史料记录的新编兵丁的实际状况，可彼此发明。此外，删改本不仅反映新编汉兵事件的全貌，还体现史官对历史的再次建构过程，他对文本的修订其实受到当时兵制的影响。今日的研究者要揭示这条谕旨在清代兵制研究上的意义，必先意识到两个文本的存在，以及顺治朝兵制对删改本的影响。

实际上，天聪七年新编汉兵之事在清初兵制研究上具有标志性意义。档案底本提到 uksin etubuhe，即"使（汉人）穿甲"，即令汉人当兵，但删改本作 olbo etubufi，即"使（汉人）穿绵甲"，指明新兵是穿着 olbo 的兵丁。上文谈到英明汗

---

[①] 《鲍承先奏本》（崇德二年七月十六日），国立中央研究院历史语言研究所编：《明清史料》丙编第1本，商务印书馆1936年版，第51页。

[②] 档案记载彼时行礼次序，是 terei amba janggin sitingju ma guwang yuwan nikan i geren hafasa be gaifi iliha..（那昂邦章京石廷柱、马光远领着汉人的众官员们立着），见《满文原档》第10册，《字字档》，第546页。

时代，挑选"兵"（cooha/coohai niyalma）或"甲"（uksin）穿着olbo，作为olboi niyalma上阵打仗，证明olboi niyalma还是暂时的兵制。皇太极解放1580名汉人奴仆，令彼等充当uksin（甲兵），最终统一穿着olbo，其实是将olboi niyalma作为常备军。也就是说，从天聪七年开始，汉兵里的olboi niyalma已是固山下正兵之名。

本条谕旨还揭示出清入关前后，八旗汉军所属绵甲军发展变化的两大脉络。其一是以奴仆充当绵甲军出征，步行作战的惯例。天聪七年的新编汉兵一律穿绵甲，是否步兵，有待考察。汉兵按职责不同，分为行营兵和守兵，前者又名nikan ing（汉营），随满洲大军出兵，后者分为两批，固守沈阳和其他城池。行营兵按兵种不同，分为骑兵和步兵，仝立一营，满文为nikan ing ni morin yafahan i emu kūwaran（汉营之马、步兵丁一营）。① 汉兵初建，甲兵单弱，天聪五年统计行营兵1660名、守兵1620名、章京327员，另有炮手和火药匠26名，共计3613名。是年大凌河之战，汉兵膺荷攻坚重任，但在天聪六年正月仍是3000余兵马。② 汉营兵少任重，不敷调遣时，皇太极就临时征发包衣奴仆为兵。天聪五年大凌河之战，英明汗因汉营兵寡，檄令沈阳守兵来援，犹嫌不足，急调"八家抚西尼堪、拜唐阿尼堪"（jakun booi fusi nikan baitangga nikan），即八固山贵族属下，较早薙发归顺，供役洒扫的汉人奴

---

① 关孝廉编译：《天聪五年八旗值月档（二）》，《历史档案》2001年第1期；《谕祝参将》（天聪四年十二月初六日），收入《后金汗国（皇太极）天聪朝稿簿奏疏》，第70页；满文内国史院档，天聪七年档，第104a页。

② 《天聪朝臣工奏议》卷上《佟养性谨陈末议奏》（天聪六年正月二十二日），第292页。此奏亦见于《后金汗国（皇太极）天聪朝稿簿奏疏》，第148页。

## 第三章　皇太极时代的步兵（1628—1644）

仆，一固山出百人，凑集 800 兵丁，由大贵族私属的旗鼓章京率领来援，掌管缴获的众多火器。① 皇太极驱赶这些未经干戈的包衣奴仆上阵，不过用来充当看守火器的步兵而已。天聪七年解放奴仆充实汉兵，可视作以奴仆充军思路的延续，自然也是步兵。崇德二年，清军远征朝鲜，再次调发八旗贵族的包衣奴仆参战。正白旗将官巴彦（bayan）将 3 名跟役派往乌真超哈军营，向"家下步兵"（booi olboi niyalma）索要掳掠而来的财物。booi olboi niyalma 义为"包衣绵甲军"，② 是以包衣奴仆穿着绵甲，步行作战之兵。甚至到顺治年间，仍然以满洲包衣奴仆充当绵甲兵（棉甲兵）作战。③ 由此可以认为八旗汉军自建立之日起，就以奴仆或奴仆出身的兵士穿着绵甲，充任 olboi niyalma，随行营兵作战。olboi niyalma 成为出征步兵的代称。

另一条脉络，即清入关前后，olbo 取代 olboi niyalma 成为正兵之名，谕旨也有所体现。档案底本的 uksin 在删改本易作 olbo，除了反映金国以新兵充当 olboi niyalma 的事实外，也折射出史官基于当前兵制，对档案底本所做的二次建构。如前所述，天命四年之后，绵甲军是由"兵"（cooba）或军士（ol-

---

① 《满文原档》第 7 册，《余字档》，第 489—490 页。
② 巴彦在顺治朝汉文本《大清太宗文皇帝实录》作"巴彦特"，查满文本为 bayan，再考乾隆朝汉文本，写作巴彦，知顺治朝汉文本有误，见《大清太宗文皇帝实录》顺治朝汉文本，卷二四，崇德二年六月二十七日，第 42a 页；《大清太宗文皇帝实录》顺治朝满文本，卷三六，崇德二年六月二十七日，第 29b 页；《大清太宗文皇帝实录》卷三六，崇德二年六月甲子，第 471 页。
③ 顺治初年，定八旗官兵阵亡恤赏，凡"满洲、蒙古随役并满洲家下汉人充棉甲者均百两，汉随役七十两"，见《钦定大清会典则例》卷一一〇《兵部·武选清吏司·恩恤·恤赏阵亡》，《景印文渊阁四库全书》史部第 381 册，第 262 页。

boi miyalma）选取，天命六年后，由"甲"（uksin）选取，皇太极解放汉人充兵，用作为甲兵通称的 uksin 表示，其来有自。《大清太宗文皇帝实录》纂成于顺治十四年（1657）左右，这时满文档案中的 uksin 相当于 aliha cooha，义为"马甲"，而 olbo 已取代 olboi niyalma，作为"绵甲军"的满语官称。史官以 olbo 入替 uksin，在他看来固然是厘正舛误，殊不知已有以今拟古的意味。olbo 代替 olboi niyalma 的变幻，在一字之易中，便可窥见端倪。不过，olbo 替代 olboi niyalma 的过程尚存诸多不明之处，仍需抉微阐幽。

  作者所见最早以 olbo 作为八旗正兵之名的史料，是崇德三年的满文档案，乌真超哈所辖 2 名 olbo 因逃避出兵而论死。① 嗣后，olbo 愈发常见于史册，个人推测似与崇德二年整饬乌真超哈，分编牛录有关。20 世纪 90 年代，中国第一历史档案馆组织人力，将馆藏盛京满文旧档中涉及军情的 28 枚木牌、104 件纸本档案翻译刊布，题名为《盛京满文清军战报》，功德无量。然而，这些木牌、档案多数未标明时间，而译本未做考证，利用不便。其中编为第 4 号，题名"满汉兵丁行军数目"的纸本档案提到清军之"敖尔布"：

    汉军章京一员、满洲专达（汉语护军校）、拨硕库

---

① 档案原文作：ma guwang yowan i gūsai wang guwe ming nirui olbo i g'o neng..sitingju gūsai lio jen ming nirui olbo i jinsan. cooha de bulcame genehekū turgunde wame..（马光远固山下王国明牛录的 olbo 郭能、石廷柱固山下刘镇明牛录的 olbo 金山因为躲着不出兵，杀了），见满文内国史院档，wesihun erdemunggei ilaci aniya sowayan（应系 suwayan）tasha jorgon biyai dangse（崇德三年戊寅腊月档册），第 564 页。

*218*

### 第三章　皇太极时代的步兵（1628—1644）

（汉语领催）四员、甲士五人、汉军拨硕库十员、甲士三十三人、敖尔布（汉军旗抬鹿角兵名）四十八人、跟役七人。共一百三十七人。①

译者为满文官兵名称做出注解，又附注释："实为108人，原档有误。"可是，译者对"敖尔布"即olbo的注解与中山八郎一样，是用康熙朝之后的含义诠释清入关前的语汇，自然不能成立。此外，本件档案时间、地点、将帅名称一概付之阙如，译者亦束手无策，故而含糊地命名为"满汉兵丁行军数目"。作者查对战报，发现编号17，题名"清军攻前屯卫时阵亡人数"的档案内容与上文几乎一致：

攻前屯卫城时阵亡人数：**汉军章京一员，满洲专达、拨硕库四员**，满洲甲士二十七人，外藩蒙古拨硕库二员、甲士五人，**汉军拨硕库十员、甲士三十三人、敖尔布四十八人、跟役七人。共损一百三十七人。**②

两相对照，可以断定编号4的档案是编号17档案的底稿。这些官兵是崇德八年（崇祯十六年，1643）清军进攻广宁前屯卫的战死者，包括48名敖尔布（olbo）。从档案看，olbo与汉军（乌真超哈）牛录下的小官"拨硕库"（bošokū，领催）和甲兵（uksin）同列，是乌真超哈之正兵。乌真超哈总共阵亡

---

① 《满汉兵丁行军数目》（无年月），引自中国第一历史档案馆满文处编译《盛京满文清军战报》，收入中国第一历史档案馆编《清代档案史料丛编》第14册，中华书局1990年版，第26页。

② 《清军攻前屯卫时阵亡人数》（无年月），《盛京满文清军战报》，第32页。

219

官兵 99 名，敖尔布战殁者占去总数的 48.48%，显系攻城主力。清入关后，以乌真超哈携红夷大炮为先锋，席卷秦晋，横扫江浙，参战乌真超哈序列中就包括 olbo。《大清世祖章皇帝实录》记载顺治二年（1645）七月，清军兵不血刃占领南京后，豫亲王多铎奉命带领包括炮手和"绵甲兵"在内的甲兵凯撤，"绵甲兵"在满文本里写作 olbo。① 如果说《大清世祖章皇帝实录》纂修于康熙年间，字句或有出入的话，同年九月，清朝派 2 名牛录章京带领"乌真超哈甲士四十七名、敖尔布二百三十五名"（ujen coohai dehi nadan uksin.. juwe tanggū gūsin sunja olbo）赴江宁府，加强八旗驻防，② 则是见于档案的证据。总之，崇德二年整饬乌真超哈后，到清军占领南京，设立驻防时，olbo 逐渐取代 olboi niyalma，成为八旗汉军正兵之名。

康熙以降，olbo 的制度有所变动，有两点值得注意：其一是 olbo 成为八旗汉军独有之兵，兵数到雍正八年（1730）才最终确定；其二是 olbo 与步军或步甲（yafahan i cooha/yafahan i uksin）不同，不可混于一谈。康熙、雍正两朝，清廷节次确立汉军佐领的 olbo 兵数。然而，周览清代五部《会典》及所附《则例》《事例》，康熙《大清会典》、雍正《大清会典》、乾隆《钦定大清会典》所载八旗甲兵一项，独无此类兵丁，最早收录 olbo 数目之书是乾隆朝《钦定大清会典则例》：

（康熙）三十年……汉军八旗每佐领下各设鹿角一

---

① 《大清世祖章皇帝实录》卷一九，顺治二年七月壬子，中华书局 1985 年版，第 166 页。
② 满文内国史院档，ijishūn dasan i jai aniya niohon coko uyun biyai dangse（顺治二年乙酉九月档册），第 37 页。

## 第三章 皇太极时代的步兵（1628—1644）

架、连枷棍四副。每鹿角一架，设棉甲兵四名。①

《则例》以康熙三十年为八旗汉军设"棉甲兵"（olbo）之始。唯记述清朝讨伐噶尔丹史事之《亲征平定朔漠方略》言及康熙二十九年十一月，叙乌兰布通之战军功，七类兵丁便包括"绵甲人"，满文作 olbo，知《则例》之不足恃。② 考光绪年间纂成之《钦定大清会典事例》开列汉军佐领 olbo 数目如下：

> （康熙）二十四年，定八旗汉军每佐领下设鹿角一架，每架设鄂尔布四名（后增四名）。③

《事例》谓康熙二十四年（1685），八旗汉军各佐领设鹿角木 1 架、"鄂尔布"（olbo）4 名，复云增添 4 名 olbo，凑成 8 名之数。检校史料，此说存在两处问题：一是未查明康熙朝初设 olbo 的时间与兵数，二是未指明增设 olbo 时间。查雍正元年（1723），正黄旗汉军副都统李林森奏折，开列汉军火器营兵制，上呈御览，便包括"敖尔布"：

---

① 《钦定大清会典则例》卷一二二《兵部·武库清吏司·军器·给发军器》，第 638 页。
② 七类兵士分别为：一、"放炮、鸟枪作战之人"，即炮手和鸟枪披甲；二、"执蘸之人"，掌火器营蘸者；三、"带小旗领催"，携小旗指挥放枪领催；四、"押炮披甲"，护炮之兵；五、"挽车步甲"，推行炮车或辎重，代马输卒之步兵，劳役最苦最重；六、"绵甲人"（olbo）；七、"抬鹿角木的跟役"，由兵丁子侄、八旗家奴和雇工人充当，抬鹿角的随军仆从，见《亲征平定朔漠方略》卷一一，康熙三十年闰七月己未，第 626 页；《亲征平定朔漠方略》满文本，卷一一，康熙三十年闰七月己未，第 27a—28b 页。
③ 崑冈等纂：《钦定大清会典事例》卷一一二二《八旗都统十二·兵制·军器》，国家图书馆藏清光绪二十五年（1899）会典馆石印本，第 3a 页。

221

> 伏思，康熙二十二年，编设汉军火器营时，每佐领下领催二名、马兵二十名、敖尔布二名。①

康熙二十二年，清朝抽调汉军甲兵，设立八旗汉军火器营（tuwai agūrai ing），一佐领有敖尔布 2 名。当年八旗汉军共计 255 个佐领，② 大概有 510 名敖尔布。据此，《钦定大清会典事例》之谬自不待言。至于增设鄂尔布（olbo）之事，嘉庆本《钦定大清会典》载汉军佐领有"舁鹿角鄂尔布"，即抬鹿角之绵甲兵（olbo）8 人，③ 增兵事必在此之先。查标点本《钦定八旗通志》纪雍正八年，调整八旗汉军佐领、甲兵数目事，曰："每佐领增足枪手四十名、绵甲兵八十名"，④ 各佐领新增绵甲兵数高达 80 名，实属反常。《上谕内阁》载雍正八年十月指示均齐八旗汉军佐领，扩编兵丁上谕。⑤ 王、大臣等奉旨议妥，覆奏折件见于《上谕旗务议覆》，提及新增敖尔布（ol-

---

① 台北故宫博物院藏：宫中档雍正朝朱批奏折，402005013，正黄旗汉军副都统李林森奏，雍正元年九月十三日。

② Fang Chaoying, "A Technique for Estimating the Numberical Strength of the Early Manchu Military Forces", *Harvard Journal of Asiatic Studies*, 13 (1950), p. 207.

③ 托津等纂：《钦定大清会典》卷六九《八旗都统》，台北：文海出版社 1992 年版，第 3092 页。

④ 纪昀等纂，李洵、赵德贵、周毓方、薛虹校点：《钦定八旗通志》卷三三《兵制志二·八旗骁骑营》，吉林文史出版社 2002 年版，第 575 页。

⑤ 雍正八年十月初九日谕："朕思：我朝定鼎之时，汉军从龙入关，技勇皆为可用。及今海内承平日久，伊等耽于安逸，且意在文职而不在武弁，是以韬略骑射远不如前。目今官至提、镇、副、参者寥寥无几，而在内简用都统、副都统时，亦觉难称其人。朕为此时厪于怀，常思汉军生齿日繁，当筹所以教养之道，而额设之兵丁为数又少，似应酌量增添，于国家之营伍，旗人之生计均有裨益"，见允禄等编《上谕内阁·雍正八年十月》，收入中国第一历史档案馆编《雍正朝汉文谕旨汇编》第 8 册，广西师范大学出版社 1999 年版，第 167 页。

## 第三章 皇太极时代的步兵（1628—1644）

bo）名数：

> 每佐领下，各补足枪手四十名、敖尔布八名。共应添补枪手五百四十六名、敖尔布一千三百六十名。①

是年，八旗汉军新增 3 佐领，凑齐 270 个佐领，计上三旗 120 佐领、下五旗 150 佐领。同时扩兵，一佐领增设敖尔布 8 名，知《钦定八旗通志》之"十"字为衍。八旗总计添设敖尔布（olbo）1360 名，将新增兵数除以佐领总数，算得一佐领新设 5 名 olbo，推知此前汉军佐领所辖 olbo 数目不齐，每个佐领有 2—4 名不等。本次增兵后，八旗汉军的绵甲兵（olbo）总数约 2160 名，此后未经大变，一直存在到清末新政前。

八旗汉军所辖 olbo 与步兵或步甲的关系，是特别值得探讨的问题。如前所述，康熙《大清会典》载汉军兵制，每个佐领设有拨什库 4 名、马兵 30 名、步军拨什库 1 名、步兵 12 名，总计甲兵 47 名，雍正《大清会典》沿袭不易。"步兵"的满文是 yafahan i uksin（步甲）而非 olbo。② 那么，汉军之 olbo 是否步兵的一类，亟待深究。《圣武记》收录八旗汉军兵制如下：

---

① 允禄等奉敕编：《上谕旗务议覆》卷八，《景印文渊阁四库全书》史部第 171 册，第 456 页。
② 《大清会典》卷八一《兵部一·八旗甲兵》，第 4035 页；《大清会典》卷一一一《兵部一·八旗甲兵》，第 7319 页；《御制大清会典》满文本（daicing gurun i uheri kooli bithe），卷一一一《jakūn gūsai cooha》，东洋文库藏雍正八年刻本，第 19a 页。

223

> 至于八旗禁旅，虽分隶八都统，然惟骁骑营之马甲（……汉军每佐领下马甲四十二人……）、领催、匠役隶之。……其汉军骁骑营内之炮甲、藤牌兵、舁鹿角兵（每佐领下八人，共二千百有二十八人），亦满洲、蒙古骁骑营所无。惟步军则合满、蒙、汉为营，而皆隶于统领（满、蒙每佐领下步军领催二人，共千有七百七十人，步军十八人，共万有五千九百三十人；汉军每佐领下步军领催一人，共二百六十六人，步军十二人，共三千一百九十二人，共满、蒙、汉步军二万一千一百五十八人）。①

魏源所书八旗兵制是道光年间的规矩。他指出八旗都统所掌兵力仅有"骁骑营"兵丁，主力是八旗、满洲、蒙古、汉军"马甲"（moringga uksin/aliha cooha）。汉军"骁骑营"除马甲外，尚有炮甲、藤牌兵和"舁鹿角兵"，即扛抬鹿角木之兵，自然是 olbo，每个佐领 8 名，共 2128 名。又称八旗满洲、蒙古、汉军步军三位一体，同属一营，汉军每个佐领设步军 12 名，与前揭《会典》所载数目相埒。续查《清朝通典》（《皇朝通典》）辑录汉军兵制曰：

> 汉军每佐领下亦领催一人、鸟枪骁骑四十一人、抬鹿角兵八人。每旗藤牌兵一百人、炮手四十人。②

---

① 魏源撰，韩锡铎、孙文良点校：《圣武记》卷一一《武事余记·兵制兵饷》，中华书局1984年版，第468页。
② 嵇璜等纂：《清朝通典》卷三一《职官九》，浙江古籍出版社2000年版，第2196页。

## 第三章　皇太极时代的步兵（1628—1644）

《清朝通典》始纂于乾隆三十二年（1767），所载兵制是乾隆中后期的面貌，每个佐领计有领催、鸟枪骁骑（鸟枪马甲）、抬鹿角兵即olbo三类，另附有按旗出动之藤牌兵、炮手，与魏源所称"骁骑营"兵丁种类一一对应，而无步军。再查《上谕旗务议覆》满、汉文本所收雍正八年十二月王、大臣覆奏八旗汉军增兵事宜，添设官兵共8类，次序为（一）"佐领"（nirui janggin）、（二）"骁骑校"（funde bošokū）、（三）"领催"（bošokū）、（四）"枪手"（miyoocan i uksin）、（五）"敖尔布"（olbo）、（六）"步兵领催"（yafagan bošokū）、（七）"步兵"（uksin）、（八）"教养兵"（hūwašabure cooha）。① 领催、鸟枪马甲、敖尔布的排列次序竟和《清朝通典》一致，敖尔布能以一介士卒凌驾步兵领催，必然与其同鸟枪马甲属于所谓"骁骑营"，超乎步军之上有关。

其实，"骁骑营"是迟至乾隆中后期才出现的说法，敖尔布居于步军之上的原因，可追溯至清入关前的汉兵时期。如前所述，汉军重建时，分为行营（汉营）兵和守兵，前者出兵攻战，后者戍守各城。此一分野至康、雍之间犹存。雍正七年（1729），镶黄旗汉军副都统尚承恩奏称：

> 臣伏思：京师大城为辇毂重地，官兵拱卫备宜加谨，庶以壮威严而示万国。臣查步营官兵常在城上轮班守卫，马营官兵遇皇上幸圆明园及往谒陵寝，始准部文增添堆

---

① 允禄等编：《上谕旗务议覆》卷八，《景印文渊阁四库全书》史部第171册，第456页；《上谕旗务议覆》满文本（dergi hesei wasimbuha gūsai baita be dahūme gisurefi wesimbuhengge），《hūwaliyasun tob i jakūci aniya》，东洋文库藏雍正朝武英殿刻本，第50b页。

拨，皇上回銮，即准部文撤还。①

尚承恩指汉军分马、步两营，步营官兵轮班戍卫京城，马营官兵仅在銮驾出巡时，方承担看护堆拨之任。马营即入关前之行营兵，而步营本为守兵，分别以马甲、步军为骨干。康、雍两朝，皇帝与统兵大员谈到汉军兵丁，基本以马营为主。康熙三十六年，上谕裁撤火器营，八旗大臣覆奏："现在每个佐领既然有甲兵四十一、二名不等"（ne niru tome bisire uksin dehi emu dehi juwe adali akū be dahame），② 此处的"甲兵"实指马甲。雍正年间，正蓝旗汉军都统希尔根（sirgen）称每个佐领有领催4员、甲士37—40名不等，也是以"甲"指代马甲。③ 相反，步营之步甲则被目为看街坐更、守门垫道的苦役，不被

---

① 《镶黄旗汉军副都统尚承恩奏陈马营官兵请照步营之例一体协卫京城管见折》（无年月），《雍正朝汉文朱批奏折汇编》第32册，第214页。具奏时间，查《钦定八旗通志》，尚承恩于雍正七年二月任职，七月降职；复查《大清世宗宪皇帝实录》，尚承恩原任镶白旗汉军参领，于雍正七年二月升任，九月降调；《上谕内阁》载雍正七年闰七月初七日谕："（尚承恩）身为大臣，竟将私事希图徼幸，冒昧陈奏，甚属不合。著将尚承恩交与该部，严加察议具奏"。知尚承恩于雍正七年二月任副都统，闰七月即遭查办，则该折的具奏时间，当在雍正七年二月至闰七月初七日之间。《钦定八旗通志》卷三二七《八旗都统年表八》，第7692页；《大清世宗宪皇帝实录》卷七八、卷八六，中华书局1985年版，雍正七年二月辛丑、九月戊戌，第28、144页；《上谕内阁·雍正七年闰七月》，收入《雍正朝汉文谕旨汇编》第8册，第14页。

② 《署正蓝旗汉军都统李淑德奏》（无年月），收入台北"故宫博物院"编《宫中档雍正朝奏折》第32辑，台北："故宫博物院"1980年版，第587—588页。

③ 中国第一历史档案馆藏：康熙朝满文朱批奏折，正蓝旗汉军都统希尔根奏（无年月）。查《清实录》，希尔根于雍正三年三月任正蓝旗汉军都统，次年七月调任镶白旗满洲都统，知本件奏折的具奏时间，实为雍正三年至四年之间，不应列入康熙朝，见《大清世宗宪皇帝实录》卷三〇、卷四六，雍正三年三月庚子、四年七月甲午，第446、689页。

## 第三章 皇太极时代的步兵（1628—1644）

看作真正的甲兵。清朝沿袭入关前之成法，将敖尔布当作"行营"（汉营）的步兵，是征战之军。康熙二十二年，清朝集中鸟枪马甲设立八旗汉军火器营，以敖尔布隶之。火器营裁撤后，敖尔布仍被视为马营之兵，位列步军之前。因此，olbo 与步军同属汉军正兵，不可混为一谈。

至于敖尔布作为八旗汉军正兵，不见于三部《会典》之因。查康熙、雍正两部《大清会典》《御制大清会典》分别纂成于康熙二十九年和雍正八年，当时汉军一个佐领约有 2 名敖尔布，兵力微薄，故不见于二书。《钦定大清会典》叙述汉军兵制，照抄前书，以致失载，《钦定大清会典则例》虽收录"棉甲兵"之名，但相关记载不乏错谬，未可尽信。

综上所述，淑勒汗重建汉兵，解放包衣奴仆，使之充当绵甲军，即"行营兵"里的"步兵"，是固山之正兵。每逢大战，绵甲军不敷调遣，还会临时抽调汉人奴仆从军。阿南惟敬先生称皇太极治下的绵甲军由奴仆组成，是就汉兵或乌真超哈言之。崇德年间，olbo 开始取代 olboi niyalma，成为绵甲军的官称。康熙之后，olbo 是八旗汉军的兵缺，属于由入关前"行营"演化而来的"马营"，与"步营"所辖之步军不同，未可混为一谈。

（三）汉人王公的绵甲与绵甲军

所谓汉人王公，指天聪七年至崇德三年（1633—1638）间陆续降金（清），赐封王公的孔有德、耿仲明、尚可喜、沈志祥。他们投降后，麾下兵马虽然按"牛录固山"制度改编，却属于王公私兵而非乌真超哈。王公军队本来出自明军，自然装备绵甲，但因为相关史料较少，仅能作一粗浅探究。

天聪七年，孔有德、耿仲明率军浮海降金，分别受封都元帅（yuwansu，即"元帅"之音译）、总兵官（sung bing guwan），至崇德元年，加封为恭顺王（ginggūn ijishūn wang）、怀顺王（gūnin ijishūn wang）。① 二人的部曲合计12151人，包含在登州接受葡萄牙军事顾问公沙得西劳（Gonsalvo Teixeira Correa）等人面授机宜，完整掌握欧洲火器技法的精兵3643名，另有27门以上的红夷大炮。② 这对志向远大的皇太极而言不啻天降神兵，故以"天祐兵"（abkai aisilame cooha）称之。③ 天聪八年，尚可喜率部归降，受封总兵官，至崇德元年加封为智顺王（bodogonggo ijishūn wang），所部被称为天助兵（abkai nonggiha cooha）。④ 崇德三年，沈志祥降清，在次年受封续顺公（dahashūn gung）。⑤ 此即汉人"三王一公"来源之大概。

"天祐兵"与"天助兵"都配备绵甲。孔、耿二将归降后，按金国行军法度调整本军旗纛、铭牌和徽记，就包括盔甲上的标志，内国史院档案载：

> coohai niyalma uksin bisire niyalma oci. . uksin i fisa saca i iberi de šanggiyan niyecen de. saca mahala de **manju** jušen

---

① 满文内国史院档，天聪八年档（元月至十二月），第79b—80a页；《满文原档》第10册，《日字档》，第152页。

② 黄一农：《红夷大炮与皇太极创立的八旗汉军》，第91页。

③ 满文内国史院档，天聪八年档（元月至十二月），第80a页。

④ 满文内国史院档，天聪八年档（元月至十二月），第80a页；《满文原档》第10册，《日字档》，第152页。

⑤ 满文内国史院档，崇德朝档（四年十月至十二月），第46页；wesihun erdemunggei ilaci aniya. sowayan（应系 suwayan）tasha. aniya **biya** amba. niohon ihan. .（崇德三年，戊寅年，正月大，乙丑），第142页。

## 第三章 皇太极时代的步兵（1628—1644）

bithe arafi hada. . olbo bisire niyalma olbo de hada. .①

**译文**：兵丁要是有铠甲的，在甲背面、头盔末端的白补丁，还有头盔、绵盔上，写上**满洲**诸申字样，缝妥喽。有绵甲的人，就缝在绵甲上吧。

降兵依照金军制度，准备白补丁（šanggiyan niyecen），又作"号带"，上书满文，缝缀在甲胄、绵盔和绵甲上，证实降兵装备绵盔甲。因为他们本是明朝登莱巡抚孙元化精心训练的标杆队伍，军械精良犀利，除葡萄牙火器外，还特地向朝鲜索取鸟铳，颁发全军。②彼等之绵甲必然是前文述及俞大猷所言以丝绸精制，价格高昂之甲，竟落入金人之手。另查崇德四年，尚可喜率兵攻打松山的档案，派遣马、步官兵530名，配备铁甲110副、绵甲30副。这30副绵甲应是步兵的装备。③

汉人王公所辖绵甲兵的情况，据《大清世祖章皇帝实录》，顺治三年四月，摄政王多尔衮急调"三王一公"之兵南征，提到步兵应于五月一日启程来京。④满文内史院档案收录摄政王谕旨，明白记载"步兵"的满文作 olboi cooha，⑤即

---

① 满文内国史院档，天聪七年档，第87a页。
② 李敬舆、洪命夏等修纂：《仁祖大王实录》卷二四，九年六月壬子，第432页。
③ 智顺王尚可喜秘书院文（崇德四年二月初六日到附讫），《明清史料》丙编第1本，第60页。
④ 《大清世祖章皇帝实录》卷二五，顺治三年四月己卯，第213页。
⑤ 谕旨原文如下：ineku tere inenggi. . dergi hesei coohai jurgan. ginggūn ijishūn wang de. sy bithe unggihe. . dergi hese coohai jurgan de wasimbuhangge. . ginggūn ijishūn wang. gūnin ijishūn wang. . bodogonggo ijishūn wang. . dahashūn gung meni meni harangga moringga cooha be gaifi sunja biyai ice de jurafi juleri jing hecen de jikini. olboi cooha de ejen arafi ineku sunja biyai ice de jurafi amala jikini. . ere jidere coohai ton dain（转下页）

229

"绵甲兵"。从这条史料可知沈志祥所部也装备绵甲，汉人王公的绵甲兵同样是出击作战的步兵，但这些兵丁的身份及其组织情况，未可轻易推测。

由此得出四点结论：第一，清太宗时期，八旗满洲、蒙古牛录、乌真超哈及"三王一公"都有绵甲兵士，充当步兵。

第二，乌真超哈的绵甲军（olboi niyalma）作为"行营兵"里的步兵，由奴仆或奴仆出身之人组成，在天聪七年成为乌真超哈之正兵。

第三，崇德年间，olbo 开始取代 olboi niyalma，成为绵甲军的正式称号。康熙之后，olbo 是八旗汉军的兵缺，属于由入关前"行营"演化而来的"马营"，属于出征兵丁，与"步营"所辖之步军不同，未可混为一谈。

第四，皇太极终结其父晚年奴役汉民的暴行，重建汉兵，但他当时未能颠覆金国建立在八固山之上的政体，所以汉兵实为满洲奴仆充斥之军。汉兵之绵甲军便由奴仆或奴仆出身之人组成，身份较之英明汗治下，由"兵"或"甲"组成之军不可同日而语。

## 二　清入关前后"绵甲军"的武备与战术

无论清入关前后，"白奇超哈""乌真超哈"和汉人王公

---

（接上页）i agūra be nenehe songkoi gajikini sehe hese be gingguleme dahafi sy bithe unggihe..义为："本日，上谕兵部，以司文咨行恭顺王。上谕兵部：著恭顺王、怀顺王、智顺王、续顺公率各自所统马兵，于五月初一日先行动身来京。绵甲军委以主将，于这个五月初一日动身，居后而来。此番调来兵数并军械，一照先例带来，钦此，钦遵谕旨，司文咨行"，参见满文内国史院档，ijishūn dasan i ilaci aniya fulgiyan indahūn duin biyai dangse（顺治三年丙戌四月档册），第 123—124 页。

## 第三章　皇太极时代的步兵（1628—1644）

所辖绵甲军士，抑或康、雍以降，八旗汉军的敖尔布都是随营出击之兵。他们的军械与战术，纯粹为出兵克敌之用，但在不同时期，随着敌手变化而有所调适。概而言之，天聪五年至顺治七年（1631—1650），清军讨伐明朝、朝鲜和索伦部落时，主要的战争形态是攻城战，以及围绕战略要地展开的争夺战。清（金）军的 olboi niyalma/olbo 装备大批攻坚器械，满洲、蒙古绵甲军士在箭雨掩护下，使用梯子、挨牌攻城；乌真超哈绵甲兵负责掩护和配合红夷大炮攻城，还开发出挖掘隧道，炸塌城墙的新战术。康熙二十二年后，清朝经略西北，以准噶尔为假想敌。八旗汉军的 olbo 扛抬鹿角，掩护鸟枪马甲施展排枪战术。

明朝君臣在崇祯十五年（1642）松锦决战一败涂地，被迫密谋求和前，在关外奉行的战区战略始终以规划"复辽"，即恢复全辽疆土为根本。战役法层面，是在锦州之外建立据点，步步为营，向东推进。落实到战术和技术上，既要修筑要塞，配备大炮，作为前沿支撑点，也要拥有强大野战兵团作为后援，而练兵的重要性又在筑城之上。天启七年至崇祯九年（天聪元年至崇德元年，1627—1636），关外明军经历两轮军事改革：第一轮由经略袁崇焕主导，练就一支在锦州、北京广渠门堪与金人搏战之兵，[1] 才有崇祯四年，明军冒险推进，急筑大凌河城，企图完成一条从宁远经旅顺至登州，包括朝鲜在内的弧形封锁线。第二轮由监军高起潜、巡抚方一藻用事，重建辽西八城戍军，培养出金国凤、李辅明、吴三桂等将才，始

---

[1] 姚念慈：《定鼎中原之路：从皇太极入关到玄烨亲政》，第98—99页。

有筹划兴建义州城之事，① 揭开松锦决战的帷幕。这两次改革，特别是第二次改革使明军换装大批 16 世纪中后期至 17 世纪初欧洲军队的主力火器，在决战时还得到关内劲旅支援，火力投射密度较之萨尔浒、沈阳、辽阳诸役的明军不啻霄壤，但因明朝档案散佚，仅能就清（金）军在大凌河战役、松锦决战缴获火器数目管中窥豹（见表 3－1）。

表 3－1 大凌河、松锦战役清（金）军俘获火器数目[②]

| 俘获地 \ 火器种类 | 红夷大炮 | 小红夷炮 | 发熕 | 大将军炮 | 二将军炮 | 三将军炮 | 斑鸠嘴炮 | 灭虏炮或百子炮 | 佛郎机铳 | 鸟铳 | 总计（含其他旧式火器） |
|---|---|---|---|---|---|---|---|---|---|---|---|
| 长山 | 3 | | | 7 | | 600 | | | | | 上万 |
| 大凌河 | 2 | | 4 | 4 | 5 | | | 490 | 390 | 21 | |
| 松山 | 1（3） | 3 | 2 | 146 | 737 | 1237 | 2 | 52 | 33 | 110 | 3273 |
| 锦州 | 5（7） | | 1 | 18 | 147 | 176 | 28 | | 12 | 32 | 611 |
| 塔山 | 1 | | 2 | 合计 409 | | | 3 | | 37 | 4 | 465 |
| 杏山 | 2 | | | 6 | 122 | | 3 | | 65 | 83 | 853 |

从上表可见，明军至迟在崇祯四年，已为救援大凌河城之军配备红夷大炮，与大将军、三将军炮配合作战，试图冲破金军防线。崇祯十四年（1641）三月，蓟辽督师洪承畴为解锦州之围，亲率 13 万大军前出松山。清军击溃明军，攻克松山后，

---

① 《辽东巡抚方一藻题本》（一崇祯十年闰四月初七日到即日议奏兵部呈于兵科抄出）；（二崇祯十年闰四月二十日到本月二十三日酌奏兵部呈于兵科抄出），《明清史料》甲编第 9 本，第 862—865 页。
② 本表参照资料包括：《满文原档》第 7 册，《余字档》，第 489—490 页；关孝廉编译《天聪五年八旗值月档（四）》，《历史档案》2001 年第 3 期；郭美兰译《崇德七年奏事档》，《清代档案史料丛编》第 11 册，第 1—9 页。

## 第三章　皇太极时代的步兵（1628—1644）

缴获红夷大炮3门，其中完好的1门长达2庹2拃（约340厘米），①介乎欧洲的半蛇铳与"大蛇铳"（culverin）之间。明军除红夷炮外，还装备两种威力巨大的火器：一是"发熕"，多为铜制，重约500斤（约250千克），使用铅质霰弹或石弹，被誉为"攻城第一利器"。②它相当于欧洲军队在16世纪使用的，炮尾铸有小于内径尺寸的药室，发射圆形石弹的"攻城炮"（pedreros）。③二是"斑鸠嘴炮"即明清史料中的"斑鸠铳""斑鸠脚铳"或"搬钩铳"，明人称之为"鸟嘴之最大者"，是枪床上附有叉子，用以固定射击的巨型鸟铳（见图3-1）。④其实是驰名欧陆的西班牙重型火绳枪（Spanish musket）之仿制品，使用重达2盎司（约56.7克）铅弹，可在100码（约91.44米）距离上洞穿重骑兵的胸甲，射杀200码（约182.88米）之外的无防护步兵。⑤两广总督熊文灿于崇祯八年、十年（1637）分两批解送200门"斑鸠脚铳"到京，明军在松锦决战使用的"斑鸠嘴炮"应由此而来。铳长5尺5寸（约172厘米），重26—27斤（约13—13.5千克），口径6分（约18.6毫米）每发用火药1两3钱至1两5钱（约48.955克），所用铅弹重达1两5钱至1两6钱（约

---

① 郭美兰译：《崇德七年奏事档》，第1页。
② 何汝宾：《兵录》卷一二《铜发熕》，第659页。发熕于16世纪中后期，东南倭乱时传入华南军队，但直到明末才武装边军，见郑诚《发熕考——16世纪传华的欧式前装火炮及其演变》，《自然科学史研究》2013年第4期。
③ John F. Guilmartin JR., *Gunpowder and Galleys: Changing technology and Mediterranean warfare at sea in the sixteen century*, pp. 168-170.
④ 郑大郁：《经国雄略·武备考》卷六，第10—11页。
⑤ Robert Held, *The Age of Firearms: A pictorial history*, New York: the Harper Press, 1957, p. 39.

73.43 克），① 足以击透清军的绵甲与战车。

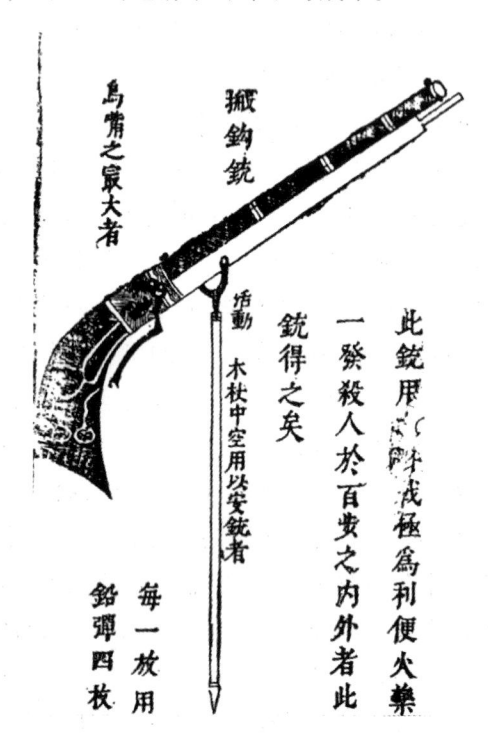

图 3-1　《经国雄略》载斑鸠铳（搬钩铳）图

经过整训，拥有强力火器的明军虽然在大凌河、松锦战役不免失败，但就战场表现而言，不乏圈点之处。大凌河之战，守军携带火器屡次出城反扑，甚至夺取金将唐邱（tangkio）管

---

① 《兵部行"两广总督军门坐班承差廖宗文呈"稿》（字字一百十二号童允禄呈），《明清史料》乙编第 8 本，商务印书馆 1936 年版，第 715 页；《兵部题"两广总督熊文灿咨"行稿》（宙字一百七十九号限十五日上），《明清史料》甲编第 9 本，第 878 页。

## 第三章　皇太极时代的步兵（1628—1644）

辖的挨牌与旗纛。① 援军渡过小凌河后，"挖掘壕沟，使战车、炮、鸟枪坚不可摧地扎下营"（ūlan fetebi sejen kalka boo miocan akdulame ing iliha），② 营垒森严，令携带战车而来，预备进攻的皇太极悻悻而归。两军交战，明军骑兵败走，步兵阵线不乱，坚持施放火器。③ 松锦决战开始后，明清两军互有胜负，而明军反居上风，迫使皇太极亲征驰援。④ 由于明军火器威力骤增，整体战力今非昔比，清（金）军在倾巢而出的大会战中，必须先击溃明朝强大的野战兵团，才可能达成攻克要塞的目标。皇太极在大凌河之战便意识到先以绵甲军推战车冲锋，再投入骑兵突击的制胜策略，即使在野战中亦不足恃，所以在围剿明朝援军时，当机立断地命令汉兵用"大炮"（amba poo）即红夷炮、大将军炮和火箭（cū niru）射击明军，⑤ 再陆续投入战车和骑兵。到松锦决战时，由于明、清两军都是步、骑、炮、辎俱全的混合兵团，战力难分高下，清军完全依赖统帅的精心谋划、各兵种的彼此配合，充分发扬骑兵在运动

---

① 《满文原档》记录如下：tangkio beiguwen jai emu hontoho bihe. . dalingho de kalka tū gaibuha seme emu beiguwen efulehe. .《内阁藏本满文老档》作：tangkio beiguwen jai emu hontoho bihe. dalingho de kalka tu gaibuha seme emu beiguwen efulehe. 义为："唐邱原为备御加半个前程，在大凌河因为被夺取挨牌和纛，革去一个备御"。《满文老档》汉译本作："唐球原为一个半备御，大凌河之役，楯车及大纛俱被敌夺，著革一备御职"，将 kalka 误译为"楯车"。参见《满文原档》第 8 册，《地字档》，第 126—127 页；《内阁藏本满文老档》第 11 册，第 6054—6055 页；《满文老档》下册，第 1251 页。
② 《满文原档》第 7 册，《余字档》，第 475 页。
③ 《满文原档》第 7 册，《余字档》，第 479 页。
④ 李光涛：《洪承畴背明始末》，《明清档案论文集》，第 635—636 页。
⑤ 金国档案称：han si ūli efui gūsa be. . nikan i ing ni dergi de ilibubi amba poo cū niru sindame bisire de. .（汗让西武里额驸的固山，扎在汉营的东边，齐放大炮和火箭的时候），见《满文原档》第 7 册，《余字档》，第 477—478 页。

战的优势而获胜,嗣后扫荡松山、锦州、塔山和杏山各城时,则由炮兵作为攻坚矛头。所以,汉兵/乌真超哈属下施放红夷大炮的炮手与八旗的精锐骑兵是皇太极在决战中赖以克敌制胜的铁拳,取代了绵甲军和战车的战术地位,后者不过是合成军团中的一个兵种,不再是决胜之兵。

天聪五年之后,绵甲兵士作为随营出击步兵,配备器械包括战车、梯子、挨牌和穴城工具,而满、汉兵士的装备和战术又有不同,下文将分别介绍。

(一) 战车

皇太极执政之初,战车依旧是八固山甲兵的主力装备。崇祯元年(天聪二年),"己巳之变"之前,逃亡辽人仲元祖报告金军演练鸟枪、三眼枪,预备战车,即将来犯。[①] 根据《满文原档》所载李思忠守备遵化事迹判断,[②] 这些使用火器、战车的步兵由诸申、汉人混编而成,其中的诸申兵丁应是"行走步兵",即日后"白奇超哈"之前身的骨干。大凌河之战,皇太极投入战车进攻来援明军,这是金军最后一次在野战中大规模使用战车。天聪六年正月二十五日,淑勒汗及诸贝勒奖励在大凌河之役立功的汉官,参将吴守进(u siyo jin)、郭用懋(gu yūng moo)、游击马元龙(ma iowan lūng)、陆彦祖(lu yan su)、郎世载(lang ši dz'ai)、备御任名世(žen ming ši)、颜赓属下之李国正(yangeng i li gūwe jeng)因督率"车"(se-jen)即战车上阵,按官阶高低赏赐银两。[③] 同一时期的满、汉

---

[①] 《兵部题"宁远总兵朱梅塘报"稿》(崇祯元年七月二十八日),《明清史料》甲编第8本,第704页。
[②] 《满文原档》第8册,《地字档》,第109—110页。
[③] 《满文原档》第8册,《地字档》,第94—95页。

## 第三章　皇太极时代的步兵（1628—1644）

文史料，已无诸申官兵使用战车的记录。汉译本《满文老档》称同年二月，追论大凌河失误诸官之罪，喀克都里因看守"楯车"兵少，被明军夺取大纛，降为三等总兵官。① 然而，查《满文原档》及《内阁藏本满文老档》，此处的"楯车"写作 kalka，即"挨牌"。② 崇祯六年（天聪七年），逃亡辽人季勋称马光远为金人主政，"红夷、战车、钩梯等项无不俱全"，③ 马光远时任汉兵额真，专门管带红夷炮，战车与之并提，必属汉兵专操之器。综上所述，至迟到大凌河之战前后，战车已是汉营（汉兵）装备的兵器。

因为战车笨重，不易携行，战术地位又远逊于红夷大炮，汉兵（乌真超哈）在战时使用战车的数目和频次大不如前。突出的例证便是自大凌河之战后，到崇德元年的满文档案，难觅金军战车的踪影，唯有明朝档案尚存只言片语。天聪七年，金军夺取旅顺，明军逃兵报告金人使用战车；八年，金军入侵雁北，明军报告缴获"攻城木车"，④ 即一种战车。直到清军出征朝鲜，战车（sejen kalka）再度见于清朝档案。崇德元年十二月，皇太极致书恫吓朝鲜安州守将，宣示火器兵威，汉译

---

① 《满文老档》下册，第1250页。
② 《原档》如下：kakduri be dalingho de kalka tuwakiyaha niyalma komso sindabi tū gabuha turgunde jai jergi sūmingguwan be ilaci jergi sūmingguwan obuha.. 义为："因喀克都里在大凌河，安排看守挨牌的人少，纛被夺走了，（降）二等总兵官作三等总兵官"，见《满文原档》第8册，《地字档》，第126页；《内阁藏本满文老档》第11册，第6052—6053页。
③ 《兵部行"御批宁锦监视高起潜题"稿》（辰字四百六十六号抄讫谢泰承），《明清史料》乙编第2本，第110页。
④ 《监视宣镇御马监太监王坤为宣府各属地方多有夷兵驻扎情属紧急事题本》（崇祯七年七月二十二日），《中国明朝档案总汇》第16册，第422页。

237

本《满文老档》译作:"众兵在后带红衣炮、大将军炮、火器、战车辎重前来,尔等岂不之见耶"。① 查《满文原档》,原文如下:

> amala geren cooha. hūng i poo. amba jiyanggiyūn poo. tuwai agūra. ujen sejen be gajime jidere be si saburakū bio. . ②

**译文**:后面的大军,带着红夷炮、大将军炮、火器、重车一齐过来了,你们没听说吗?

比勘可知,汉译本《满文老档》的"战车辎重"在原档写为 ujen sejen,直译"重车",字面并无"战车辎重"之意,含义令人费解。续查乌真超哈随征朝鲜时,的确带有战车。崇德元年十二月初九,皇太极在渡过鸭绿江前夕,发布敕谕云:

> doroi elehūn beile. . ginggūn ijishūn wang. . gūnin ijishūn wang. . bodogonggo ijishūn wang. . amba janggin sitingju. . maguwang yuwan se de emu gūsai meiren i janggin emte. . emu nirui janggin ilata uksin sitingju gūsai ujen cooha yooni afabufi hūng i poo. jiyanggiyūn bo poo. . fagu fagūng. . miyoocang. . sejen kalka ujen jakabe asarame gajime amala jio seme werihe. . ③

**译文**:着多罗安平贝勒、恭顺王、怀顺王、智顺王、

---

① 《满文老档》下册,第 1724 页。
② 《满文原档》第 10 册,《字字档》,第 712 页。
③ 《满文原档》第 10 册,《字字档》,第 705 页。

## 第三章　皇太极时代的步兵(1628—1644)

昂邦章京石廷柱、马光远等，带着各固山梅勒章京一员、一牛录章京三名甲士、石廷柱固山下的全部乌真超哈，一同保护携带着红夷炮、将军<u>白炮</u>、发<u>固煩</u>、鸟枪、战车辎重，在后边来吧，于是留在（后面）。

皇太极大举南征，誓要朝鲜背明臣服，为防止王室逃遁，采取突袭战术，以轻骑直捣汉城。清太宗因乌真超哈携带大批重武器，行走困难，命令安平贝勒杜度、三顺王、石廷柱和马光远率兵在后缓行。他们统带之兵皆出于各自固山、牛录，即镶红旗、三顺王和乌真超哈之满汉官兵，[①] 器械包括红夷炮、将军炮、发煩（发煩炮）、鸟枪和"战车辎重"（sejen kalka ujen jaka）。看来《满文原档》之 ujen sejen 实为 sejen kalka ujen jaka 之缩写，汉译本《满文老档》将 ujen sejen 译作"战车辎重"是切合原义的译法。清军不顾路途迢迢，携带战车入朝，大概是考虑到朝鲜军队缺少重火器，打算重演以战车掩护绵甲军攻城的一幕，但因为朝鲜武备废弛，不堪一击，迅速败降，战车未能派上用场。这也是八旗军最后一次使用 sejen kalka。崇祯十六年，逃回汉人杨朝君等人声称八旗每个牛录制造战车5辆、挨牌5面，蓄谋攻取宁远，[②] 但就清入关后的史料看，此说并无确凿证据。清（金）军自沈阳之役开始运用绵甲军

---

[①] 安平贝勒杜度是努尔哈齐长子褚英之子，在天命时期为镶白旗主，是"四小贝勒旗主"之一。他在皇太极继位前被调出镶白旗，入镶红旗，属于"入八分贝勒"却非旗主。参见杜家骥《八旗与清朝政治论稿》，人民出版社2008年版，第16—25页。

[②] 《兵部题"御前发下辽东巡抚黎玉田题"残稿》（并覆红本限次日上行讫左府科书办承），《明清史料》乙编第5本，第492页。

推行战车的攻击战术,到最后一次携带战车出征朝鲜,无功而返为止,不过短短16年(1621—1637)的光景。

(二)满洲绵甲兵之攻城器械与战术

英明汗时代,八固山军队普遍配备的梯子、挨牌和各类穴城工具,在皇太极时代仍然是必备器械。崇德元年十一月十九日,皇太极颁发预备出征朝鲜谕旨,涉及白奇超哈与乌真超哈的装备:

> emu nirui aliha cooha tofohūn. . beki cooha juwan. . bayarai cooha nadan. . uheri gūsin juwe. . amba janggin sitingjui ujen cooha yooni. . emu uksin de susaita da sirdan. . juwe uksin de acan emu gida. . juwe nirude acan emu wan. emu kalka. . hoton sacire suhe. sacikū. bun yooni. . morin de bithe hūwaita. doron gida. . coohai agūra de yooni bithe ara. . tofohūn inenggi jetere bele gaisu. . orin uyun de dosinju. .①

**译文:** 每个牛录的阿礼哈超哈十五名、白奇超哈十名、巴牙喇兵七名,共计三十二名,昂邦章京石廷柱的全数乌真超哈,一名披甲(置备)五十枝大鈚箭,两名披甲一块儿(置备)一根长矛,两个牛录合起来(准备)一架梯子、一面挨牌,挖城的斧子、镢头、锛子都(带着),马匹拴上牌,烙好印,兵器都写上字号,带着十五天的口粮,在二十九号同时出兵。

本条谕旨所载八旗出征备办军器事项,可与崇祯九年(崇德

---

① 《满文原档》第10册,《字字档》,第662页。

## 第三章　皇太极时代的步兵（1628—1644）

元年）降明蒙古人口供参照：

> 问云梯攻城，又供说：我亲见云梯长四丈。又做一丈二尺长枪，枪头长一尺。又着每人做箭七、八十枝，坎下许多木头做挨牌，又做战车。①

两相对照，可窥得崇德元年，清军出兵准备军械章程。第一条谕旨记载清太宗为彻底征服朝鲜，大发诸军，当时每个牛录约有60名甲兵，而乌真超哈在崇德二年分编牛录之前是独立成军，不在其列，知清军出动半数以上甲兵和全体乌真超哈。出征清军兵器分两类：一是个人兵器，有大鈚箭（da sirdan）和长矛；二是牛录备办战具，2个牛录出1架梯子、1面挨牌，以及掏挖城墙所用斧子、镢头和锛子，其实是沿袭英明汗治下"黑营"携带装备之成法。第二条降人所述金人准备军器事未详年月，自上下文判断，是崇德元年三月之前，即武英郡王阿济格、饶余贝勒阿巴泰出兵华北前的情况，麾下清军同样包括白奇超哈和乌真超哈。② 金军除兵士自备箭矢外，还置备长1丈2尺（约3.816米），枪头长1尺（约31.8厘米）的长矛（长枪）、高4丈（约12.72米）的梯子（云梯）以及挨牌和战车。由此确定箭矢、长矛、梯子和挨牌属于八旗军普遍装备的武器，具体到白奇超哈和乌真超哈属下满、汉绵甲军士使用梯子和挨牌的情况，还不明确。另外，可以确定战车归乌真超

---

① 《审查降夷纳赖等所供奴情残奏本》（原系科抄），《明清史料》丁编第5本，第529页。
② 《满文原档》第10册，《日字档》，第236页。

哈管理，而穴城器械是否为其所独有，尚待结合其他史料判断。

清朝史料关于白奇超哈的记载极少，集中于崇德元年，抄掠华北期间，相关档案将白奇超哈写作"萨穆什喀固山"（samsika gūsa）或"白奇超哈萨穆什喀固山"（beki coohai samsika gūsa），① 如阿南惟敬先生所言，是以主帅之名指代白奇超哈。白奇超哈接连在涿州、良乡挫败明军，确实是佩带刀枪，能够野战的步兵。② 不过，档案对其武备着墨不多。阿南先生指出白奇超哈之梅勒章京雍舜（yungšon）在远征中因属下未带挨牌（楯，即 kalka）而身受鞭责，③ 又考《满文原档》，白奇超哈主帅萨穆什喀同样因不带挨牌，被罚锾折赎，④ 确定挨牌是满洲绵甲兵配备的器械之一。

清军入边后，盘桓于京畿一带，攻掠州县。白奇超哈与蒙古兵夺取雄县，又当先攻陷容城县。⑤ 满、蒙甲兵主要用梯子攻取华北城池，若有战损，不敷调用，则就地置办。喀喇沁、土默特蒙古兵在昌平之战"造梯子、挨牌，同样攻战"（wan kalka arafi jergi de afaha）。⑥ 那么，白奇超哈同蒙古兵会攻雄

---

① 《满文原档》第10册，《宇字档》，第424页。

② 《满文原档》第10册，《宇字档》，第424页。

③ 阿南惟敬：《清初の白奇超哈について》，第546页。原文参见《满文原档》第10册，《宇字档》，第571页。

④ 原文如下：beki coohai gūsai ejen samsika. ini gūsai sunja niyalma be facuhūn yabubufi wabuhabi. ini gūsai duin kalka isibuhakū. ere juwe weilei turgun de. sunja tanggū yan i weile arafi sunja tanggū yan menggun gaiha..（白奇超哈固山额真萨穆什喀，让他固山属下的五人放荡行事，被杀了；他固山的四面挨牌没就位，出于这俩罪的缘故，治五百两的罪，收取五百两银子）《满文原档》第10册，《宇字档》，第565—566页。

⑤ 《满文原档》第10册，《宇字档》，第424页。

⑥ 《满文原档》第10册，《宇字档》，第422—423页。

## 第三章 皇太极时代的步兵（1628—1644）

县、容城时，也是以梯子、挨牌攻城。满洲甲兵缺少火器，其攻城之术，主要靠弓箭手掩护同僚缘梯登城。如崇祯十六年（崇德八年）清军围攻济宁，"树立云梯，箭如骤雨"。[1] 另据交河县报告："达贼（清兵）攻城，无多伎俩，不过万弩齐发，架云梯一拥而上。"[2] 绵甲军攻城之法，想来不会例外。

那么，穴城器械是否乌真超哈独有？考清（金）军侵掠华北，多挖断边墙突入，即明人所称："然奴从不犯我冲口，每于两山夹阜之处，排岭拆墙而入"。[3] 明朝档案记载崇德元年六月，清军使用穴城工具刨开宣府边墙入扰，可为例证：

> 崇祯九年六月二十六日，贼夷到独石口，离东栅子五六里，地名段木梁，欲行进口。墩军传明烽火，参将颇重耀闻警，领兵驰赴堵御。贼不能入，遂退，分作三股，于次二十七日寅时，从青泉堡边拆墙三处，一股从镇安堡、两河等口拆墙四处，各进入；一往中路边外，因新任在官参将刘惠安设地雷、火器，未从白阳等口进入，相离葛峪堡五十里、赵川堡三十里，在山岭上架梁，践成一道，从永安台边拆墙六处，共阔三十丈五尺进入。[4]

---

[1]《兵部题"兵科抄出济宁州举人任民育奏"稿》（左府科书办承），《明清史料》乙编第6本，第584页。
[2]《兵部题"交河县诛寇却夷"残稿》（津科书办单承谟承），《明清史料》乙编第6本，第576页。
[3]《兵部为防护独石口红门川两处关口调遣官兵事题行稿》（崇祯十二年），《中国明朝档案总汇》第33册，第32页。
[4]《兵部等部为宣府防守失职官员陈洪范等照例发边充军事题行稿》（崇祯十年十月十二日），《中国明朝档案总汇》第27册，第38—39页。

独石口是宣化防线最北端突出部,"孤悬塞北,三面临戎",①警备森严。清军绕过独石口,分三路入边。第一路、第二路自独石口迂回东南,分别由清泉堡(青泉堡)、镇安堡、两河口毁墙突入,第三路折向西南,自赵川堡东北的永安台(永安墩)拆墙入边。宣府北路边墙多为石片垒砌,工程草率(见图3-2),② 很快被清军拆开缺口,永安台附近被拆毁6处,总计宽达30丈5尺(约91.5米)。《满文原档》所载拆城清军序列如下:

> jakūn gūsai gabsihiyan. . šanggiyan jase be dosirede ubai. omoktu. . bayai ilan gūsai gabsihiyan cooha. . tumet i yafahan cooha be gaifi šanggiyan jase be afame gaiha. . ③

**译文**:八旗之噶布什贤超哈进入白边(长城)时,武拜、鄂莫克图、巴彦率三旗之噶布什贤超哈及土默特步兵攻取白边。

攻入明边的清军主力是三旗噶布什贤超哈(前锋兵),即满洲、蒙古披甲之精锐者,与清军分三路入边相合,可依据统兵将领判断所属旗分。武拜(ubai)又名吴拜,隶正白旗,与其父武里堪、子郎坦同为名将;鄂莫克图(omoktu)属正蓝旗,

---

① 《直隶巡按胡良机为夷情及失事官员拟罪等事题本》(崇祯三年十二月十一日),《中国明朝档案总汇》第8册,第363页。
② 《宣府巡抚张维世为独口等镇被毁边墙修竣其余各处尚需酌量缓急修缮事题本》(崇祯九年九月十三日),《中国明朝档案总汇》第22册,第457页。
③ 《满文原档》第10册,《宇字档》,第425页。

图3-2 宣府北路片石砌筑边墙（2021年摄）

也是名噪一时的虎将,① 所辖兵马当属两旗之军，独巴彦（bayai）旗分不明。此外，参战清军还包括土默特蒙古步兵。可见拆毁边墙清军皆为满洲、蒙古兵丁。复查崇祯十一年（崇德三年），回乡汉人称八旗每个牛录出"有马精兵达子"5名，即精锐骑兵，每人带镢头2把、铁锹1支，预筹进攻

---

① 《钦定八旗通志》卷一五六《人物志三十六·大臣传二十二·武理堪（子武拜）》，第2651—2653页；卷一七五《人物志五十五·大臣传四十一·鄂莫克图》，第3067—3068页。

宁锦。① 据此知满、蒙甲兵皆有穴城器械，非乌真超哈独有之物。

（三）乌真超哈绵甲兵之攻城器械与战术

乌真超哈的器械，前揭逃亡辽人季勋供称有红夷炮、战车和钩梯。天聪八年，阑入晋北掳掠之兵就包括石廷柱率领的乌真超哈，在八月三十日以"云梯、钩杆"袭击洗马林堡，②与季勋所言之"钩梯"相吻合。又查镇守宣镇内监王坤报告金军围攻深井堡题本，记乌真超哈攻城事甚详：

> 本时又据深井堡守备孙维垣禀报：奴酋拥众，于十二日寅时至未时，四面围城，所用大车载大炮八位冲打，次用火箭、鸟枪、弓矢，临城用云梯、钩杆，四周环绕，喊声震地。卑职同蔚州把总马天震统领军丁，更派有职智勇人员，原任旗鼓郝光国、坐营郝凤翼、锦衣卫武举茅重华，同生员汤三聘等分地固守，各用枪炮矢石、万人敌等器堵御，共死伤贼夷无数。内死酋首二名，环哭而退。酋尸当即抬去，不及斩级外。其在夷贼首级首、云梯、夷箭、盔甲、小枪、锹掘之数，俟查明禀报。③

深井堡位于宣镇西南60里，是周长3里的小城堡（见图3-3）。④

---

① 《关宁总监御马监太监高起潜为接获回乡之徐三供称东奴将犯宁锦事题本》（崇祯十一年三月初四日），《中国明朝档案总汇》第29册，第219页。

② 《兵部行"宣大巡按米助国题"》（宿字三百三十六号文书行讫），《明清史料》甲编第8本，第789页。

③ 《监视宣镇御马监太监王坤为宣府各属地方多有夷兵驻扎情属紧急事题本》（崇祯七年七月二十二日），《中国明朝档案总汇》第16册，第422页。

④ 顾祖禹：《读史方舆纪要》卷四四《山西六·深井堡》，《续修四库全书》第603册，第584页。

## 第三章 皇太极时代的步兵(1628—1644)

**图3-3 杨时宁《宣大山西三镇图说》载深井堡图**

金人以火器攻堡,显然是乌真超哈之军,所用战术分为三队:首队以大炮轰击,次队向城上放箭和火箭,并用鸟枪开火,第三队抬梯子(云梯)、钩杆(竹木为体,顶端附有铁钩,战时钩住城垛,供兵卒攀缘而上)登城,企图速战速决。明军以火器击退金军,缴获器械含有铁锹、掘(镢头)等穴城用具。因此,乌真超哈和满、蒙甲士在攻城器械上的差异,在于是否配备火器。乌真超哈攻城,是先以火器攻战,再投入梯子、钩杆和一系列穴城器具。绵甲兵卒究竟在战斗中扮演什么角色,还要参考其他史料判断。

就笔者所见,明确记录乌真超哈绵甲军参战档案仅2件,一是前揭崇德八年,前屯阵殁兵数战报,二是顺治二年十一月,正红旗委署章京夏奇(siya ci)请功书,[①] 但前者仅罗列

---

① 满文内国史院档案,顺治二年十一月册,第137—142页。档案题名为 u šeo jini gūsai araha janggin siya ci. gung baire bithe(吴守进固山之委署章京夏奇请功书),吴守进自崇德七年担任正红旗乌真超哈固山额真,知夏奇属正红旗,参见《八旗通志初集》卷二○○《人物志八十·大臣传六十六·吴守进》,东北师范大学出版社1985年版,第3548—3549页。

阵亡数字，后者叙事失之琐碎，须参考其他史料还原八旗军攻坚战术面貌，再分析绵甲兵卒参战情况。《盛京满文清军战报》收录编号13，题名"清军克前屯卫中前所"档案，概述战事：

> 是夜（崇德八年九月二十九日），运云梯、挡牌、红夷炮至城下。自亥刻始，发红夷炮攻城。十一月初一日午刻，城毁多处。遂于城圮处竖梯登城，谭泰旗专达在前，瓜喇牛录下阿希坦先登……。①

同年十月，宁远明军接获逃人罗有名口供，言及前屯战事：

> 九月初间，传集达子马、步精兵六、七万，初九日西犯。来了两个王子、八个孤山，到锦州，将铸造的大炮，每孤山拉八位，共六十四位，小炮无数，并铅子、火药……去攻前卫，将炮亦安在西北角，自二十九日二更打起。次日未时，将城西面打塌二处。达子用云梯上城，被城上火罐、刀箭杀伤了许多。因达子死攻，蜂拥齐上，城内军民一齐死战，杀死达子甚多。次日天明，兵尽方止，男妇俱自放火烧死了。进城达子也烧死许多，因此将城内人尽皆杀了，存留老弱无多。②

---

① 《清军克前屯卫中前所》（崇德八年十月初十日），收入《盛京满文清军战报》，第30页。
② 《辽东巡抚黎玉田为接获回乡难民事塘报》（崇祯十六年十月二十九日），《中国明朝档案总汇》第45册，第14—15页。

前屯卫（前卫）即广宁前屯卫（见图3-4），在宁远卫西面，毗邻山海关。清军战报译本将克城日期写作"十一月初一日"，唯战报起首书有"十月初十日"字样，勘以明档，知夺取前屯在十月初一。清军不满3日，便攻下前屯卫城，打开通往山海关的门户，实得益于重炮威力，以及日臻纯熟的各兵种协同攻坚战术。罗有名称八旗军携带64位新铸红夷大炮，应指采取铜铁复合技术，重达3600—4000斤（约1800—2000千克），发射10斤（约5千克）铁弹的"神威大将军"（见图3-5）。鉴大部分该型火炮于当年十二月甫告铸成，知罗言有误，但根据黄一农先生统计，此时清军除"神威大将军"外，尚有近

图3-4 广宁前屯卫北城墙遗址（2020年摄）

图3-5 国家博物馆藏神威大将军炮（2009年摄）

80位红夷大炮，于完全有能力动员64门重炮西征。[1] 由于16—17世纪的大炮限于技术条件，在攻城时，通常被部署到离城墙600码（约548.64米）的距离上，而且随着战事进展，往往前移至离城墙300—400码（约274.32—365.76米），以期有效破坏墙体，但处于敌方火力射程内。[2] 八旗军自崇德四年围攻松山开始，便采取类似欧洲军队的战术，趁夜色将大炮和攻城器械运到城池四周以降低伤亡。史载英王阿济格初抵城下，便马不停蹄地指示立营移炮，与档案记载连夜布置吻合，无疑出于此种目的。[3] 乌真超哈炮手攻城，遵照崇德七年，皇

---

[1] 黄一农：《红夷大炮与皇太极创立的八旗汉军》，第92、97—99页。
[2] Bert S. Hall, *Weapons and warfare in Renaissance Europe: Gunpowder, Technology, and Tactics*, Baltimore: the Johns Hopkins University Press, 1997, pp. 154-155.
[3] 《钦定八旗通志》卷一三一《人物志十一·宗室王公传九》，第2214页。

## 第三章 皇太极时代的步兵(1628—1644)

太极指示方略,集中火炮轰击墙体中部,使之损毁严重,[①] 仅用时一日便轰塌城墙,土石坍落,易于登城。上述措施充分体现清军积累的攻城经验,颇具16世纪末至17世纪初,欧洲军队之风。罗某虽盛言明军奋勇,拼死堵御,但就清军战死数目而论,未免言过其实。

乌真超哈绵甲军士损失约占总数之半,但史料难觅他们登城的记载。战报称清军以5名满洲巴牙喇登城。《八旗通志》提到2人在前屯战死,亦属满洲甲士。[②] 乌真超哈绵甲军在攻坚时承担何种任务,有待辨析。顺治元年,清军以红夷炮攻陷太原,这是继前屯之战后,又一次大规模攻城战。两战相去不远,攻城手段不会大变,足堪彼此发明。参战官员夏奇于次年呈控,请叙军功,提到几处细节尤可注意。档案起首称:"我去攻取太原府时,先是树立土囤、挨牌,后来管着一位红夷炮作战"(bi tai yuwan fu be gaijira de. bi neneme šoro. kalka be ilibufi amala emu hūng i poo be kadalame afaha..),[③] 证实清军攻城前,选择适当地点建立火炮阵地。所谓"土囤"(šoro)直译"土筐",又名"蓬篴",形制类似欧洲战场使用的gabions,都是圆柱体,上下开口的柳条筐子,中实以土。因为攻城炮队

---

[①] 满文内国史院档案,崇德七年档,第56页。

[②] 《清军攻前屯卫城》,收入《盛京满文清军战报》,第30页;《钦定八旗通志》卷二一〇《人物志九十·忠义传二·觉罗雍贵》、《永威》,第3768、3772页。又,觉罗雍贵侄孙觉罗海兰袭叔祖世职,于雍正九年随军征准噶尔,于和通泊战殁,见《钦定八旗通志》卷二一八《人物志九十八·忠义传十·觉罗海兰》,第3980页;张建《和通泊之役与大清国的边务危机——以军机处满文档案为中心的考察》,《纪念王锺翰先生百年诞辰学术文集》,中央民族大学出版社2013年版,第458页。

[③] 满文内国史院档案,顺治二年十一月册,第137页。

251

迫近城墙，处于敌军火器射程内，需要先掘壕，以挖出土方堆砌胸墙，设置炮垒，再用土囤和挨牌置于其外抵御弹丸，保护红夷炮。① 参战管红夷炮甲喇章京王尚志（wang šang dz'）自称"先进"（neneme ibefi），② 离开炮垒，前出至城墙近旁，推知炮垒前设有工事。当时清军仍在施放红夷炮，尚未轰垮城墙，其职任绝非领兵登城。明清之际，争夺和破坏红夷炮是要塞攻防战关键一环。崇德六年，明军骑兵突袭锦州城外炮垒，企图夺取大炮，被清军击退；顺治六年（1649），清军围攻大同军阀姜瓖，后者派人诈降，用铁钉钻塞全部红夷炮火门，一度令攻势停滞，都是典型战例。③ 故而清军围攻要塞，多环城开挖壕堑，一来隔绝内外联系，二来保护炮垒免遭突袭。王尚志很可能是率兵到壕边堵御出城掩袭之敌。正兵随军上阵，守炮位者仅剩包衣绵甲军属人和奴仆，④ 证实绵甲军士负责保卫炮垒，实为辅助红夷炮攻坚之军，故而在史料中屡屡同红夷炮并提。前述顺治二年，多铎奉命带领炮手和"绵甲兵"凯撤便是一例。康熙十四年（1675），清军讨伐响应三藩，据平凉府叛乱之勇将王辅臣，都统海尔图因"运炮苦力"（poo be dahalara hūsun）脱逃，请求自京调遣"通晓放鸟枪步兵"（miyoocan sindame bahanara yafahan cooha）400 名、"绵甲人"800 名，押送红夷炮去平凉。"绵甲人"在满文本写作 olboi niyalma，即入

---

① Bert S. Hall, *Weapons and warfare in Renaissance Europe: Gunpowder, Technology, and Tactics*, p.155.
② 满文内国史院档案，顺治二年十一月册，第138页。
③ 《八旗通志初集》卷一八九《人物志六十九·大臣传五十五·张大猷》，第3324—3325页；锺方：《炮图集》卷五《铁钉钉火门弊》，北京大学图书馆藏清道光钞本，第6a页。
④ 满文内国史院档案，顺治二年十一月册，第139页。

关前史籍所谓"绵甲军"。[①] 这是olboi niyalma最后一次见诸史籍，足征绵甲军到平定三藩时，仍是运送、护卫红夷大炮之兵。

正因绵甲军系辅助红夷炮攻城之兵，处于明军火器射击范围内，在前屯之战损失惨重。守城总兵李辅明出身将门，曾管带辽东骑兵及神枢营，骁勇善斗，[②] 誓死报国。守军虽无红夷大炮，却不乏各类将军炮，足以威胁清军炮垒，且组织骑兵出城反扑，企图夺取炮位。[③] 绵甲军士部分伤亡应由此而来。至于他们是否参与登城，由于明军抵抗激烈，作者倾向于清军将校曾投入绵甲军登城，但缺乏直接证据，亦无基于史料复盘战术，谨慎推定的依据，姑且存疑。

总之，清太宗时期，乌真超哈掌管全数火炮和战车。其余攻坚之具如梯子、挨牌、穴城器械则由八旗兵统一备办。史料证实满洲绵甲兵（白起超哈）在弓箭手掩护下用梯子、挨牌攻城；乌真超哈绵甲兵负责运送、守卫红夷大炮和炮垒，是辅助红夷炮攻坚之军。不过，因为清军攻城任务繁重，绵甲军在崇德年间又参与开掘隧道，爆破城墙的新战术。

（四）穴地攻城之术

如前所述，八旗甲兵普遍配备穴城器械以破坏边墙。不

---

① 《大清圣祖仁皇帝实录》卷五八，康熙十四年十一月丁亥，第748页；《大清圣祖仁皇帝实录》满文本，卷五八，康熙十四年十一月丁亥，第30a页。

② 《兵部为荐扬德政等堪任五军一营左副将等员缺事题行稿》（崇祯十年十月十八日），《中国明朝档案总汇》第27册，第171—173页。

③ 前屯卫被围时，李辅明点检锐卒出战，史载："（满岱）攻前屯卫，敌兵出城拒战，击败之"；名将谭泰之子唐乌哈"由佐领取前屯卫，贼兵出城迎战，率兵射却之"，见《八旗满洲氏族通谱》卷三《乌喇地方瓜尔佳氏·玛黼》、卷六《库尔喀地方舒穆禄氏·谭泰》，《景印文渊阁四库全书》史部第213册，第93、144页。

过，绵亘千里，百密一疏的边墙与楼橹森严，重门击柝的城池不可同日而语。清军远征华北，缺乏重炮，遇到设防严密的城镇，很难直接穴城。清军将弁为了满足尽快攻陷城市，劫夺财富的需要，在崇德元年劫掠华北时，为夺取京东重镇宝坻，在我国历史上首次采取以穴城器械开挖隧洞，运入火药炸坍城墙的新战术。可是，由于相关史料纪事语焉不详，此事长期不为人知，唯有反复勘核史料，方可略知一二。

清军攻克宝坻县，现存两件相关满文档案可供分析。满文战报译本称：

> 宝坻城周围壕内注水，水深不能攻。遂寻其水浅处入壕，穴洞毁城。攻城时，叶臣之孙戴萨喀先登，胡希牛录下杨爱第二登城，镶红旗人第三登城。城内有游击一员、知县一员、千总一员。由满、蒙、汉等旗合攻克之。①

《满文老档》汉译本收录战报一份，内容相差仿佛：

> 宝坻县城四周皆放水，水渠不能攻，见敌毁桥处水浅，遂入壕内，沿壕掘洞，以毁其城；弃臣之孙戴萨喀先登，胡西（原档残缺）杨盖继之。城内游击一员、知县一员、千总一员。时满蒙汉九旗兵攻克其城。②

《满文原档》原文如下：

---

① 《清军入长城攻安州涿州等城》（无年月），《盛京满文清军战报》，第39页。
② 《满文老档》下册，第1578页。

## 第三章 皇太极时代的步兵（1628—1644）

　　boo di siyan i hoton i šurdeme muke dosimbufi muke šumin afaci ojorakū ofi.. ini kiyoo efulehe ba muke micihiyan ofi ulan de dosifi.. ulan i cikin ci gūdurame fetefi hoton be uribuhe.. uju de yecen i omolo daisaka.. jai de hūsi［原档残缺］yanggai tafaka.. emu iogi.. emu ji siyan.. emu censun bihe.. manju. monggo. nikan uyun gūsai afame gaiha..①

　　**译文**：环绕着宝坻县城（的濠）有水注入，因为水深不能攻击，由于它的桥毁掉的地方水浅，就进入濠内，在濠边挖掘洞穴，使城墙坍塌。头一个（上去）的是叶臣之孙戴萨喀，第二个登上去的是胡西（原档残缺，应为"牛录的"）杨爱。（城内）有一员游击、一员知县、一员千总。满洲、蒙古、汉人九个固山攻下来。

　　上述3个文本里，首个文本的满文原本应是《满文原档》文本的底本，惜束之高阁，无缘得见，仅能就译本揣摩之。《满文原档》的内容固然由原始战报删改而成，却是唯一可资利用的档案原件，缺损处可参照首个文本即战报译本补足。两份汉字译本都存在错误，如将 gūsa 译为"旗"而非"固山"，但第二个文本把"深"（šumin）误写为"渠"，将"叶臣"（yecen）写为"弃臣"，尤形粗糙。两份档案都声称宝坻城濠水深，攻击甚难。查明末宝坻县城为土筑砖砌，高2丈8尺（约8.9米），厚2丈6尺（约8.268米），护城河宽2丈4尺（约7.632米），深1丈2尺（约3.816米），是京东

---

① 《满文原档》第10册，《字字档》，第408—409页。

著名坚城。① 战报和《满文原档》称清军寻水浅处，自废桥基址入护城河，在河岸掘洞，挖塌城墙。此说疑点有二：首先，城濠与城墙尚有相当距离，作者实地踏勘宝坻老城，估测北城墙距护城河4—6米。清军在河岸掘洞，却导致城墙塌毁，殊不可解。其次，宝坻城墙坚厚，兵士打算凭斧子、镢头和锛子等工具挖毁城墙，掘出的土方量不会小。况且清军是从护城河岸而非城基开凿，难度更大。那么，清军选择从城濠掘进，又要尽快达成破坏城墙的目的，唯有通过开掘地道，以火药轰塌城墙一途。乾隆《宝坻县志》载：

> 崇祯九年，大兵攻宝坻县。知县赵国鼎率同城守御甚力。有守备某者觇我营不过数千人，意谓出不意发大炮，可立摧也。方架炮，架折，忽倒退飞裂如霹雳。城崩，几无噍类，盖亦劫数使然耶？②

县志称守城火炮炸膛，震塌城墙，宝坻遂告失守。考该志纂成于乾隆十年（1745），所述宝坻陷城事不见于康熙旧志，究其本源，应得自耆老之口，仅能代表清中期宝坻乡民的"集体记忆"。彼等未曾目睹当日攻战场景，所述火炮膛炸一事不见

---

① 宝坻县城于弘治十三年（1500）落成，高度、厚度均为2丈6尺，城濠宽5丈，深2丈。嘉靖四十三年（1564），城高增至2丈8尺，濠宽缩减为2丈4尺，濠深减为1丈2尺。沈应文、张元芳等纂修：《顺天府志》卷二《营建志·城池》，收入《四库全书存目丛书》史部第208册，齐鲁书社1996年版，第40页；牛一象、苑育蕃等纂修：《宝坻志》卷七《艺文·新修宝坻城记》，收入《河北大学图书馆藏稀见方志丛刊》第1册，国家图书馆出版社2011年版，第283—287页。

② 洪肇楙、蔡寅斗等纂修：《宝坻县志》卷十五《别录·謄语》，收入《中国府县志集成·天津府县志辑》第4册，上海书店出版社2004年版，第435页。

## 第三章　皇太极时代的步兵（1628—1644）

于各类史料，属于孤证，且过于生动，涉事武官职务及其心理活动都描摹地穷形尽相，显然经过三番五次地修饰刻画，并非确凿的信史。不过，此说指出宝坻失陷前，曾发生可怖的大爆炸，城墙为之坍落，兵民尽数震死。这种规模的爆炸显然非火炮自爆所能达成，结合满文档案所载清军自城濠开掘洞穴之事，可以肯定清军进攻宝坻时，采取开挖隧洞，以火药炸垮城墙的战术，而掌握这项技艺者，恐怕不是满洲、蒙古甲士。

明末清初档案中，间有记载清（金）军开掘地道攻城的零散史料，最早一件是天聪八年十二月，张文衡奏疏：

> 大同城小而坚，周倚四关为固，势必得关，方可取城。南关门外有庙一座，去城仅四十余步，可用偷攻法：选营中新得汉人皆善打地洞者二十余人，黄昏潜至庙中，一夜之工，可通关内，既免炮石，又省时日。然后对关攻城，势无不克。①

张文衡自称供役于大同代王府，知晓城中虚实，建议选拔善于掘洞的汉人攻取大同南关。他们精于此道，必然是长于采矿或盗墓之"土夫子"。清军在宝坻之战后，时常派汉人兵士施展穿窬之术。崇德四年，皇太极率军围攻松山不利，命三顺王及乌真超哈兵丁开挖地道，运入火药攻城。② 崇祯十五年（崇德

---

① 《天聪朝臣工奏议》卷下《张文衡陈宣大形势奏》（天聪八年十二月），《明清史料丛书八种》第2册，第488页。复见于《后金汗国（皇太极）天聪朝稿簿奏疏》，第358页。

② 顺治朝《大清太宗文皇帝实录》汉文本，卷三〇，崇德四年三月初二日，第25b—26a页。

七年），沧州守军挐获细作张守印（麻喇赤），供称孔有德欲从城北偷掘地道。① 据此可知炸塌宝坻城墙兵士出自"汉人固山"，即乌真超哈之兵。至于乌真超哈和三顺王所属，承担此任之兵的兵种和身份，尚待考订。

查满文内国史院档案崇德四年册内载有名为"赏赉攻松山城放炮卓异、作战突出者"（sungsan hoton de afaha de poo sindaha sain..afaha sain niyalma de šangnahangge）档案，载有乌真超哈各类攻城兵种。因档案冗长，分类摘译如下：

（1）石廷柱固山所属（sitingju gūsai）：掘洞头等8人（dung fetehe uju jergi jakūn niyalma）、次等（jai jergi）25人、搬运洞内泥土工作之步兵（dung ni dolo boihon juweme weilehe yafahan cooha）260名。炮手头等（poo sindaha uju jergi）8人、装填火药头等（okto cirgehe uju jergi）8人、次等炮手（jai jergi poo sindaha）4人、配装填火药（ede okto cirgehe）4人、三等炮手（ilaci jergi poo sindaha）1人、配装填火药1人。②

（2）马光远之固山所属（ma guwang yuwan i gūsai）：掘洞首功（dung fetehe uju jergi），头等10人、掘洞次等（dung fetehe jai jergi）17人、搬运洞内泥水工作之步兵（dung ni dolo boihon muke juweme weilehe yafahan cooha）242人。头等炮手（uju jergi poo sindaha）9人、填火药（okto cirgehe）9人、次等炮手3人、配着放火药（ede okto sindaha）3人、三等（ila-

---

① 《兵部题行"沧州知府罗爌塘报"稿》（云字二百十四号写行关津书办单思仁承），《明清史料》乙编第5本，第452页。

② 满文内国史院档案，崇德四年档（四月至五月），第49—53页。

## 第三章　皇太极时代的步兵（1628—1644）

ci jergi）2 人、配装填火药 2 人。①

（3）恭顺王属下（ginggun ijishūn wang ni）：炮手（poo sindaha niyalma）1 人、二炮手（助理炮手，poo de aisilaha niyalma）1 人、掘洞（dung fetehe）31 人、掘洞次等（dung fetehe jai jergi）17 人、搬运洞内泥土工作（dung ni dolo boihon juweme weilehe）11 人、推火药车兵（okto sejen jafaha cooha）447 人。②

（4）怀顺王属下（gūnin ginggun ijishūn wang ni）：炮手 1 人、二炮手 1 人、搬运洞内泥土工作 103 人、推火药车（okto sejen jafaha）326 人。③

（5）智顺王属下（bodogonggo ijishūn wang ni）：炮手 1 人、二炮手 1 人、搬运洞内泥土工作 103 人、推火药车 308 人。④

乌真超哈兵丁分为四类：一是掘洞之人，即挖隧道者；二是运土步兵，马光远固山兵丁向外运泥水，证实明档有关清军掘地见水的记载；⑤ 三是炮手，四是装填手。三顺王兵丁里，唯孔有德军分五类，即炮手、二炮手、掘洞之人、搬运泥土之人和推火药车兵，其他二王皆无掘洞之人。三顺王兵丁碍于史料匮乏，难以探究，仅能讨论乌真超哈的情况。从档案可知，穴地攻城的兵士有掘洞之人和运土步兵。前者在满文档案里又写作 dung fetehe uksin（掘洞甲士），此处的 uksin 不是"马

---

① 满文内国史院档案，崇德四年档（四月至五月），第 50—52 页。
② 满文内国史院档案，崇德四年档（四月至五月），第 54 页。
③ 满文内国史院档案，崇德四年档（四月至五月），第 54—55 页。
④ 满文内国史院档案，崇德四年档（四月至五月），第 55 页。
⑤ 原属察罕儿万户，降明蒙古人称："贼在松山东南角挖地洞有水，俱用木板搪着"，见《辽东巡抚方一藻为接获降夷及夷书事题本》（崇祯十二年三月二十八日），《中国明朝档案总汇》第 31 册，第 358—359 页。

甲"而是"甲士"或"披甲",泛指乌真超哈之兵。因为崇德四年三月,上谕汉人士卒开掘隧洞攻城,给出赏格,立下头功者若是"另户之主"(encu booi ejen)即正身旗人,则赏予冠带,若是奴仆,则予以开户,豁贱为良,赏赐牛只。① 可见掘洞甲士杂有正身旗人和奴仆,军前身份为马甲、绵甲兵和跟役。其次,进入洞内运土的步兵是随营出征之兵,即战兵而非守城兵,实际是绵甲兵。那么,负责穴地攻城之兵其实包括马甲、绵甲兵和跟役。

松山之战后,清军将帅鉴于穴地爆破战法需时既久,消耗人力,还受自然条件制约,更乐于安排步兵在红夷大炮掩护下,直接挖掘墙体,再用火药轰塌城墙。穴地爆破战法成为清军久攻不下时,最后一种攻坚手段,以顺治四年(1647)淄川之战和顺治七年(1650)太平之战较有代表性。

顺治四年九月,丁可泽、谢迁在山东起事,占据淄川县城。该城于明崇祯九年(崇德元年)重修,高3丈2尺(约10.176米),用砖石层层包砌,城濠深1丈5尺(约4.77米),阔1丈(约3.18米)。② 明崇祯十二年(崇德四年),又增修空心敌楼11座,仅配备大炮即花费白银1200两以上。③ 防御坚固,号为铁城。清军开凿3道长壕,围城两个月,毫无进展,最终靠挖掘地道,运入火药炸坍城垣,才攻陷城池。④

---

① 顺治朝《大清太宗文皇帝实录》满文本,卷四五,崇德四年三月初四日,第34a页。
② 王康、臧岳等纂修:《淄川县志》卷二《建置志·城垣》,国家图书馆藏乾隆八年(1743)刻本,第1b—2b页。
③ 张至发:《建空心楼义仓记》(崇祯十二年),收入王康、臧岳等纂修《淄川县志》卷七《艺文志·文》,第21页。
④ 王康、臧岳等纂修:《淄川县志》卷三《兵事》,第60a页。

## 第三章　皇太极时代的步兵（1628—1644）

顺治六年，前明大学士李建泰响应大同军阀姜瓖，据山西太平县（今山西襄汾县汾城镇）反清，次年投降，《清实录》称：

> 废官李建泰据太平，我兵围之二十余日，势迫出降。①

似乎李建泰是迫于围困，献城投降。其实，他是在清军破城后，势蹙请降，见《清史稿》所载毕力克图传：

> 李建泰叛据太平，复与协领根特等攻之，久弗下，乃穴地燃火药隳城，擒建泰诛之。②

考《清史稿》之史源，出自《钦定八旗通志》所载毕力克图传：

> 七年，同西安协领根特等率师围太平城，贼负固抗拒，逾二旬不下，乃因城壕掘地道，燃火药以隳其城，师入，叛贼李建泰及贼党俱伏诛。③

毕力克图时任正蓝旗蒙古副都统，率兵驻防平阳（今山西临汾），清廷调集平阳、西安驻防八旗军围攻太平城，由他担任指挥。太平县城于崇祯四年重修，高41尺（约13.038米），

---

① 《大清世祖章皇帝实录》卷四七，顺治七年二月甲午，第380页。
② 赵尔巽等修纂：《清史稿》卷二五四《列传四十一·毕力克图》，中华书局1977年版，第9755—9756页。
③ 《钦定八旗通志》卷一八八《人物志六十八·大臣传五十四·毕力克图》，第3307页。

顶部宽约 30 尺（约 9.54 米），胜过宝坻、淄川二城，以条石为基，上甃以砖，高厚坚固。① 清军攻城弗克，重拾地道爆破之术。八旗军仿效宝坻之战的成法，在护城河岸开挖隧洞，直通城下，点燃火药炸垮城墙，再以满、蒙兵丁自城垣塌毁处攀上，夺取城池。

清朝屡次采取穴地攻城战术，特地为此制订赏格，按攻取城市大小分为府、州、县、卫、所 5 等，管束章京之功与缘梯先登者同。② 可见由包括绵甲军在内的汉军兵士执行的穴地攻城战术在鼎革之际成为八旗军攻坚手段之一，作为红夷炮攻城战术的补充。

然而，17 世纪 80 年代，亚洲政治格局发生巨变，准噶尔汗国崛起中亚，企图重振大元霸业，取代大清主宰东亚。清朝节次覆灭南明、平定三藩，收取台湾后，集中训练火器兵丁应付准噶尔的威胁，遂有八旗汉军火器营之设。火器营下辖敖尔布职任与清入关前后的绵甲军截然不同，改为抬鹿角木阻挡骑兵冲击，掩护鸟枪马甲施展排枪战术。敖尔布（鄂尔博，olbo）自此固定指称汉军抬鹿角之兵，直到清帝逊位为止。关于其个人装备、鹿角形制和战术细节，将于另文详述。

综上所述，可认为：第一，皇太极时代，由于明军战力提升尤其是火器升级，清朝以乌真超哈属下施放红夷大炮的炮手与八旗铁骑取代了绵甲军和战车的战术地位。大凌河之战前后，战车已由汉营（汉兵）所垄断，在崇德元年东征朝鲜后，

---

① 魏公韩：《修城记》，收入张钟秀等修纂《太平县志》卷十《艺文志·记》，国家图书馆藏乾隆四十年（1775）刻本，第 20 页。
② 《大清世祖章皇帝实录》卷五四，顺治八年闰二月庚午，第 431 页。

# 第三章　皇太极时代的步兵（1628—1644）

不再用于决战。

第二，皇太极时期，梯子、挨牌和穴城工具属于八旗军广泛装备之具，非乌真超哈所独有。满洲绵甲军在弓箭手掩护下用梯子、挨牌攻城，并以穴城器械破坏边墙。乌真超哈绵甲军则负责运送和守卫红夷大炮，是辅助红夷炮之军。

第三，清军在宝坻之战后，屡次采取穴地攻城之术，以乌真超哈与"三顺王"兵丁承担挖掘隧道，送入火药轰塌城墙之任，其中包括绵甲兵卒。

## 小　结

皇太极执政时代，是金国向大清转变的关键时期，有清一代诸多军政制度，皆于斯时萌发壮大，步兵制度亦不例外。自从天命十一年至天聪元年（天启六至七年，1626—1627）明朝在宁远、宁锦之战，通过使用新式英国前装滑膛炮，又编练新军，开启"明清军事革命"的大门后，辽东明军火力逐步升级。天命汗时代，临阵动员甲士充当绵甲军，推挽简易车辆攻城填濠，使弓箭手发扬威力，掩护穴城的战术业已显得胶柱鼓瑟，不合时宜。皇太极敏锐意识到这一点，汲汲于谋求军事进步，步兵变革适逢其时。

皇太极革新步兵的要点，一在扩大规模，二在定为常制。他不仅维持一部分满洲、蒙古步兵，还重建汉兵，释放奴仆充军，增加步兵数目。无论满、蒙之 beki cooha 抑或汉兵之 olboi niyalma/olboi cooha，都是常备军，不再是临时之兵。另外，beki cooha 和 olboi niyalma/olboi cooha 虽然名称不同，却同为身穿绵甲的步卒，专听出征调遣，属于战兵。二者之外，复有守城步兵，本书未作着墨。大约在入关前后，olbo 始由衣甲之名，变为兵种称号，到康雍两朝，渐次取代 olboi niyalma/olboi cooha，成为汉军出征步兵之官称。

自天命十一年的宁远之战起，金（清）军在辽西战场的主要作战形态转为"围点打援"，即在夺取战略要点的同时，吃掉来援重兵集团，攻城战和野战并重。彼时金（清）军步兵，尤其是汉兵（乌真超哈）和汉人王公步兵因为要配合重炮运作，凭借土工作业拔取坚城，他们的器械和战术与此前存在较大差异。绵甲军放弃战车，保有穴城工具，在攻城战里开掘隧道，使用土囤，掩护火炮抵近射击，有时还要穴地爆破城墙。这些变化体现出"明清军事革命"浪潮下，金（清）军的进步。清朝之所以能够战胜辽西明军，进取中原，与其借助"军事革命"获得压倒东亚对手的作战能力密不可分。

本书第二、三章集中探索绵甲军亦即"出征步兵"历史，对于金（清）军步兵火器手的情况，未作交代。然而，以 17 世纪的标准而论，火器手——无论火绳枪手抑或炮手，都是步兵的核心。绵甲军作为攻坚步兵，更接近工兵和突击队的性质，而非有组织的火器军团。不过，清（金）军的火器手可分为两部分：一是守城兵，在清入关后发展为"步甲"或"步兵"，属于八旗兵里的边缘角色，材料较少，由于作者根据第一手史料，就 17—19 世纪，八旗火器军队发展史的全面梳理工作尚未完成，还无法清晰描摹其发展脉络。二是出征火器手，是八旗火器军团的主力。可是，清廷直到清末新政前，始终沿袭祖制，选拔马甲（后来也包括前锋和护军）即骑兵充当火绳枪手，临阵步行作战，炮手数量较少，属于独立兵

## 第三章 皇太极时代的步兵(1628—1644)

种。这种古怪的安排，其实可追溯至英明汗时代。作者将于下一章依据档案资料，追溯英明汗时代，金军火器队伍的组成；皇太极重建汉兵前，火器手的情况，以及汉兵恢复后，满洲固山是否还有火器手等，与本书主题关系较深的议题。

# 第四章　金国火器军队之起源

"明清军事革命"并非欧洲军事革命的简单翻砂复制品,而在发展路线上存在一定差异,突出表现在步兵火器手尤其是火绳枪手及其执行的排枪齐射战术,在军队战术地位上的不同。自从"军事革命"理论问世起,欧洲步兵火器手特别是手执火绳枪的步兵,就被视作革命的象征。罗伯茨认为基于操练火绳枪手的"线型队列"(linear formations)广泛采用,出现了"战术革命"(tactical revolution),导致军队数目激增,加剧战争对社会的影响。帕克干脆认为火枪手的操练法是西方战争的基石。[1] 可在清入关前,由于攻坚战占据主流战争形态,清朝侧重围绕着重炮组织兵力,攻坚步兵才是八旗步兵的主要发展方向。尽管至迟到天聪七年(崇祯六年),随着孔、耿二将卷甲来归,清军已经拥有能够娴熟执行排枪齐射战术的步兵分队,但大规模在八旗汉军内部普及这种战术,其实是康

---

[1] Michael Roberts, *The Military Revolution*, 1560 – 1660, pp. 14 – 16. Geoffrey Parker ed., *The Cambridge Illustrated History of Warfare: The Triumph of the West*, p. 391.

## 第四章　金国火器军队之起源

熙二十二年之后的事。是年康熙帝为对付准噶尔，组织汉军火器营，营中枪手概系马甲。① 乌兰布通大战后，清圣祖为满洲、蒙古军人配备火器，也挑选护军、骁骑充当鸟枪马甲。② 抑而言之，从康熙中期开始，至清末新政，改革八旗军制前，清军拣选马甲担任鸟枪手（火绳枪手），是具备骑兵身份，享受骑兵薪饷，临阵步战之兵。这种传统从何而来，是本章要解答的头一个问题。

本章关注的第二个问题，是火器在康熙中叶之前，到底是遍及八旗的技术兵器，抑或仅限于汉军部队的装备。此前有种通俗认知，即八旗汉军建立后，垄断着全部火器，而满、蒙军人直到康熙二十九年，满洲火器营成立前，以弓箭作为唯一投射兵器。这种看法是将火器视作八旗内部的族群标志，但是否成立，恐怕有待斟酌。

作者基于档案史料，在本章考察从英明汗攻占辽、沈，至皇太极再编汉兵前，金国编练、裁革和恢复火器军队的历史，提出三点主张：首先，早在天命六年至十年（天启元年至五年，1621—1625），英明汗编设"黑营""汉兵"，建立火器军团，便选拔甲士即骑兵作为火器手。其次，皇太极上台至重建"汉兵"前，金军序列中业已包括火器手，其中既有女真，又有汉人。最后，即便当"旧汉兵"恢复后，满、蒙士卒中，依然编有火器手。

---

① 张建：《八旗汉军火器营的创立》，《历史教学》2019 年第 14 期。
② 《大清圣祖仁皇帝实录》卷一四八，康熙二十九年九月癸巳，第 640 页。

## 一 黑营（sahaliyan ing）与汉兵（nikan i cooha）之兴废

英明汗出于征伐之需，在万历三十五年（1607）初设固山，下设甲喇，甲喇统辖牛录，构成八旗制度的基本框架，① 已是清史学界的常识。然而，八固山统属之正兵又有区分。就英明汗时而言，大体分为巴牙喇（bayara，又名摆牙喇）和甲士（ūksin/uksin，又名披甲）。巴牙喇是汗与诸贝勒从各牛录选拔的精骑，又分白巴牙喇（sanggiyan bayara/šanggiyan bayara）、红巴牙喇（fulgiyan bayara）。甲士除去充任骑兵外，也是临阵征召绵甲军的主要对象。②

天命六年，努尔哈赤攻陷辽沈后，改革八固山（jakūn gūsa）军制，提升各牛录甲数，为部分甲兵配备火器，抽调"黑营"（sahaliyan ing）甲士充当绵甲军。同时，还抽调辽东汉人充伍，组建了"汉兵"（nikan i cooha）。

"黑营"与"汉兵"虽同为英明汗执政后期的重要军制，却泾渭分明。"黑营"由各牛录正兵组成，是覆盖八固山的营制，而"汉兵"并非八固山之兵。相关研究虽然不少，但结论往往相互龃龉，二者的编成历史、武备情况，与八固山的关系等方面都存在讨论余地。有鉴于此，笔者将以《满文原档》为主，参酌相关史料，力图厘清"黑营""汉兵"之概念。

---

① 刘小萌：《满族从部落到国家的发展》，第122—212页。
② 郑天挺：《清史语解》，《探微集》，第145—150页；鴛淵一：《清初擺牙喇考》，《滿鮮史論叢》，東京：稻葉博士還暦記念會1938年版，第234页。

## 第四章　金国火器军队之起源

努尔哈赤于万历四十六年兴师伐明，在舍里甸初试锋芒，歼灭辽东正兵营。次年，金军在萨尔浒战役摧败明军主力，又横扫叶赫，席卷开原、铁岭，军声大振。天命六年，英明汗麾兵东指，直捣辽东的中心城镇辽阳、沈阳。[1] 女真兵锋甚锐，所向披靡，迫使明朝以辽阳为核心构筑三重防线：一、兴修日久倾圮的辽阳城，城外开浚两重城濠，引太子河水护城，城上、城下密布火器。二、以沈阳屏护辽阳，城下排列战车、火器，挑挖深壕两道，前设鹿角，阻遏金军冲突。三、在沈阳东南，当金军东出之路的奉集堡及其侧后的虎皮驿分驻兵马，与辽、沈互为犄角。[2]

金军于三月十三日进攻沈阳，至二十一日克取辽阳，不足旬日，便摧毁了明朝苦心孤诣部署的防线。不过，这场自英明汗伐明以来最大规模的攻坚战并非一帆风顺。开春，金军突袭奉集堡不克，参将吉普喀达（jibkada）陷没。[3] 英明汗遂绕过奉集，直扑沈阳，处于腹背受敌之势。金军拔取沈阳后，进击辽阳来援之兵，不待绵甲人至，即以红巴牙喇冲阵，损兵折将。辽阳之役，初因明军炮猛退却，攻城时又屡遭火器打击。

---

[1]　陸戦史研究普及会編：《明と清の決戦》，第133—138页。
[2]　沈国元：《两朝从信录》卷六《兵科朱童蒙勘辽事竣据实回奏疏》，《四库禁燬书丛刊》史部第30册，第62页；熊廷弼：《答监军道邢参议（慎言　守沈排兵）》（万历四十八年五月十五日），收入《熊廷弼集》卷二〇《前经略书牍第四》，第1008—1009页。
[3]　吉普喀达身世及其陷没于奉集堡之事，见黄一农《明末萨尔浒之役的溃败与西洋大炮的引进·附录：吉普喀达与奉集堡之役（1621）》，第405—408页。吉普喀达满文名讳，见鄂尔泰等纂《八旗通志初集》满文本（jakūn gūsa tung jy i sucungga weilehe bithe），卷七《gūsa ubu i jy（旗分志）》，日本爱知大学藏清乾隆四年（1739）刊本，第3b页。

明朝虽丧失辽东，辽西至山海关一线尚驻扎重兵，英明汗顾虑攻坚任务繁重，遂计议扩充军备，将火器整合入金军。

辽东镇为明朝九边之首，本积贮众多火器。万历四十六年后，辽事孔棘，工部每年解送火器援辽，屯聚辽东各城。萨尔浒之役后，明廷为固守辽沈，复大造火器，合计超过70000件，大部为金国掳获。这些火器型号繁杂，夹杂大批落伍的冷热混合兵器和原始火器，达到16世纪技术水准的鸟铳、佛朗机不足17515支，占总数的16.36%。①

天命六年十一月初四，汗谕：

> gūsa gūsai ilata iogi de hendubi. emu iogi be gūsade amba boo dagilabu. . emu boo de morin juwede niyalma afabu. . tereci funcehe niyalmabe sonjobi beri ashaci ojoro sain niyalmabe beri ashabu. . beri ashaci ojorakū niyalmabe gemu ilan sanggai boo miocan jafabu seme henduhe. . ②

**译文**：著各固山三名游击，一游击在固山预备大炮。一位炮配马二匹，交人（管）。从余下人挑选可佩弓良人，佩弓。不能佩弓之人，俱令执三眼炮与鸟枪。

乾隆朝誊录旧档而成的《有圈点字档》（tongki fuka sindaha hergen i dangse），亦即今日通称的《满文老档》，在 niyalma afabu 旁注黄线，附笺注云："谨思：'一位炮配马二匹，交人'等语，想必是说'一位炮配马二匹，交派人'吧"（ginggūleme

---

① 《大明熹宗悊皇帝实录》卷二〇，天启二年三月庚戌，第1014—1015页。
② 《满文原档》第3册，《来字档》，第74—75页。

kimcici. emu poo de morin juwete. niyalma afabu sere gisun. ainci-emu poo de morin juwete. niyalma tomilafi afabu sere gisun dere..）。①大炮以固山为单位预备，看来是固山的装备，每尊炮配 2 匹拖曳之马。除押炮之人外，另以"良人"（sain niyalma），即能射之人执弓，余执"三眼炮"（即三眼枪）和鸟枪。

中华书局出版的《满文老档》译本，将天命六年十一月初四日，英明汗另一谕旨译为：

> 辽东，海州，每一牛录各养马四十匹。其余马匹，皆行缴回。一牛录甲士百人，以十五人驻辽东，十五人驻海州，代理备御各一名，千总各一名，各率甲兵三十人，携喂养备用三匹马之非披甲人一名前往。其余甲士，倘有事发，四十匹马四十名甲士乘之。无马之甲士，毋得因无马而留于屯中，及宜各携盾车，随行于马兵之后。至于一牛录新穿甲之五十名甲士，亦同样分驻于辽东、海州。每牛录为其五十名新甲兵制纛二面。二处各委一章京为额真，将其所分新甲兵，造具名册在案。倘有事发，勿随出征军士，宜留驻于城内。②

笔者将此译文勘以《满文原档》《内阁藏本满文老档》，发现首句翻译有误。《内阁藏本满文老档》虽将《满文原档》的老满文改誊新满文，但相去不远。谨将《满文原档》原文转写翻译如下：

---

① 《内阁藏本满文老档》第 3 册，第 1226 页。
② 《满文老档》上册，第 253 页。

liodun. haijo de ūhereme emu niru dehite morin howaita. . tereci funcehe morin be gemu gamame emu niru de emu tanggū uksin i bo niyalmabe liodun de tofohon uksin. . haijo de tofohon uksin. . daise beiguwan emte. . canson emte. . gusita uksimbe gaibi. ilan morimbe ūlebure emu niyereme niyalma gamame gene. . tereci funcehe uksini niyalma aika baita medege tucici dehi morinde dehi uksin i niyalma yalukini. . morin akū uksin i niyalma morin akū seme gasande ūme tere meni meni sejen kalka be gaibi. morin coohai niyalmai amala dahame yabu. . jai emu nirui ice etuhe susai uksin i niyalma be. liodun haijo de gese dendebi. . tere ice susai uksin de emu niru juwete tu ara. . juwe bade emte janggin ejen arabi tere dendehe ice uksin i niyalma i gebube bithe arame gaibi aika baita medege ohode tucire coohai niyalma be ūme dahara hecen de ilire babe doigonde dendebi meni meni ilira bade ili. . ①

**译文：** 于辽东、海州，总计一牛录拴马四十匹，余下马匹俱取往。一牛录百名披甲，辽东十五甲，海州十五甲，代子备御各一名，千总各一名，率三十甲，携饲养三匹马之非披甲人一名去。这余下的披甲人，倘若有出事消息，著四十甲乘四十匹马，无马披甲人，勿因无马留在村屯，各自带战车，随行于马兵之人后。再，一牛录新穿甲的五十人，同样分住辽东、海州。对这五十新甲，著每牛录制纛二面。两地各委一章京为额真。将此分住新甲人名，造册取去。倘有事发，勿随出兵之人，于城原立

---

① 《满文原档》第3册，《来字档》，第87—89页。

272

（营）处预先分驻，各自立（营）。

《满文老档》译本将首句译为"辽东，海州，每一牛录各养马四十匹。其余马匹，皆行缴回"，存在两处误译。一是漏译 ūhereme，该词原形为 uherembi，汉义"统共，总计"，新满文作 uheleme，但《老档》未加改动。二是误解 gamame 的方向态，该词原形为 gamambi，义为"取"，应为"取往"而非"缴回"，译本颠倒了原意，割裂了首句与下文的联系。

金人攻克辽沈前，一牛录约有 100 甲。攻克辽沈后，英明汗准备迁都辽东城，以海州作为控扼辽南，进取辽西的据点，从 100 甲内抽 30 甲分驻辽东、海州，另有"饲养三匹马之非披甲人一名"，每 3 匹马配 1 名非披甲人，秣饲马匹。所以每牛录仅拴 40 匹马，余马送往辽东与海州。

由于每牛录仅留 40 匹马，余下 70 甲内，40 甲按"一人一马"比例充作骑兵。其余 30 甲为"无马披甲人"（morin akū uksin i niyalma），携 sejen kalka 即"战车"，随马甲出征。战车乃攻城器械，以无马披甲配备战车，等于充实了"绵甲人"。这支军队实为后备军，俟出征、平叛动员。

夺取辽沈后，每牛录新设 50 甲，甲数由 100 甲升为 150 甲。新甲并非"出兵之人"（tucire coohai niyalma），没有马匹，分驻辽东、海州，专务守城。前述每固山 3 名游击内，出 1 人备炮，而每牛录以 1/3 披甲为守城兵，就是指新设的 50 甲。新甲包括押炮之人及炮手、弓箭手和火器手，均为步兵。金国汰除了快枪、夹靶枪、神枪等落后武器，仅以大炮、三眼枪和鸟枪装备守城兵，是符合潮流的举措。

本段还包含早期八旗兵制的重要信息，一是驻辽东、海州的甲兵计每牛录30名,且遍及各固山,似属驻防制度之滥觞。二是每3匹马所配非披甲人1名,似为"库图勒"(kutule,汉义"跟役"),从属于各甲兵。那么,驻辽东、海州30甲可能是按"人一马三"比例配属军马,与清入关后制度一致,是最早的记录。

天命六年改革,是英明汗首次尝试将火器引入女真军队,但范围限于由新设50甲组成的城守兵。天命八年(天启三年,1623),英明汗采取了更为激进的措施,将火器普及全军,由此涉及"黑营"的改革。

关于"黑营",学界存在截然相反的观点。一说称:

> 天命时期,除摆押拉外,还有营兵。天命四年(1619)灭叶赫之战,努尔哈赤"亲率八固山厄真并营兵东向取金台石城。"《满文老档》称营兵为"黑营"。①

另一说认为:

> 太祖时期,佟、李两大额驸率领汉兵参战。天命六年八月,蟒古尔泰率领的"阵前攻战之四百汉人"和八年四月阿巴泰率领的"操炮汉兵八百"人,就是佟、李所部汉人,他们是"随旗行走",并不是旗人。李永芳所部随满洲镶蓝旗,佟养性随满洲正蓝旗行走。当时称他们为"黑营"。如天命八年(1623年)二月十九日,出兵时"分编为白巴牙喇、红巴牙喇、黑营三队"。后来汉军"以黑色

---

① 张晋藩、郭成康:《清入关前国家法律制度史》,第226—227页。

为旗帜",就源于此。①

再一说云:

> 从后来有关旧汉兵的材料记载分析,黑营就是攻城汉兵无疑。天聪五年正月,汉军一旗编定,其旗色为"纯皂"(黑色),其根据基本可以断定来自"黑营"。就是说,早在汉军成立前,编入八旗的汉人士兵便自成小单位并有自己的营号、旗帜(黑色)、作战的主要方式(穴城)的。②

上述观点都注意到"黑营"的存在,并予以阐释,却南辕北辙,莫衷一是。第一种说法将"黑营"与"营兵"等同,认为攻灭叶赫时即已出现,但立论依据是《清太祖武皇帝实录》汉文本的记载,而非原始档案。那么,《满文原档》或《满文老档》是将营兵称作"黑营"吗?

《内阁藏本满文老档》之攻取叶赫条内,的确出现 ing 一词:

> coohai niyalma hoton efeleme. kalka wan huwaitame joboho. beyebe ergembume musi omi seme coohai ing tehereme hūlafi. coohai niyalma gemu musi omifi beye ergembi.③
>
> **译文:** 兵士拆城,系盾梯劳累,命歇息,吃炒面,遍

---

① 滕绍箴:《清初汉军及其牛录探源》,《满族研究》2007年第1期。
② 谢景芳:《八旗汉军的名称及含义沿革考释》,《北方文物》1991年第3期。
③ 《内阁藏本满文老档》第1册,第510页。

> 传军营。兵士俱休息，吃炒面。

上文与《满文原档》的记载基本一致。① 文中未提及"营兵"或"黑营"，仅称汗传令给 coohai ing，即"军营"或"兵营"而非 sahaliyan ing（黑营），可能指代全军。若说 coohai ing 就是 sahaliyan ing 的话，未免牵强。

后两说均认为"黑营"是以汉人编成，执黑纛之军，与日后的乌真超哈（ujen cooha）即八旗汉军有关。区别在于，前者称"黑营"之兵是随旗行走汉人，后者认为是旗下汉人，两说都缺乏史料支持。前者的依据是天聪八年所定军制，可本文业已提及，八固山所属正兵分巴牙喇和甲士两类。若将"黑营"等同于佟养性、李永芳带领的少量汉人，难道甲士不必从征吗？至于后一种说法，实乃基于汉军纛色的逆推。

日本学者中，鸳渊一认为黑营"恐怕是除了摆牙喇之外，余下之兵作为本固山兵而称呼之名"。② 阿南惟敬发展了这一观点：

> 而且，黑营中至少有三十人，与其说是战斗兵，倒不如说是杂役兵、搬运兵的性质。顺便谈谈当时甲士人数，有记录称（每牛录）实际甲数是一百五十人，具体数字暂不深究，不管怎样也超过一百人。如果假设当时有二百四十牛录的话，白巴牙喇人数有二千四百名，红巴牙喇九

---

① 《满文原档》第1册，《昃字档》，第275页。原文如下：coohai niyalma hoton efeleme. kalka wan huwaitame joboho beyebe ergembume musi omi seme coohai ing tehereme holabi coohai niyalma gemu musi omibi beye ergenbi. .

② 鸳渊一：《清初摆牙喇考》，第243页。

千六百名，黑营人数达到一万二千名，已有足够兵员建立像后期巴牙喇营、固山营那样的集团了。①

阿南先生将"黑营"与日后的固山之营联系起来，认为是除巴牙喇外的八固山兵力集团。他的观点是建立在对清初史料尤其是《满文老档》的反复分析上的，但他认为"黑营"有30甲是杂役、搬运兵的看法，其实是误读满文史料的结果，后文将予以商榷。

笔者最初未深入研讨《满文原档》时，倾向后两者观点，忽视了阿南惟敬的研究。很重要的原因，是相信如三田村泰助所言，至少从万历二十三年（1595）开始，黑色便成为五牛录的标志，②并与日后汉军纛色相联系。然而，承蒙杜家骥老师提醒，当时女真骑兵所持黑旗究竟是纛（tu）还是小旗（kioru/kiru）并不清楚。此外，"旧汉兵"所用纛色，汉文作"元青"，对应满文尚不确定。有鉴于此，很有必要基于《满文原档》研判"黑营"的实态。

"黑营"满文作 sahaliyan ing。sahaliyan 意为黑、黑色，但与汉人汉兵纛色无关。内国史院档载，天聪八年（崇祯七年，1634）出兵，"yacin 纛乌真超哈固山额真昂邦章京石廷柱"（yacin tui ujen coohai gūsai ejen amba janggin sitingju）从征。③ yacin 即"旧汉兵"纛色。无独有偶，孔有德、耿仲明之军

---

① 阿南惟敬：《清初バヤラ新考》，《清初軍事史論考》，第504页。
② 三田村泰助：《初期满洲八旗の成立過程について明代建州女直の军制》，《清水博士追悼記念明代史論叢》，東京：大安1962年版，第334—335页。
③ 中国第一历史档案馆藏：满文内国史院档，天聪八年档，第44b页。

"纛、小旗颜色俱作 yacin。"（tu kiru i boci be yacin obu）① yacin 即汉语"鸦青"，指青黑色，是明代中晚期流行服色，譬如《金瓶梅》第二十回说李瓶儿"又拿出一件金厢鸦青帽顶子"给西门庆看；五十六回写孟玉楼"上穿鸦青段子袄儿"，②可见"旧汉兵"及孔、耿之军纛色均为鸦青，绝非纯黑之sahaliyan。所以，sahaliyan 并非汉人汉兵纛色，确指为何，仍待查考。

sahaliyan 一词，虽然与汉兵纛色无关，但从元、明两朝的传统看，不排除指女真军队纛色的可能。早在元初，括取汉儿、契丹丁壮从军，发给黑色旗纛，故名"黑军"。③ 这种用旗色分别师旅的传统，到 16 世纪被俺答汗采用，他于隆庆四年（1570）为索还孙儿把汉那吉（baqannaji/dayičing nejei），列阵平房城外，按旗色分为白、朱、玄三队，企图震慑明军。④ 不过，目前为止，尚未发现 sahaliyan 是指纛色的明确证据。

sahaliyan 还有一种可能，是指甲色。16 世纪，明军和蒙古军惯于披挂暗甲，即内钉铁叶，外覆织物之甲。女真军队受二者影响，也大量穿用暗甲。宣祖三十六年（万历三十一年），朝鲜军人报告骚扰潼关镇的东海女真（兀胡）皆披甲，

---

① 满文内国史院档，天聪七年档，第 45b 页。
② 兰陵笑笑生：《金瓶梅词话》，人民文学出版社 1992 年版，第 163、508 页。
③ 宋濂等纂：《元史》卷一四九《列传第三十六·石天应》，中华书局 1976 年版，第 3526 页；许谦：《总管黑军石抹公行状》，收入氏著，蒋金德点校《许谦集》下册《许白云先生文集》卷二《行状》，浙江古籍出版社 2015 年版，第 957 页。
④ 冯时可：《俺答后志》，收入《西征集》卷九，《明别集丛刊》第 3 辑，第 85 册，黄山书社 2016 年版，第 786 页。

## 第四章 金国火器军队之起源

"其铁甲之色,或黑或赤,其长过踝",① 这黑或红色的甲,显然是就纺织物颜色而言。努尔哈赤吞并女真诸部,掳获大批甲胄,开始用不同颜色衣甲分别军队。本兵黄克缵谈到金军攻抚顺,分队列阵,"白旗、白甲、白马望之如练,红旗、红甲、红马望之如霞",② 虽然这里的"白甲"和"红甲"究竟是指"白巴牙喇"、"红巴牙喇"抑或两白、两红旗之兵,尚不清楚,但可以确定金军在按照旗色分编队伍时,也用不同颜色之衣甲分别兵士。那么,sahaliyan 也可能是就甲胄颜色而言。

ing 借自汉语之"营"。满文另有一词 kūwaran,译汉亦写作"营"或"夸兰"。二者的差异,康熙《御制清文鉴》载:

> ing. cooha iliha kūwaran be. ing sembi. .
> kūwaran. cooha tatara ing be. kūwaran sembi. . ③
> **译文:** 营,将起兵的夸兰,叫做营。
> 夸兰,将歇宿兵丁之营,叫做夸兰。

足见 ing 与 kūwaran 区别在于:ing 是行军之营,而 kūwaran 是歇宿之营。耶稣会士张诚(J. F. Gerbillon)于康熙二十八年(1689)随使团赴尼布楚,描绘他目睹的"夸兰":

> 全体士兵按旗驻扎,每一旗都用士兵的营帐围成一个大圈,帐篷不是一个紧贴一个,互相之间都留有可设一个

---

① 《宣祖昭敬大王实录》卷一六六,三十六年九月丙辰,第532页。
② 黄克缵:《万世治安疏》,收入《数马集》卷八《奏疏》,《四库禁燬书丛刊》集部第180册,第108页。
③ 拉锡等纂:《御制清文鉴》卷三《afara dailara hacin》,第98a页。

帐篷的空地。所有的帐篷皆由绳索环绕在一起……只留下一个相当大的缺口,充作大门,正对着主将帐篷。帐前树有旗帜的主将帐篷,以及其他官员的帐篷,全设在圆圈之中……他们把圆圈称作夸兰。①

正因"夸兰"表驻扎歇宿之营,所以清初常设之营如汉军火器营（tuwai agūra ing）、满洲火器营（manju tuwai agūra ing）均采 ing 而非 kūwaran。乾隆朝清文改革后,才统一用 kūwaran 取代借自汉语的 ing,如健锐营作 silin dacungga kūwaran。所以,从字面意义理解,"黑营"（sahaliyan ing）有行军、出兵之营的含义,是相对固定的营制。

sahaliyan ing 一词仅三次见于《满文原档》《满文老档》。首见时间,是天命七年（天启二年,1622）六月十一日:

gisun sahaliyan ing de bihe. isun i jakade isinaha seme. ciyandz'ung ni hergen bihe. wesibufi iogi hergen buhe. . ②

**译文**:吉荪曾在黑营,因（那时）赴伊荪处,所以升千总衔为游击。

《满文老档》译本将 sahaliyan ing 译为"萨哈廉军营",将 sa-

---

① ［苏］苏联科学院远东研究所等编,黑龙江大学俄语系等译:《十七世纪俄中关系（1686—1691）》第 2 卷,第 4 册,商务印书馆 1975 年版,第 1107—1108 页。
② 《内阁藏本满文老档》第 4 册,第 1879—1880 页。《满文原档》纪为: gisun sahaliyan ing de bihe isun i jakade isinaha seme cansun i hergen bihe uwesibubi iogi beiguwen i hergen būhe. . （吉荪曾在黑营,因（那时）赴伊荪处,所以升千总衔为游击备御。）见《满文原档》第 3 册,《辰字档》,第 137 页。

## 第四章 金国火器军队之起源

haliyan 视为大贝勒代善第三子萨哈廉。不过，萨哈廉于天命十一年（天启六年，1626）始晋贝勒，天命六年攻打辽沈时随父参战，单独立营可能性不大。而且从语法角度讲，"萨哈廉军营"应作 sahaliyan i ing。另外，本日都在叙述围攻辽阳之事，伊苏在攻略辽阳时管束左翼四旗绵甲人。那么，"黑营"在天命六年尚不包括绵甲人在内。

sahaliyan ing 再见于天命八年二月十九日：

> emu gūsade amba boo juwanta. . emu nirui tucibi yabure tanggū uksin i niyalmabe. . sanggiyan bayara. . fulgiyan bayara. . sahaliyan ing ilan ubu banjibubi yabu. . juwan niyalma de emu ejen ara. . emu bai niyalmade juwan boo jafabu. . boo akūci tobo.①

**译文**：一旗设十座大帐，将一牛录所出行走百名披甲人，编为白巴牙喇、红巴牙喇、黑营三部行走。十人委一额真，一地之人携十帐，若无帐（带）窝铺。

这条材料，须与重抄《满文老档》时删去正月之记载对照：

> emu nirui tanggū ūksin i niyalma gemu loho nakabi gida dagila. . bayarai niyalmai gidai fesin be foholohon uweihuken dagila. . olboi niyalma gidai fesin be golmin dagila. . tere susai ūksin i jafara boo be daburakū. . yabure tanggū ūksin de orin

---

① 《满文原档》第 3 册，《列字档》，第 235 页。

ūksin i niyalmabe boo jafabu..boo miocan akū niyalma dū..①

**译文：** 一牛录百名披甲人俱停（用）腰刀，著备办长枪。巴牙喇人之枪柄，著备办短而轻（者）。绵甲人之枪柄，著备办长（者）。除五十甲执炮外，行甲百名，著二十披甲人执炮，无炮、鸟枪之人，著造之。

互参可知，每牛录除"执炮"即装备火器，承担守城之责的50甲外，包括30名精骑的100名披甲，俱为"行走百甲"（yabure tanggū ūksin），分编为白巴牙喇、红巴牙喇、黑营三部分，绵甲军由从属"黑营"的甲士中拔取。武备方面，将火器引入此100甲内，以20甲执炮、鸟枪，但仍配备长枪（gida）。这是因为绵甲军步行作战，须以长枪击刺。

"黑营"最后一次出现，是在天命八年四月，英明汗再度扩大火器装备范围之谕：

emu nirui tanggū uksin be..sanggiyan bayara de juwan niyalma obuki. juwe boo..ilan gida..jai uyunju uksin be dendebi..fulgiyan bayara de dehi uksin obuki..juwan boo. orin gida..jai juwan niyalma juwe sejen kalka..mūke tebure juwe kukuri..sahaliyan i ing i susai niyalmade. juwan boo..orin gida..jai orin niyalmade juwe sejen kalka emu wan..juwe sacikū..juwe bun..juwe dehe..juwe hadufun..juwe suhe..duin dergi..juwe fasilan..emu lasihikū..mūke tebure juwe kukuri..emu biya debure yaha. tofohon olbo..emu jalan

---

① 《满文原档》第3册，《列字档》，第176页。

## 第四章　金国火器军队之起源

de juwe amba boo..①

**译文**：将一牛录百甲，著以十人为白巴牙喇，（带）炮二位、长枪三支。再，将九十甲分之，著以四十甲为红巴牙喇，（带）炮十位、长枪二十支。又，十人（带）战车二辆、水囊二个。<u>黑的</u>营五十人，（带）炮十位、长枪二十支。再，每二十人携战车二、梯一架、镢头二把、锛子二把、攀钩二个、镰刀二把、斧二把、席四领、叉二支、连枷棍一根、水囊二个及一月用之木炭、绵甲十五领。一甲喇（带）大炮二位。

据此统计，每牛录"行走百甲"含白巴牙喇10名、红巴牙喇40名，余俱为黑营。阿南惟敬所称，黑营至少有30甲是带有搬运、杂役兵性质的兵士，实为误断句读，错将10名携带战车、水囊的红巴牙喇算入黑营。黑营50甲内，有20甲携带攻城器械与绵甲，而非他说的30甲。

经过本次更定军制，每100名甲兵设炮22位，且白、红巴牙喇、"黑营"均配属火器。红巴牙喇、"黑营"一跃成为拥有火器与车盾之军，"黑营"更包揽绵甲与大部分攻城器械，除本身配备枪炮外，还以甲喇为单位携大炮2门，成为专业攻坚力量。从上述史料看，黑营自初设始，便基于牛录组建，是覆盖八固山，出兵行走的营制。营兵尽属甲士，与巴牙喇无关，亦与"汉兵"无涉。可是，为什么会出现这种误解？金汗又为何如此激进的将火器全面装备女真军队呢？这要从攻克辽东后组建的"汉兵"（nikan i cooha）谈起。

---

① 《满文原档》第3册，《列字档》，第298页。

天命六年夏，英明汗巡视辽南：

  haijoi lio sanjin de wasimbuha bithei gisun. . sini haijoi hecen be bi tuwaci **ehe** ūmai dashakū bi. . sanjin si hecen i tulergi mooi jase be ehe sula babe dasame saikan tebubi cirge. . hecen tehereme liodun simiyan i hecen <u>be</u> <u>de</u> sejen boo sindaha gese haijoi hecen i <u>tūlergi</u> tulergi ūlan i dūlo sejen boo sindame saikan dasa sejen boo akūci liodun de gajibi game. . liodun i niyalma geli benekini sini <u>bū</u> hecen beki akdun oci mini cooha tuwakiyame teburakūkai. . ①

  **译文**：谕海州刘参将文曰：我见你那海州城**颓败**，未经修治。著参将你把城外木栅（鹿角）倾塌空缺处，好好地修治加固。城照着辽东、沈阳布列车、炮那样，在海州城外壕内布列车、炮，好生布置。若无车、炮，来辽东取去，著辽东之人再送。你那城要是坚固，我兵怎么还用镇守那！

金军接收海州后，沿用明制，设参将镇守。"刘参将"是风云人物刘兴祚（爱塔）之侄，其名不见于《满文原档》及《满文老档》。英明汗要他照辽阳、沈阳般修复城外鹿角，排列战车、火炮守备。配备火器、战车的前明兵卒，被称为"炮兵"（boo sindara cooha），还被派往牛庄、耀州防御。② 姚念慈指

---

  ① 《满文原档》第 2 册，《张字档》，第 113—114 页。
  ② 天命六年十一月，英明汗命令刘参将：sanjan sini boo sindara cooha be ilan ubu dendebi emu ubu be yooju de tebu. . emu ubu be niojuwang de tebu. . emu ubu be sini emgi haijo de tebu. . （参将把你手下的炮兵分三部分，一支驻耀州，一支驻牛庄，一支同你驻海州），见《满文原档》第 2 册，《张字档》，第 251 页。

出，位阶最高汉将中，李永芳所辖旧部很快被剥夺，而佟养性、刘兴祚并无旧部，① 这支炮兵即金军序列内早期成建制的汉人兵马。

天命六年十一月二十七日，英明汗降旨，按 20 丁抽 1 的比例征辽东汉人当兵。② 姚念慈对本次征兵的背景有精辟的分析：

> 天命六年十一月，努尔哈赤下令"数点河东人之男丁，均分给诸申、汉官管理"，次年正月，又借口汉官不遵命抽调兵员，勒索属下，表示"汉人已不可信"，从而将辽东汉人按等级分配给满、汉官员，"诸申都堂、总兵官三千丁，副将各一千七百丁，参将、游击各一千丁，备御各五百丁。赐汉人总兵官各四千丁、副将三千丁，参将、游击各两千丁"。就单个官员而言，同一级别汉官所得人丁多于满官，但汉人官员在人数上比满洲官员少得多，因此，颇大部分汉人被划归到满洲官员之下。随后又将汉人工匠编入八贝勒之包衣牛录，而将原庄园内的汉人拨出，编入满洲公中牛录。这次改编的结果，应有相当大比例的汉人并入八旗满洲之内。③

---

① 姚念慈：《清初政治史探微》，辽宁民族出版社 2008 年版，第 160 页。
② 原文如下：orin niyalma de emu niyalma be cooha ilibumbi..cooha iliha niyalma han i hecen de tembi..aika baita oci tere be takurambi..guwa be takuraci ulin gaime ojorakū..义为："在二十人里出一人当兵，当兵的人驻守汗城，要是有事儿就派他们。要是派别的人，不得索要财物"，参见《满文原档》第 2 册，《张字档》，第 279—280 页。
③ 姚念慈：《清初政治史探微》，第 103 页。

"诸申都堂"（jušen dutang）一词，jušen 即"女真"，dutang 原指明朝在辽东之经略、巡抚等高官。都堂制度肇始于攻克辽沈后，是管理汉人的机构。都堂一职，初由固山额真（gūsai ejen）充任，位高权重。[①] 正因为大批汉人丁口被划归诸申、汉官管理，成为抽兵的人力基础，天命七年正月，汗谕：

> nikan i hafan duin minggan kadalara **niyalma** juwe tanggū cooha tucibu. . nikan i hafan emu **tanggū** cooha de amba boo juwan. . cang boo jakūnju dagila. . jai emu tanggū cooha be sini cisui cihai sula takura. . ilan minggan kadalara niyalma emu tanggū susai cooha ilibu. . jakun amba boo. . susai duin cang boo dagila. . jai nadanju sunja niyalmabe sini cihai sula takura. . juwe minggan kadalara niyalma emu tanggū cooha ilibu. . sunja amba boo dehi cang boo dagila. jai susai niyalmabe sini **cihai** sula ci takura jūsen i hafan juwe minggan nadan tanggū kadalara niyalma emu tanggū gūsin sunja cooha ilibu. . ninju nadan niyalmade ninggun amba boo dehi sunja cang poo jafabu. . jai ninju nadan niyalma be sini cihai sula takura. . emu minggan nadan tanggū kadalara niyalma jakūnju sunja cooha ilibu. . dehi duin niyalma de duin amba boo gūsin ninggun cang poo jafabu. . jai dehi emu niyalmabe sini cihai sula takura. . emu minggan kadalara niyalma susai cooha ilibu. . orin sunja niyalma de juwe amba boo orin cang boo dagila. . jai orin sunja niyalmabe sini cihai sula takura. . sunja tanggū kadalara

---

① 刘小萌：《满族从部落到国家的发展》，第 195 页。

niyalma orin sunja cooha ilibu. . juwan niyalma de emu amba boo jakun cang boo dagila jai tofohon niyalmabe sini cihai sula takura. .①

**译文：**著汉官管四千（人）者，出二百兵，汉官一百兵，备办大炮十位、长炮八十支，另一百兵，听尔自行调遣。管三千人者，立一百五十兵，备办大炮八位、长炮五十四支，另七十五人，听尔自行调遣。管二千人者，立一百兵，备办大炮五门、长炮四十支，另五十人，听尔自行调遣。诸申官管二千七百人者，立一百三十五兵，六十七人，执大炮六位、长炮四十五支，另六十七人，听尔自行调遣。管一千七百人者，立八十五兵，四十四人，执大炮四位、长炮三十六支。另四十一人，听尔自行调遣。管一千人者，立五十兵，二十五人备办大炮二门、长炮二十支，另二十五人，听尔自行调遣，管五百人者，立二十五兵，十人备办大炮一位、长炮八支，另十五人，听尔自行调遣。

石桥秀雄曾统计管 2700 人的诸申总兵官出兵数，按 20 丁抽 1 算，出兵 135 名。每位大炮配兵 2 名，每支长炮配兵 1 名，共火器手 67 名、杂役 68 名。杂役虽多 1 名，但大体吻合。② 不过，石桥先生并未考证"长炮"（cang boo）是何种武器。查《内阁藏本满文老档》在 cang poo 旁划黄线，页眉贴签云："谨思：所谓'长炮'之语，盖指鸟枪之语罢了"（gingguleme

---

① 《满文原档》第 2 册，《张字档》，第 353—356 页。
② 石橋秀雄：《清代史研究》，東京：綠蔭書房 1989 年版，第 147 页。

kimcici. cang poo sere gisun. ainci miyoocan sere gisun dere..），①则 cang boo 实为鸟枪。所以，汉兵是装备大炮和鸟枪的军队。

《原档》内"汉兵"写作 nikan i cooha，即"汉人之兵"。天命七年四月，努尔哈赤调其赴岫岩口、金州、黄骨岛驻守，②证实"汉兵"已能承担军役。天命八年初，都堂衙门向汉兵下达两条态度貌似截然相反的谕令。其一曰：

> nikan i cooha orin niyalmade emu niyalma ilihabikai jiramin halukan etuku obu.. tuweri bigan de yabuci beiguwen de tosorakū.. morin be saikan tarhubu.. morin eden niyalma wacihiyame uda.. coohai niyalma beri jebele ūme dagilara.. gemu boo miocan jafa.. boo miocan akū oci.. nikan i faksi be jūsen i faksi de acabubi tubu.. coohai niyalma de gemu jūsen doroi ūksin tū..③

**译文：** 汉兵已二十抽一人设立喽，得给厚暖衣服，（否则）倘若冬季野外行走，难以御寒。将马匹妥善（喂养）肥壮。马匹缺少的人，买齐喽。兵丁不要备办弓、撒袋，俱执炮、鸟枪。若无炮、鸟枪，令汉人工匠会同诸申匠役制造。兵丁俱如诸申例造甲。

---

① 《内阁藏本满文老档》第4册，第1440页。
② 此事见于天命七年四月初八日汗谕：sioyan i angga de jūsen i cooha emu tanggū nikan i cooha emu minggan.. huwanggu dao de jūsen i cooha gūsin.. nikan i cooha sunja tanggū.. ginju de jusen i cooha gūsin.. nikan i cooha sunja tanggū..（诸申兵一百名、汉兵一千名在岫岩口，诸申兵三十名、汉兵五百名在黄骨岛，诸申兵三十名、汉兵五百名在金州），见《满文原档》第2册，《张字档》，第547页。
③ 《满文原档》第3册，《列字档》，第176—177页。

## 第四章　金国火器军队之起源

该谕颁布于上元日，距"汉兵"初立已逾一年。"汉兵"虽已成军，但装备妥善率不高，冬衣、马匹、火器、甲胄均未齐备。都堂衙门强调："汉兵"虽需备马，但不必像诸申兵丁般准备弓、撒袋，仅置办炮、鸟枪、铠甲即可，实为执火器的乘马步兵。都堂衙门督促汉兵整装，相信是出自汗的意旨，展露相对积极的态度。

四月，复称：

nikan i coohai niyalma baisin niyalma yai i de bisire beri sirdan loho gida boocoohai agurabe orin ci dosi meni meni kadalara hafan de benju. . orin casi coohai agūra be benjihe akū asarahabi seme gercilehede ujen oile arambi. . ①

**译文**：汉人兵丁、百姓，凡所有弓矢刀枪、炮、军械，著二十日内，送交各自管理官员，逾二十日隐匿不送军械，被出首告之，治以重罪。

这次收缴军器，覆盖辽东全体汉人，"汉兵"也不例外。收缴器械不限于火器，弓矢、刀、长枪等皆在其列。诸申兵丁自备兵器，而"汉兵"却必须送官统一保管，不准日常佩执。此前虽亦有类似歧视措施，如当年正月，为"行走百甲"修治装备时，将"旧劣之甲"（fe ehe uksin）发给汉兵，② 但蒙古兵也曾遭受同等对待，且无碍日常训练。如此大规模收缴辽东汉人的兵器，不惜以削弱"汉兵"战力为代价，体现金国贵

---

① 《满文原档》第3册，《列字档》，第302页。
② 《满文原档》第3册，《列字档》，第176页。

族对汉兵汉人的戒备心理。可是，为何都堂衙门在不满四个月里发布两条截然相反的命令？

英明汗初入辽东时，对汉人采取温和政策。然而，因为女真权贵推行一系列扰民措施，汉人反抗活动炽烈，东江明军乘机袭击边境，辽东局势迅速激化，英明汗逐渐抛弃了最初的温情政策。天命八年二月后，治民的都堂制度便难以为继，到七月最终废止，[①] 反映英明汗对汉人的态度急转直下。明了这一背景，不难理解看似相悖的两条训令蕴涵的因由。

nikan i cooha 于天命八年五月最后一次见于档册，之后便消失了。具体解散时间尚不清楚，但从天命九年（天启四年，1624）开始，英明汗大肆屠戮辽东汉人，汉人或被杀，或逃亡。当时从戎辽西的茅元仪称："嗣后虏法愈苛，几无噍类。渡河私归，日不乏人。冰胶之日，有如密雨"，[②] 辽东汉人社会趋于解体。天命十年（天启五年，1625），英明汗将刀下余生的汉人编入庄屯（tokso）为奴。汉人自由民（irgen）阶层不复存在，"汉兵"与汉人本互为表里，汉兵失去抽兵基础，自难独存。所以，汉兵解体时间应在天命九至十年间，与基于八固山正兵编成的"黑营"无关。

虽然英明汗整饬军队，用火器武装由诸申组成的白巴牙喇、红巴牙喇、黑营。不过，将火器引入女真军队似乎只是一时之举，甚或停留于纸面上而已。从天命八至十一年出兵记录看，参战的火器手不多。天命八年四月，阿巴泰、德格类、斋

---

[①] 刘小萌：《满族从部落到国家的发展》，第260页。
[②] 茅元仪：《石民四十集》卷四八《回乡辽人》，《四库禁煅书丛刊》集部109册，第402页。

桑古、岳托四贝勒讨伐罕哈五鄂托克之一的扎鲁特，麾下包括诸申、蒙古兵2000名、执炮汉兵（boo jafaha nikan i cooha）800名，仍带汉兵火器手随行。① 若说是因为八固山行甲初用火器，未臻熟练，不堪调遣之故，天命十年，好儿趁奥巴洪台吉（ooba qung tayiji）②请求火器手，却未达到目的，就很蹊跷了。

奥巴致英明汗原信想必是蒙古文，但不见于《十七世纪蒙古文文书档案》，料已散佚。从《满文原档》看，奥巴闻知察罕儿虎墩兔憨来伐，向英明汗祈求援兵，特别要求"务必带来千名放炮之人"（minggan poo sindara niyalma gaji）。③《清太祖武皇帝实录》作"必遣放炮人千名"（poo sindara minggan niyalma be unggi）。④ 可是，英明汗仅派8名汉人炮手随使者前往。⑤ 时值英明汗推行屠杀汉人，将余者编庄，沦为诸申奴隶的政策，汉人火器手数量骤减，亦属正常。但是，设若巴牙喇、黑营均有大批火器手，又何必将劫后余生的区区数名汉人炮手派往科尔沁呢？显然此时诸申兵丁已不再配备火器。

总之，黑营自天命八年后不见于旧档，可能如阿南惟敬所言，改为"八固山之营"。天命十年正月前，新设50名城守

---

① 《满文原档》第3册，《列字档》，第331页。
② 奥巴洪台吉系成吉思汗胞弟合撒儿后裔，系好儿趁（科尔沁）万户中，嫩科尔沁的最高统治者。他于天命九年二月，同金国结成联盟，共同对付虎墩兔憨，见乌云毕力格、巴拉吉尼玛主编《土谢图汗—奥巴评传》，内蒙古教育出版社2009年版，第11—75页。
③ 《满文原档》第4册，《收字档》，第306页。
④ 《清太祖武皇帝实录》卷四，天命十年八月初九日，第47a页。
⑤ 《满文原档》第4册，《收字档》，第308页。

甲兵撤销，每牛录甲数重回100名。① 诸申兵丁的火器被裁去，仅保留少量炮手。至于这些炮手的身份，以及在淑勒汗皇太极执政初期的组织形态，容当另文考证。

黑营（sahaliyan ing）究竟是不是汉兵（nikan i cooha）？汉兵与八固山有关与否？英明汗时，火器是否仅配备汉兵，带有族群标志的意味？这些以往混沌模糊的概念，通过本节考证，渐渐明晰起来，总结如下：

第一，黑营与汉兵无关，至迟在天命六年辽沈之役时便已出现，是出兵行走之营，所属披甲由各牛录抽调。天命八年改革后，成为拥有火器、绵甲、攻坚器械的军队。

第二，金国攻克辽东后，设都堂制度管理辽东汉人。天命六年底至七年初，英明汗通过都堂征集汉人，创设汉兵，但金国在辽东的统治日渐陷入困境，汉兵终因编庄而解体。汉兵非固山之兵，而是都堂制度的产物。

第三，金国攻陷辽东后，将每牛录100甲扩充为150甲。新增50甲大部分是炮手和执三眼枪、鸟枪的甲兵。可知火器在天命六年就配备八固山之兵，比汉兵创立要早，并非由汉兵垄断的武器。

第四，因为对汉兵丧失信任，英明汗在天命八年重组牛录下甲兵，为巴牙喇、黑营配备火器。最迟到天命十年，诸申兵丁不再装备火器。

从天命六年英明汗设立装备火器的守城甲兵，到组建汉兵，又将火器推广到全体诸申兵马，甚至将火器、绵甲、攻城器械集中到黑营，再到汉兵解体，诸申兵马不再使用火器，如

---

① 《满文原档》第4册，《收字档》，第258—259页。

此倏忽晦暝，反复不定的施政，竟发生在短短五年内，极易令人迷惑。若不考量金国贵族逐步陷入治理辽东的困局，局限于军制本身讨论，就不免谬误。努尔哈赤的举措如此反复，说明他认为火器和汉兵是可有可无的，更谈不上在运用火器方面有前瞻性眼光。天命十一年初，金军攻略宁远，因明军使用红夷炮和万人敌而致败。四个月后，英明汗即撒手人寰，他的未竟事业，只能等待皇太极来完成。

## 二　金国"火器营"献疑

淑勒汗皇太极执政后，终止努尔哈赤屠戮、奴役汉人的暴政，于天聪五年（崇祯四年）正式恢复 nikan i cooha，汉籍称之为"旧汉兵"或"汉兵"。这支部队包括1660名行营兵和1620名守兵，配备大炮、鸟枪、绵甲和攻城器械，是操作火器的军团，即日后"乌真超哈"（八旗汉军）之前身。然而，清代史料记载，早在皇太极执政之初，便于八固山下设立"火器营"，复随军远征北京。若此说可靠，该营是金国废除"黑营"与"汉兵"后，再度组建的火器部队，比"旧汉兵"恢复时间还早。它与"汉兵"是否有关，亟待考辨。

前文谈到火器被纳入金（清）军序列，经历了曲折的过程。英明汗攻陷辽东后，征汉人充兵，称为"汉兵"（nikan i cooha），配备火器，复于次年将火器引入女真军队。然而不足两年，"汉兵"便遭解散，女真军队的火器也被裁撤，仅保留少量炮手。天聪五年，淑勒汗重编"旧汉兵"前，金国是没有成建制火器军队的。

可是，有研究称，天聪三年（崇祯二年，1629）八旗已设立"火器营"。若此说成立，则早在清入关前，"火器营"便已出现，它与先前的"汉兵"和后来的八旗汉军有何联系，是承前启后的问题。那么，这一论断依据何种史料，是否可信，当时金国火器部队的实态如何，是本节要解决的问题。

实际上，目前就金人的"火器营"，存在两种观点，一说称：

> 天聪三年十月，皇太极首次大举攻明，亲率"十旗兵"，兵分两路，一由右翼四旗及右翼蒙古诸贝勒兵攻大安口，一由左翼四旗及左翼蒙古诸贝勒兵攻龙井关，知当时除了八旗满洲外，大军中亦包含蒙古二旗，但汉兵则尚未单独编旗。《清实录》在记载此役的过程中尝两度出现"火器营兵"字样，且皇太极亦屡命八旗列炮攻敌，再从皇太极因恐新降明兵"不耐寒，甚苦野处"，而命其与"八旗炮手兵"同赴村庄居住，知当时八旗满洲已配置有专门的火器营，此很可能是将各牛录中原有的汉人炮手和传统火炮抽调集中所组成的。①

另一说则质疑上述观点：

> 黄一农先生认为"八旗火器营"是由各牛录抽调而成，从八旗军事动员的传统来推测是对的；但再进一步推断"八旗满洲已配置有专门的火器营"则过于冒险、史料难于支持，而且过于强调汉人的族裔构成，等同于将

---

① 黄一农：《红夷大炮与皇太极创立的八旗汉军》，第84页。

## 第四章 金国火器军队之起源

"八旗炮手兵"等同于"汉人"、亦尚未见史料支持。[1]

双方一致认为"八旗火器营"确有其事,分歧有二:一是该营究竟是常设抑或临战编成的营制,二是营辖炮手是否为汉人。其实,较之上述分歧,"八旗火器营"到底是真实的营制,还是对史料的误读,才是问题的关键。鉴于牛录固山制度是金国基本的社会组织和政治制度,[2] 考察"八旗火器营"问题,必须分析它与制度的关系。

第一种观点谈到天聪三年,金国领有八旗满洲和蒙古二旗。这一提法亟待商榷。首先,淑勒汗直到天聪九年(崇祯八年,1635)始将族称"女真"正式易为"满洲",[3] 此前虽有"满洲"的提法,却从无"八旗满洲"之名。其次,并不存在"蒙古二旗",乾隆年间改修的汉文本《清太宗实录》载:

> 命贝勒济尔哈朗、岳托率右翼四旗兵,及右翼蒙古诸贝勒兵,于二十六日夜半,进攻大安口,至遵化城合军……又命贝勒阿巴泰、阿济格率左翼四旗兵,及左翼蒙古诸贝勒兵,从龙井关攻入。[4]

---

[1] 王涛:《清军火器、军制与战争——以旗营与淮勇为中心》,博士学位论文,复旦大学,2007年,第4页。
[2] 刘小萌:《满族从部落到国家的发展》,第123—151页。
[3] 蔡美彪:《大清国建号前的国号、族名与纪年》,《历史研究》1987年第3期。
[4] 《大清太宗文皇帝实录》卷五,天聪三年十月乙亥,第75—76页。

台北"故宫博物院"藏顺治朝《清太宗实录》与之有异：

> 右翼令迹儿哈朗贝勒、姚托贝勒，领四固山兵，及右翼蒙古贝子兵，于二十六日夜行，攻入大安口，往奔遵化合营……左翼令阿布泰贝勒、阿吉格贝勒，领四固山兵，及左翼蒙古贝子兵，从龙井关攻入。①

攻破明边的金军序列包括八固山兵与蒙古贝子兵，并无"蒙古二旗"，老满文档案记载得更清楚：

> tere inenggi yoto taiji. . jirgalang taiji. . abtai taiji. . ajige taiji. . ere duin taiji. . emu nirui juwanta uksin. . jai monggoi korcin i beise. . cahara. . kalkai jarut barin ere geren monggo beise i cooha. . mūsei jakun gusai monggoi cooha. . be sain be tuwame tucibufi ere cooha bedasuhuwan i ergi duin gusai hashū ergi galai cooha be abtai taiji. . ajige taiji gaibi genehe. . jebele ergi duin gusa ici ergi galai cooha be yoto taiji. . jirgalang taiji gaibi genehe. .②

**译文**：当天，岳托台吉、济尔哈朗台吉、阿巴泰台吉、阿济格台吉这四位台吉，将每牛录十甲，及蒙古好儿趁贝子、察罕儿、罕哈扎鲁特、巴林这多位蒙古贝子之兵、我们八固山蒙古之兵择优选出。把这些兵，左面的四

---

① 《大清太宗文皇帝实录》顺治朝汉文本，卷四，天聪三年十月二十四日，第 21a 页。
② 《满文原档》第 6 册，《秋字档》，第 320—321 页。

## 第四章 金国火器军队之起源

<u>个固山的左翼兵</u>由阿巴泰台吉、阿济格台吉带去，<u>右面的四个固山右翼兵</u>由岳托台吉、济尔哈朗台吉带去。

由此可见，参战蒙古兵分两部分。一是各部兵，包括好儿趁（korcin/qorčin，又作科尔沁）、察罕儿（cahara/čaqar，又作察哈尔）、罕哈（kalka/qalq-a，又作喀尔喀）诸部。当时虎墩兔憨联明抗金，所谓"察罕儿"实指原属察罕儿万户，投顺金人的敖汉、奈曼等部。"罕哈"有两义，一指罕哈五鄂托克，一指漠北的罕哈万户，从旧档删去的扎鲁特（jarut）、巴林（barin）二词看，无疑指前者的两个鄂托克。[①] 二是金国的蒙古兵，最初写作 mūsei jakun gusai monggoi cooha，即"我们八固山的蒙古兵"，主力是天聪初年归顺金汗，编入固山的喀喇沁部（qaračin）蒙古人，战时集中调遣。[②] 所以，除助战的各部蒙古兵外，金军分隶八固山，并没有"八旗满洲"和"蒙古二旗"。所谓"八旗满洲"配置有火器营，自然是错误的概念。那么，退一步讲，"八旗火器营"存在吗？

从上文考证看，治清入关前史，满文档案的价值不言而喻，而老满文档案即《满文原档》尤为重要。"八旗火器营"存在与否，须以之为准。前述观点谈到"火器营兵"两见于《清实录》，即顺治朝编纂、乾隆朝改订的《大清太宗文皇帝实录》汉文本。兹援引如下，并与老满文档案比勘。首处记载是天聪三年十一月，金军进攻北京时：

---

[①] 乌云毕力格、成崇德、张永江：《蒙古民族通史》卷四，第2页。
[②] 村上信明：《清朝の蒙古旗人：その実像と帝国統治における役割》，東京：風響社2007年版，第9頁。

　　　　上立德胜门外，审视虚实，谕火器营兵进前发炮火。①

《满文原档》记载为：

　　　　han hendume. mūsei poo sindara niyalma jūlesi ibebi poo sindakini.. ②

　　**译文**：汗谕：着我们的放炮之人进前发炮。

《太宗文皇帝实录》里的"火器营兵"在原始档案里写作 mūsei poo sindara niyalma，直译"我们的放炮之人"，即"我们的炮手"。乾隆年间用新满文誊抄的《满文老档》作 musei poo sindara niyalma，仅字头 mu 写法不同。《清太宗文皇帝实录》的满文本亦作 musei poo sindara niyalma，与《满文老档》一致。③

　　另一处记载是同年十二月，金军袭扰蓟州：

　　　　上与大贝勒代善、莽古尔泰、贝勒阿巴泰、阿济格、多尔衮、多铎、杜度率护军及火器营兵五百名，往视蓟州情形。④

《满文原档》记作：

---

　　①《大清太宗文皇帝实录》卷五，天聪三年十一月辛丑，第80页。
　　②《满文原档》第6册，《秋字档》，第362—363页。
　　③ 中国第一历史档案馆编：《内阁藏本满文老档》第9册，第4599—4600页；《大清太宗文皇帝实录》顺治朝满文本，天聪三年十一月辛丑，第42b—43b页。
　　④《大清太宗文皇帝实录》卷五，天聪三年十二月丁丑，第84页。

han jūwe amba beile. . bayara poo i cooha be gaibi jūleri gijoi hotun be tuwanjime jidere de

**译文**：汗、两大贝勒率巴牙喇及炮兵，来观蓟州城时……。①

随金汗阅视蓟州的"两大贝勒"指正红旗主代善和正蓝旗主莽古尔泰。扈从仅有bayara和poo i cooha。bayara音译"巴牙喇"或"摆牙喇"，即清代的"护军"，是专门挑选，随扈汗与亲贵的精兵。②《实录》里的"火器营兵"本为poo i cooha，即"炮（的）兵"，和poo sindara niyalma（炮手）是一类人。《内阁藏本满文老档》和《实录》满文本的记载同老满文档案一致。③可见"己巳之变"时，金军虽带炮手，却没有"火器营"的编制。所谓"火器营"不过是《大清太宗文皇帝实录》汉文本的误记罢了。至于这些炮手归金汗领有还是分属八固山、是否皆为汉人，仍要以档案为根据考察。

英明汗晚年解散汉兵、裁撤女真军队的火器，仅保留少量炮手。天命十一年（天启六年），亦即英明汗升遐之年，金军重新配备火器。这一举措很可能是皇太极称汗后，汲取金军在宁远受挫于明军火器的教训而采取的。天聪四年（崇祯三年，1630）的汉字档案载：

> 天命丙寅年，派定沈阳存城炮，每一牛禄大砲一位、

---

① 《满文原档》第6册，《秋字档》，第387页。
② 郑天挺：《清史语解》，《探微集》，第145—150页。
③ 《大清太宗文皇帝实录》顺治朝满文本，卷五，天聪三年十二月丁丑，第55a—55b页。

小砲五位，经管金官一员、汉官一员；其外八城砲，每一牛禄大砲二位、小砲五位，每城经管金官三员、汉官一员，李献箴。随征跑，每一牛禄大砲一位、小跑五位，经管金官一员、汉官一员，李思忠。①

本条史料出自天聪四年七月二十五日汗谕，用语简明俚俗，间有别字，颇存朴拙之风。北京图书馆藏"天聪二至五年各项稿簿""天聪六至九年奏疏稿"各一部，誊录竖行方格纸上，已非原件，首钤"今西龙"印，可知为满鲜史学家今西龙旧物。该谕收入"天聪二至五年各项稿簿"，所录汗谕、奏疏皆为汉文，不见于"台北故宫"藏"沈阳旧档"。查民国十三年（1924）罗振玉将盛京崇谟阁藏汉文《奏疏簿》付梓，编入《史料丛刊》，定名《天聪朝臣工奏议》，收录天聪六至九年汉臣奏疏，内容与"天聪六至九年奏疏稿"大同小异，则"天聪二至五年各项稿簿"亦当属盛京旧档。

由此可见，皇太极将火炮分为守城和出征两类，皆以牛禄为依归，与天命八年（天启三年）其父扩充火器军队之举一致。李献箴和李思忠的职任，大概就是分管守城、出征火炮的汉官。既然金国两度建立炮兵，均以各固山的牛禄为单位，故而有理由认为，炮手也是从八固山抽取而来。这一推断，可在《大清太宗文皇帝实录》满文本里找到证据。

天聪四年正月，金军攻陷毗邻山海关的永平府（见图4-1），将投诚兵卒编为汉兵。皇太极亲自阅兵，并降谕旨，档案失

---

① 《敕谕游击李献箴》（天聪四年七月二十五日），收入陈湛绮编《后金汗国（皇太极）天聪朝稿簿奏疏》，第53—54页。

载,《实录》满文本节录此谕,云:

**图4-1 永平府城望京门(2011年摄)**

ese beikuwen de budun. tule tataci jobombi. gašan de tatakini seme jakun gūsai pooi coohai niyalma be unggifi. emgi gašan de tatabuha. .

**译文**:此辈畏寒,苦于露宿,着住村庄。遂遣八固山充为炮兵之人,同住村庄。①

《大清太宗文皇帝实录》是先纂成满文本,再有汉文本。经上文比勘可知,满文本的记载往往与老满文档案及《满文老档》相同,较汉文本可信。皇太极命令新编汉兵与 jakun gūsai poo i coohai niyalma 同住,汉文本将其译为"八旗炮手兵"。可是,

---

① 《大清太宗文皇帝实录》顺治朝满文本,卷六,天聪四年正月戊子,第8a—8b页。

清初的 gūsa 和"旗"并不能一一对应，今宜译作"固山"；①poo i coohai niyalma 直译"炮（的）兵（的）人"，应释作"充为炮兵之人"或"当炮兵之人"，即前揭史料中的 poo i cooha（炮兵）和 poo sindara niyalma（炮手）；jakun gūsai poo i coohai niyalma 译作"八固山充为炮兵之人"，足证炮手是从八固山抽调，而非独立成军。

天聪初年炮手的族属问题，由于史料过少，只能就仅存的断章残简摸索。自天命六年，女真兵马装备火炮后，火器便不再是区别族属的标志。不过，英明汗晚年解散汉兵，复大肆屠戮辽东汉人，将刀下余生者编入庄屯为奴。直到皇太极上台，缩小编庄，才令部分汉人恢复了自由民身份，具备了挑取汉人炮手的条件。所以，纵使英明汗执政末期残存少量炮手，也是有"诸申"（jušen，"女真百姓"）身份的人。从前揭天命十一年档案看，管炮的"金官"即女真官员多于汉官，也能侧面证实这点。

天聪四年，金军撤出华北，在遵化、永平等四城驻兵留守。李成梁族侄、统领出征炮位的李思忠奉命守备遵化。五月，明军反攻，李思忠率炮手迎敌：

> sūn huwa ci bedererede nikan i cooha. . sūn huwa hoton de teni afame latunjime mini beye poo be faidabi uttu sinda. . tuttu sinda seme tacibume. . ilan jergi afanjiha be ilan jergi poo sindame hanci latuburakū afarade. . batai sindaha cū niru de mūsei okto latubi dūlerede jusen nikan gemu amasi so-

---

① ［日］细谷良夫：《清朝八旗制度的"gūsa"和"旗"》，第47页。

jome bedererebe bi siusihašame mūsei cooha atanggi uttu burulambihe seme meni meni bade ilibuha. .①

**译文**：打遵化撤退时，明军正来攻打遵化城。我亲自指挥列炮，不断施放，三度来攻，三次发炮，使之不得逼近。交战时，敌放药箭点燃我方火药，诸申、汉人都急忙往后撤，我用鞭子抽他们，说："我兵何曾如此败退"，遂各回原处站着。

本条史料出自天聪六年（崇祯五年，1632）的老满文档案。雍正朝编纂的《八旗通志》亦载此事，称："（明军）又以火箭射我火器营"，② 凭空杜撰出一"火器营"，见后出汉文史料之不足征。李思忠专司火炮，属下自然是炮手。明军火箭引燃火药，他麾下的"诸申、汉人"惊骇退后，遭到鞭责。可知金军炮手既有女真，也有汉人。所以，说天聪初年的炮手是汉人，恐怕是片面的。

总之，淑勒汗皇太极继位后，重新组织配备火器的军队。天聪三年（崇祯二年），远征华北的金军包括一批炮手（poo sindara niyalma），亦称炮兵（poo i cooha），又名"八固山充为炮兵之人"（jakun gūsai poo i coohai niyalma），是自八固山抽调而来，包括女真、汉人，充当火器手。金军火器手虽然在战时一同住宿、出征，但并未独立成军，更没有"火器营"的编制，所谓"火器营"的误说，源于《清太宗实录》《八旗

---

① 《满文原档》第8册，《地字档》，第109—110页。
② 鄂尔泰等纂，李洵、赵德贵等标点：《八旗通志初集》卷一七五，《名臣列传三十五·正黄旗汉军世职大臣·李思忠》，第4240页。

通志》等后出汉文文献的臆造。这也提醒研究者，治清初八旗制度史，必须以满文档案为最基本的史料，方不至谬以千里。

根据本章研究，金国自天命六年十一月开始，便为女真（诸申）军队配备缴获的明军火器。皇太极御极之初，金军仍然有一批女真火器手。那么，淑勒汗恢复"旧汉兵"，作为专业火器军团后，金（清）军是否还有女真（满洲）火器手，是下一节讨论的主题。

## 三 重建"汉兵"后的女真火器手

如前所述，皇太极执政之初，金军火器手既有女真，也有汉人。那么，皇太极恢复"汉兵"，集中配备和操演火器后，女真火器手去向如何，是留在满洲旗下，抑或编入"汉兵"，有待追究。作者查阅各类史料，特别是中国第一历史档案馆藏"蒙文老档"，认为即使在"汉兵"再编，嗣后扩充为"乌真超哈"背景下，满洲（女真）固山下，依然包括使用三眼枪、鸟枪乃至红夷炮的火器手。下文略作考察。

虽然金国于天聪五年恢复"汉兵"，专操火器，但在清入关前史料中，仍能见到女真、蒙古甲士出征时，配备三眼枪（三眼铳）的记录。不仅如此，崇德元年（崇祯九年），清军席卷朝鲜，俘虏大批人口，清朝专门从朝鲜人里挑选丁壮，练习鸟枪，由此编成的高丽佐领成为康熙二十九年成立八旗满洲火器营之前，满洲旗下少见的，集中配备鸟枪的基层连队。

皇太极执政期间，为补充八旗丁口，时常派兵征讨黑龙江、乌苏里江流域，捕掳土著居民，带回盛京，编设牛录。其中，天聪九年（崇祯八年）十月至崇德元年五月，金军向乌

## 第四章 金国火器军队之起源

苏里江发动远征，松浦茂总结道：

> 天聪九年十月至转年的崇德元年（1636）五月，皇太极向乌苏里江流域及滨海地区的四个地区同时出兵。吴把亥率兵二百九十七名，征服厄黑库伦、厄勒、约锁河流域；多吉里率兵三百零五名，征服鸦兰、绅林、户野和滨海地区南部；扎甫尼率兵二百九十八名，征服阿库里、尼满河一带，兀什塔率兵三百三十七名，征服乌苏里江下游支流诺落、阿湾河。据说吴把亥等人通过这次远征，迁来了将近四千九百名居民。[①]

皇太极为充实军队，调集 1237 名兵士，分四路深入乌苏里江及滨海区域，搜罗土著人丁。关于本次金国远征军的装备，"满文内国史院档"全宗内，收录一册题名为 sure han i niohon ulgiyan uyuci aniya i dangse..（淑勒汗乙亥九年档册）的档案，就此略有提及：

> emu gūsa de ilata amban. emu nirui sunjata uksin. fe monggo i **emu nirui** juwete uksin. morin juwe uksin de ilan.. ilan yasai miyoociyang emu gūsa de sunjata.[②]
>
> **译文**：每个固山各三位大臣；每个牛录各五名甲士，旧蒙古的**每个牛录的**各两名甲士；两名甲士给三匹马；每个

---

① 松浦茂：《清朝のアムール政策と少数民族》，京都：京都大学学术出版会 2006 年版，第 225 页。

② 满文内国史院档，淑勒汗乙亥九年档册，天聪九年十月初六日，第 138a 页。

305

固山各五杆三眼鸟枪。

金国以固山为单位,调取"三眼鸟枪"(ilan yasai miyoociyang)即三眼枪或三眼铳(见图4-2),配发远征军。远征官兵虽然从各固山、牛录抽调,但从两点来看,其实仅限于八固山,不包括乌真超哈固山。一是档案开列全部27位出征军官亦即"大臣"(amban)之名,尽属女真武官,未见汉官;二是档案特别提到在固山之外,另调"旧蒙古"(fe monggo)甲兵从征,设若抽调乌真超哈之兵,必定照蒙古兵之例说明,而竟无记录。故而金国是以八固山女真甲兵和蒙古甲士组成远征军,包括配备三眼枪的女真(可能还有蒙古)火器手。一固山出5杆三眼枪,八固山合计40杆,证实从征火器手不多,充其量不过40人。之所以为他们配备三眼枪,是因为这种武器便于骑兵使用,一发之后,仍能作搏战之具。

崇德元年,皇太极麾军东征朝鲜,迫其臣服。因为朝鲜经倭乱后,国防废弛,唯有延请明军将校指导,按照戚继光兵法训练之新军还算有战斗力,而鸟铳手(火绳枪手)又是新军的骨干。皇太极为击败经过火力升级的明军,夺取锦州,开辟通往山海关之路,打起了朝鲜鸟铳手的主意。崇德二年(崇祯十年)朝鲜奉命出动水军及炮手(鸟铳手)协助清军攻陷明朝东江镇治所皮岛(朝鲜称为椵岛),皇太极对朝鲜鸟铳手的表现很满意,称:"观其兵势,虽无骑射之能,然不违法度,又且步行捷疾,长于鸟枪,破营攻城,大有利焉"。[①] 自

---

① 《大清太宗文皇帝实录》顺治朝汉文本,卷二六,崇德二年七月二十六日,第25a页。

第四章　金国火器军队之起源

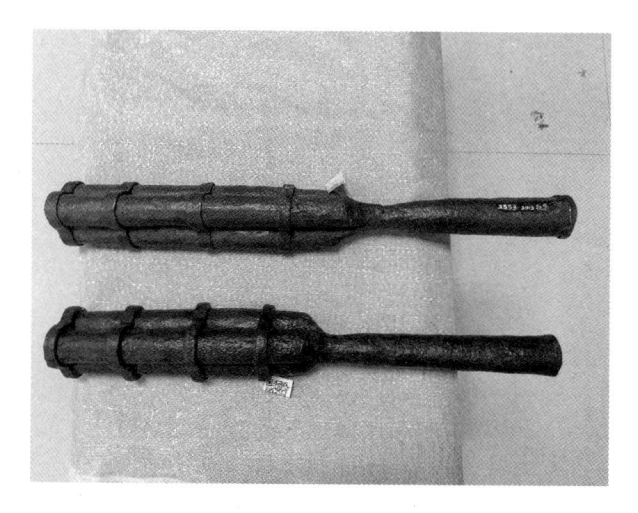

**图 4-2　河北宣化文保所藏三眼铳（2021 年摄）**

崇德五年（崇祯十三年）起，清朝强迫朝鲜逐年派遣鸟铳手，投入松锦决战。① 另外，清朝还从掳掠的朝鲜人里挑选丁壮，练习鸟枪。仁祖十五年（崇德二年，崇祯十年，1637），朝鲜国王召见由盛京返归之谢恩使李圣求，谈起明清战局：

> 上曰："何间西犯云乎？"圣求曰："或言七月间动兵，或言今年则休息，而兵机甚密，军中亦不知云。以此推之，虽欲征兵于我，何暇相通？彼以我国炮手精锐，椵岛之役，赖此成功，故方抄被掳者一千六百人，习炮于海州卫云矣。"②

---

① 刘家驹：《清朝初期的中韩关系》，台北：文史哲出版社1986年版，第252—264页。
② 《仁祖大王实录》卷三五，十五年七月庚午，第679页。

皇太极远征朝鲜，掳获大批人口，编入庄屯。崇德五年，朝鲜官员随太宗畋猎，目击辽东庄屯"多是汉人及吾东被掳者也"。①李圣求说皇太极鉴于朝鲜鸟铳手在皮岛之役的杰出表现，征发朝鲜臧获1600名，在海州练习鸟枪，这些人其实都是编入庄屯的俘虏。此事虽不见于内国史院档案及《大清太宗文皇帝实录》，但在《黑图档》可觅得相关记载。所谓《黑图档》之"黑图"为满文 hetu 之音译，义为"横"，该档案系盛京总管内务府衙门（简称盛京内务府）抄存档案簿册，起自康熙元年（1662），止于咸丰十一年（1861），是研究清代东北史地的第一手史料。记载训练朝鲜鸟枪手之事的档案收录于康熙八年（1669）京来档册的七月部分，原编号第44页开录原任盛京内务府棉庄庄头崔礼毕（tsui libi）供词如下：

mimbe solho ba ci gajifi ci lin de kubun toksoi da sindaha. amala jakūn gūsai miyoocan sindara niyalma gaire jergi de. mini deo tang i be miyoocan sindara de gaiha. meni ahūn deo fakcafi gūsin aniya funcehe.②

**译文**：把我打高丽地方带来后，放了七林棉庄的庄

---

① 佚名：《沈馆录》，收入李德龙主编《历代日记丛钞》第9册，学苑出版社2006年版，第143页。
② 《总管内务府为安置年迈休退之铁岭棉庄头崔礼毕事咨盛京佐领》（康熙八年七月十二日），辽宁省档案馆编：《黑图档康熙朝》第2册，线装书局2017年版，第134页。本件档案曾由关嘉禄、王佩环先生译汉，惜将 ci lin 误作"铁岭"，见关嘉禄、王佩环译，佟永功校《〈黑图档〉中有关庄园问题的满文档案文件汇编》，中国社会科学院历史研究所清史研究室编《清史资料》第5辑，中华书局1984年版，第44页。

头。后来要八旗放鸟枪人的时候，把我弟弟唐义带走放鸟枪，我们弟兄分开三十多年啦。

本条史料称征召朝鲜俘虏充当鸟枪手的时间，距康熙八年已逾三十载，考李圣求所言在崇德二年，与康熙八年间隔32年（1637—1669），时间基本吻合。崔礼毕系内务府庄头，考其胞弟唐义旗分，据档案记载，是"正黄（旗）的 hūju 牛录下"（gulu suwayan i hūju nirui）。① 查《钦定八旗通志》，这位 hūju 在汉文本写作"胡住"，是内务府正黄旗包衣第四参领第二高丽佐领的牛录章京。② 是以崔礼毕、唐义皆系内务府旗人。复查《八旗满洲氏族通谱》提到清军东征朝鲜后，将俘获人户分编佐领，安排天聪元年归附之朝鲜人新达里（金新达理）督率，兼任"内务府三旗火器营总管"。③ 这样看来，似乎崇德二年，皇太极集中1600名朝鲜俘虏，统统编入内务府三旗，在海州演习鸟枪，又在此基础上成立"内务府三旗火器营"，是毫无疑问了。可是，细勘史料，这种说法难以成立。

引文记载征集朝鲜鸟枪手，是"要八旗放鸟枪人"，也就是从各旗抽取朝鲜人练习鸟枪，选材范围遍及八旗。考虑到内务府虽然早在清入关前便具备雏形，但各项机构尚不完备，当

---

① 《总管内务府为安置年迈休退之铁岭棉庄庄头崔礼毕事咨盛京佐领》（康熙八年七月十二日），第131页。
② 《钦定八旗通志》卷五《旗分志五·八旗佐领五·正黄旗包衣佐领管领》，第92页。
③ 《八旗满洲氏族通谱》卷七二《附载满洲旗分内之高丽姓氏·金氏·新达里》，《景印文渊阁四库全书》史部第214册，第289页。

时唐义的身份，未必明确属于内务府旗下。况且"内务府三旗火器营"唯有《八旗满洲氏族通谱》一条记载，属于孤证，不排除它和前述天聪初年八固山"火器营"一样，属于对史料的误读。事实上，目前有据可查的内务府三旗首个火器营，要迟至雍正九年，增设内务府三旗包衣护军，成立之"鸟枪营"（miyoocan kūwaran）。① 作者推测，崇德二年，淑勒汗下令从八旗朝鲜俘虏中挑选丁壮，练习鸟枪。迨至清入关后，内务府制度成熟，和外八旗渐分畛域，朝鲜鸟铳手也分为两部分，一部分归入内务府，一部分留在八旗满洲之列。唐义等人被划入内务府正黄旗下的高丽佐领，而外八旗的高丽佐领同样保有一批鸟枪手。据《八旗通志初集》《钦定八旗通志》记载，康熙二十三年（1684）之前，八旗满洲有三个半高丽佐领，计正黄旗二个、正红旗一个半。② 这三个半高丽佐领下均有火器手，总数不明，确知有鸟枪步军120名。截至康熙三十年创立八旗满洲火器营前，这支高丽鸟铳支队是满洲旗下罕见的火器部队。③

总之，皇太极重编"旧汉兵"，又发展壮大为八旗汉军，

---

① 《总管内务府奏为三旗各增加护军二百名设立鸟枪营支给钱粮事折》（雍正九年八月十九日），收入中国第一历史档案馆、故宫博物院合编《清宫内务府奏销档》第4册，故宫出版社2014年版，第267—283页。

② 分别为正黄旗满洲第四参领第九、第十佐领、正红旗满洲第一参领第十二佐领、第十四佐领（半个），参见《八旗通志初集》卷四《旗分志四·八旗佐领·正黄旗满洲佐领》，卷六《旗分志六·八旗佐领·正红旗满洲佐领》，第58、93页；《钦定八旗通志》卷四《旗分志五·八旗佐领五·正黄旗满洲佐领管领》；卷八《旗分志八·八旗佐领八·正红旗满洲佐领》，第78、137—138页。

③ 张建：《火器与清朝内陆亚洲边疆之形成》，博士学位论文，南开大学，2012年，第47—48页。

不意味着满洲旗下火器手消失。天聪九年，金国为乌苏里江远征队配备40杆三眼枪，证实满洲乃至蒙古甲士中，含有少数火器手，但碍于史料有限，无法解读出更多讯息。崇德二年，八旗挑选朝鲜丁壮，演练鸟枪，此后内务府三旗和八旗满洲的高丽佐领下，均有鸟枪手存在。不唯如此，根据蒙古文档案记载，满洲旗下可能还有能够施放红夷炮之炮手，将于后文详述。

如前所述，从天命十一年（天启六年），皇太极继位起，金军序列中就包括女真（诸申）炮手，还参与天聪二年（崇祯元年）远征华北之役。可自此之后，满、汉文档案、官书中，基本见不到这些人的踪迹，仿佛凭空消失一般。

中国第一历史档案馆藏有名为"蒙文老档"的清初蒙古文档案。20世纪末至21世纪初，档案馆组织人力清理档案，将其分为四类，并陆续出版。其中一类名为"内秘书院内翰林院蒙古文档簿"的档案，于2003年冠以 čing ulus-un dotoγadu narin bičig-un yamun-u mongγol dangsa ebkemel-un emkidkel（清内秘书院蒙古文档案汇编）之名刊行。因为这批档案涉及清初军政秘辛，弥足珍贵，希都日古先生不辞辛劳，将其译为汉文，以《清内秘书院蒙古文档案汇编汉译》之名行世，嘉惠学林，功莫大焉。作者以汉译本为指导，查对原档，发现若干关系红夷炮及满洲炮手之蛛丝马迹，特此说明。

内秘书院蒙古文档案首册封面，自左向右墨书满、蒙、汉三种文字。左侧为满文 monggo kitad i bithe，义为"蒙古、汉人文书"，其中 kitad 系蒙古文借词。右侧为汉字"元年"。中央为蒙古文 ulaγan quluγan-a yin on jun-u terigün sere-dür qaγan yeke oron toγtaγaγsan bičig,① 义为"红鼠年夏首月，汗定大位之书"。该册档案收录崇德元年四月，皇太极称帝前后的文书，内中第二件系四月初八日，文武百官恭请皇太极上帝号表文。鉴于《满文原档》未载表文内容，而"满文内国史院档"中的崇德元年档册业已遗失，这件蒙古字表文的史料价值不言而喻。《清内秘书院蒙古文档案汇编汉译》提到上表大臣里有"掌管炮甲萨穆什喀"，② 由于萨穆什喀系满、蒙步兵长官，若再管理"炮甲"，这些人必定是满洲旗下炮手，亦即前述女真炮手。唯查对原档，蒙古文作 beki čerig-i qadaγalaγsan samsika,③ beki čerig 来自满文 beki cooha，整句义为"掌管步兵萨穆什喀"，实与"炮甲"无涉。

不过，根据内秘书院蒙古文档案中，保存的数件蒙古军官敕命，清廷抽调满、蒙兵卒，远征黑龙江流域，夺取索伦、达斡尔堡寨，收拢人丁时，曾经动用红夷炮。一是顺治二年（1645），赐予莫格（mege）"打儿汉"（darqan）头衔之敕命：

tuγurčan küriyen-i boo talbiγui luγ-a.. ci odǰu ögüleldun

---

① dumdadu ulus-un nigedüger teüke-yin dangsa ebkemel-un sang. öbör mongγol-un öbertegen ǰasaqu oron-u dangsa ebkemel-un sang. öbör mongγol-unyeke surγaγuli-yin mongγol sudulul-un töb. *čing ulus-un dotoγadu narin bičig-un yamun-u mongγol dangsa ebkemel-un emkidkel*, Vol. 1, köke qota：öbör mongγol-un yeke surγaγuli-yin keblel-ün qoriy-a, 2003, p. 1.

② 希都日古编译：《清内秘书院蒙古文档案汇编汉译》，社会科学文献出版社 2015 年版，第 1 页。

③ *čing ulus-un dotoγadu narin bičig-un yamun-u mongγol dangsa ebkemel-un emkidkel*, Vol. 1, p. 5.

uruɣulba..①

**译文**：用炮攻 tuɣurčan 库伦时，你去说服收降了。

二是顺治九年（1652）予巴珠泰（bajutai）世职敕命：

jingkiri mören-tür čerig oduɣsan-dur juwenjen-u qota-i qong i poo talbin abɣui-dur.. tulai luɣ-a abuba..②

**译文**：出兵精奇里江，用红夷炮攻取 juwenjen 城时，和图赖一起夺取。

三是顺治十年（1653）升图章（tujang）世职敕命：

jingkiri mören-tür čeriglegsen yabudal-dur tuɣurčin qota-yi qong i poo talbiju abɣui-dur.. olosajan luɣ-a abuba..③

**译文**：出兵赴精奇里江，用红夷炮攻取 tuɣurčin 城时，和俄罗塞臣一起夺取。

四是同年追封努赖（nulai）世职敕命：

qara mören-tür čerig oduɣsan yabudal-dur.. tuɣulja qota-

---

① *čing ulus-un dotoɣadu narin bičig-un yamun-u mongɣol dangsa ebkemel-un emkidkel*, Vol. 2, p. 93.
② *čing ulus-un dotoɣadu narin bičig-un yamun-u mongɣol dangsa ebkemel-un emkidkel*, Vol. 3, p. 390.
③ *čing ulus-un dotoɣadu narin bičig-un yamun-u mongɣol dangsa ebkemel-un emkidkel*, Vol. 4, p. 5.

yi qong i poo talbiju jobtai luγ-a oroγulba.①

**译文**：出兵赴黑龙江，用红夷炮攻取 tuγulǰa 城时，和卓布泰一起夺取。

因为《满文原档》有系统地记载清初史事，至崇德元年（崇祯九年）即已终止，而现存"满文内国史院档"存在阙失，又较少记录黑龙江战事，上述四条蒙古文档案是记述清军在黑龙江战斗中运用"炮"（boo）和"红夷炮"（qong i poo）的珍贵史料。唯限于敕书的性质，存在未言明交战时间、同一地名写法不一等问题，有待查证。巴珠泰敕书所言，作为城名的 juwenǰen 一词，其实不符合蒙古文和谐律，大概是自索伦土语音译，档案说此城在精奇里江，又说巴珠泰是与同僚 tulai 合力夺取。这位 tulai 在《八旗满洲氏族通谱》写作图赖，隶镶蓝旗满洲，又说他从征黑龙江，攻取"拙秦城"，俘获 90 人。②查满文本，此"拙秦城"写作 jocin hoton，③ jocin 很可能与ǰuwenǰen 同指一地，盖蒙古文中，ǰ/č 写法类似，时常混淆，jocin 和ǰuwenčen 读音类似，皆出自索伦语音，故"拙秦城"和满文 jocin hoton、蒙古文ǰuwenǰen qota 本为一地，但清军攻取该城时间，犹待考索。"满文内国史院档"载有崇德四年（崇祯十二年）十一月初八日，出征黑龙江的武官名单，tulai 正

---

① *čing ulus-un dotoγadu narin bičig-un yamun-u mongγol dangsa ebkemel-un emkidkel*，Vol. 4, p. 41.
② 《八旗满洲氏族通谱》卷一八《雅尔湖地方通颜觉罗氏·茂海》，第 299 页。
③ 《八旗满洲氏族通谱》满文本（jakūn gūsai manjusai mukūn hala be uheri ejehe bithe）卷一八《yarhū ba i tonggiyan gioro hala》，东京大学图书馆藏乾隆十九年（1754）刊本，第 1a 页。

## 第四章　金国火器军队之起源

在镶蓝旗之列。① 緐此可以肯定，巴珠泰随军直抵精奇里江，就是崇德四至五年（崇祯十二至十三年）那次远征。阿南惟敬先生依据《清实录》列举清军夺取的城寨，包括后来大名鼎鼎的雅克萨城，却不见"拙秦城"之名。② 考虑到精奇里江口的索伦部落确实参加大酋长博穆博果儿（bombogor）的反清活动，可知"拙秦城"即juwenjen qota必然是精奇里江索伦人的城寨，在崇德四至五年，清军远征中，被镶蓝旗之兵用红夷炮攻陷，足以弥补《实录》之阙。

莫格、图章和努赖参与攻取之tuɣurčan/tuɣurčin/tuɣulja（努赖另一件敕书写成tuɣulča）的地望，虽然在档案中有黑龙江、精奇里江两说，实为一地。因为从语音判断，ja/ča音节中的辅音j/č经常不作区分，而元音a/i仅有长短牙之别，且不违背和谐律原则，而辅音字母n在词尾存在脱落现象。但是，想要证实此说，不能仅从语言学角度论证，还要依据史料考察。努赖敕书谈到他与上司jobtai并肩作战，这位jobtai即卓布泰，在《钦定八旗通志》有传，而且提到出兵黑龙江之事：

> 顺治元年，同参领沙尔瑚达征黑龙江，攻克图瑚勒禅城，获丁壮二百余。③

看来顺治元年，卓布泰、努赖等人追随长官，后来在御俄战斗

---

① 档案相关记载如下：kubuhe lamun i aimbu..yerešen..tulai..munai..lambai..wehe baturu..tahabu..sirin.（一词脱落），见满文内国史院档，崇德朝档（四年十月至十二月），第30a页。
② 阿南惟敬：《清の太宗の黑龍江征討について》，第28—40页。
③ 《钦定八旗通志》卷一三七《人物志十七·大臣传三·卓布泰》，第2286页。

315

中担任总指挥，战绩斐然的名将沙尔瑚达（又作沙尔虎达）攻取黑龙江附近的 tuγulja qota/tuγulča qota，即"图瑚勒禅城"。不过，征诸档册，这次作战仅是崇德八年至顺治元年（崇祯十六至十七年）远征黑龙江活动的一部分。"满文内国史院档"之 ijishūn dasan i sucungga aniya..sunja biyai dangse..（顺治元年五月档册）开载：

> ice sunja de. meiren i janggin olosejen. baduri. amargi sahaliyan ulai golo de cooha genefi gajiha ice manju emu minggan nadanju duin anggala jidere be. sibartai de.①

**译文**：初五日，梅勒章京俄罗塞臣、巴都理出兵北面的黑龙江路，带来新满洲一千零七十四口，到了西巴尔台。

参照《大清世祖章皇帝实录》，崇德八年十二月，清廷派遣俄罗塞臣、巴都理、沙尔虎达出征黑龙江，他们于次年五月，带着招徕、俘获的 1074 名"新满洲"归来。远征队主帅俄罗塞臣本名 olosejen，实即图章敕命中的 olosajan，因为蒙古文严守元音和谐律，所以把元音 e 变为 a。遂知俄罗塞臣带领图章等人，用红夷炮攻取 tuγurčin qota，同样是顺治元年的事。tuγurčin qota/tuγulja qota/tuγulča qota 本系一城，很可能如图章敕命所言，坐落精奇里江畔，至于努赖敕书说它在黑龙江，其实是宽泛的提法。从主帅俄罗塞臣亲自出马，督率诸军攻城来看，这座城的规模不会太小，最后由向导莫格入城招

---

① 满文内国史院档, ijishūn dasan i sucungga aniya..sunja biyai dangse..（顺治元年五月档册），第 20 页。

## 第四章　金国火器军队之起源

降，获得大批人口。总之，tuɣurčan küriyen/tuɣurčin qota/tuɣulǰa qota/tuɣulča qota 均指"图瑚勒禅城"，是渔猎部族在精奇里江的主要城市，于顺治元年被清军夺取。

根据蒙古文档案，可以确定清军于崇德四年、八年两次出征黑龙江流域，均投入红夷炮，克取精奇里江城寨。此举令清军远征队的攻坚实力骤增，得以压倒强悍的索伦部落，可谓如虎添翼。不过，碍于史料匮乏，关于远征队里火器和炮手的情况，目前还有诸多蒙昧不明之处。不仅清军配备的红夷炮型号和数量仍然是困扰作者的谜题，而且鉴于远征官兵皆由满、蒙固山选拔，从征炮手是否来自满洲固山呢？虽然不能排除这种可能，但还缺少直接证据。无论如何，清朝至迟到崇德四年，业已在黑龙江作战中使用大炮，来达到攻克城寨，收聚人丁的目的。这使清军在东北边疆投入炮兵的时间，比俄文档案记载的顺治九年（1652）的乌扎拉村之战或顺治十二年（1655）的呼玛尔寨之战要早十多年，也早于崇德八年才抵达黑龙江的哥萨克队伍。说明清入关前后，向黑龙江流域投送兵员和火器的能力，或者说对这一区域的控制力要比现有认识强大得多。

经过上文考察，作者认为满洲（女真）固山所属火器手在皇太极恢复"汉兵"和扩充"乌真超哈"后依然存在，并未消失。天聪九年至崇德元年，乌苏里江远征队携带若干三眼枪出动，说明女真甚至蒙古甲士中，仍有数目不详的火器手。崇德二年，清太宗又召集旗下朝鲜丁壮练习鸟枪，彼等旗分或为内务府，或隶满洲固山，与"乌真超哈"无关。除却枪手外，满洲旗下可能还有炮手。从崇德四年起，清朝陆续为黑龙江远征队配备红夷炮，不排除炮手隶属满洲固山之可能。不过，想要彻底证明这一点，尚有待对清入关后档案，尤其是

317

满、蒙文档案的全面解读。

## 小 结

天命六年（天启元年）的辽东战役，在清代军事史上具有重要意义。前任辽东经略熊廷弼殚精竭虑，布置的坚固防线令天命汗注意到枪炮特别是大炮在攻坚和防御战中的价值。他于此役后，为守城甲兵配备火器，又把火器、绵甲、攻城器械萃集于"黑营"，复于八固山军队之外添设"汉兵"充当辅助力量。这些举措虽然很快废止，却为子孙恢复火器手，编设火器部队提供可资参考的先例。

皇太极较之其父，在军政规划上更加高瞻远瞩，带领弱小的金国屹立于"明清军事革命"的潮头，成长为东亚新兴霸权。他利用努尔哈赤创下的先例，压制反对势力，积极建设火器军团，奠定了清代八旗火器队伍的发展路线，主要有以下两点：

第一，他汲取宁远战败的教训，重建守城炮兵后，满洲旗下火器手始终存在，还因编练朝鲜军人而有所扩大，甚至不排除拥有红夷炮手的可能。他们规模虽然不大，但在出征华北、乌苏里江、黑龙江诸役中均有登场。从某种程度上说，清朝于康熙二十九年建立八旗满洲火器营，将火器普及至满、蒙军卒，其实是接续太宗以来的传统，将其发扬光大。

第二，太宗打着恢复旧制的旗号，恢复"旧汉兵"，作为专操火器之军，又不断加以扩充，使之发展壮大，成为八旗重要组成部分，恢宏气象远非昔日"汉兵"所能比拟。

不过，皇太极与后继者（主要是清圣祖）始终未能像设立 beki cooha 或 olbo 般，将火器手作为独立兵种，而是沿袭英明汗选拔甲士（uksin/ūksin）即骑兵充当出兵火器手的旧例，尽力在骑兵框架下运作。哪怕在清入关后，组织火器营作为全军骨干，甲兵虽然有"鸟枪护军""鸟枪马甲"之名，但都属于骑兵。此举固然具备有利之处，甲兵薪饷、待遇依照马甲发给，远较步甲或敖尔布优渥。但从另一角度而言，火器手作为骑兵的附庸存在，其实不利于火器军队的扩大，与欧洲军事发展路线相悖。清朝在扩大火器队伍，与骑兵结合的同时，又尽力维持骑兵第一的地位，类似情况在奥斯曼、莫卧儿乃至彼得大帝改革前的俄国都存在。此举自然会给清朝军事发展带来不利影响，但具体表现在哪些方面，还有待根据第一手史料来探究。

# 结　论

## 革命的岁月

　　乾隆十七年（1752），亦即清人入关108年后，皇帝诏谕八旗臣工，祖述崇德元年冬，皇太极召集众官聆听满文本《金史·世宗本纪》的往事。乾隆帝上谕中，皇太极通过这一富有仪式感的活动，追思女真先祖因"渐至懈废，忘其骑射"，最终亡国的前车之鉴，陈述为何不采纳儒臣谏议，改用汉人衣冠之因，表达唯恐后世子孙忘记祖宗旧制，抛弃骑射，一从汉俗的忧虑，吹嘘八旗兵娴熟骑射，始能每战则克。乾隆借此宣扬自己不忘祖宗弓马开基之勤瘁，遵循"满洲先正遗风"，躬自督率禁旅官兵学习满语，熟练骑射，操演技勇。他为申饬后嗣毋忘遗训，秉承祖制，下令在宫中箭亭等处将谕旨树碑勒铭，垂之永久。[①]

　　清军果真如乾隆所言，是靠良马硬弓入关，统一天下吗？

---

[①] 中国第一历史档案馆编：《乾隆朝上谕档》第2册，乾隆十七年三月二十日谕，档案出版社1992年版，第598—599页。

## 结 论

设若我们读过欧立德（Mark C. Elliott）先生的著述，就会明白乾隆帝此举的真意。他是为了提倡所谓"古道"（fe doro），亦即一种崇尚骑射、淳朴和满语能力的斯巴达式的理想，来保持"满洲认同"（Manchu identity）。[1] 乾隆君臣推崇的传统美德中，"骑射"代表着武功和传统生活方式，最为官方所称颂。它在18世纪，皇帝或重臣撰述的一系列清入关前史书中，居于至高无上的地位，被粉饰和捏造成八旗军所向无敌的法宝。前者如御制《太祖皇帝大破明师于萨尔浒山之战事书文》（taidz'u hūwangdi ming gurun i cooha be sargū alin de ambarame efuleme afaha baita be ejeme araha bithe）充斥着金军骑射无敌，击明军如摧枯拉朽的文学修辞。[2] 后者如阿桂等奉旨纂修之《钦定满洲源流考》将清军征服朝鲜，平定漠南，乃至松、锦决战获胜，无不归于骑射神威。[3] 这套话术编造地如此成功，时至今日，坊间仍然流传着清军凭骑射打天下，鄙薄火器，导致近代落后的说辞，追溯本源，大率由此而起。

至于皇太极的谕旨应如何理解，除去基于政治史角度，分析帝王心术和国家构造之外，也应当从军事角度入手，考察语境，探索"军事准则"（military doctrine）对马上天子的影响。何谓"军事准则"，根据怀拜克（Harald Høiback）的较新诠释，它是军事行动的"共同认知基础"（common cogni-

---

[1] Mark C. Elliott, *The Manchu Way: The Eight Banners and Ethnic Identity in Late Imperial China*, pp. 276–284.

[2] 《太祖皇帝大破明师于萨尔浒山之战事书文》（taidz'u hūwangdi ming gurun i cooha be sargū alin de ambarame efuleme afaha baita be ejeme araha bithe），中央民族大学图书馆藏清嘉庆武英殿本，第9a—b、14b页。

[3] 阿桂、于敏中等奉敕撰：《钦定满洲源流考》，《景印文渊阁四库全书》史部第257册，第714页。

tive foundation），是在战争和军事行动中有效的"制度化信仰"（institutionalized beliefs）。① 如前所述，骑兵是清（金）军的基本力量，骑射则是女真（满洲）军队的看家本领。金军铁骑在舍里甸、萨尔浒、铁岭诸役，从容施展突击、迂回、夹攻、合围、追击、遮断等战术，击溃乃至全歼强敌，"骑射克敌"业已成为各级将校脑中挥之不去的制胜教条。皇太极自幼随军东征西讨，是经验丰富的骑兵指挥官，岂能自外于准则？事实上，从他执政后屡次受挫，被迫谋求变革，积极扩充步、炮兵，却始终不曾动摇骑兵至上的建军路线，不难察觉"骑射克敌"准则对他的影响。退一步说，即便清军从事多兵种协同作战，仍然需要精锐骑兵，以便执行"围点打援"战术，在野战中消灭明军主力，骑兵依旧是举足轻重的力量。因而他的谕旨与其说是抵制汉化，倒不如说是对"骑射克敌"信念的强调。他为何这样做，根据《满文原档》还原其语境，乃是清军千里迂回，侵扰华北平原时，军队时有罔顾纪律，肆意劫掠之举，至有蒙受损失者。② 这令皇太极忧心忡忡，担忧骑兵队伍军纪、凝聚力滑坡，特地出面警告群臣，强调金朝忽视骑射的恶果，申饬他们不得懈怠，务必维持骑兵部队的强悍战斗力。

正如皇太极怀有的帝王观念，或者说帝王心术是多层次的一样，他的军事思想也是基于现实主义的多重构造。他重申满洲军人务必熟练骑射，是为野战制胜。另一方面，如本书所

---

① Harald Høiback, *Understanding Military Doctrine*: *A multidisciplinary approach*, New York: Routledge, 2013, p. 1.
② 《满文原档》第10册，《字字档》，第649—650页。

## 结　论

述，他早在天聪三年袭击北京时，就命令女真、汉人杂糅的火器手队伍炮轰城墙。崇德元年，清军东征朝鲜，又携带大批火器和战车从征。崇德四年，他率军攻击松山城弗克，想到投入汉人兵士，执行穴地爆破战术。"满文内国史院档"记载他在此役失利后，谆谆告诫汉军将领如何使用重炮破坏城垒之术，用语之老练，恰如一位同时代的欧洲工程师。这些图景提醒我们，清初满文档案里，作为军事统帅的皇太极和乾隆十七年上谕中，成为道德标本的皇太极，差异是何等巨大。

设若今日的研究者摘录松山之战后，皇太极的一段语录，称他像意大利的塔塔利亚（Niccolo Tartaglia）般，是杰出的炮学先驱和军械大师，无疑是过誉之词，属于截取一份"真史"（Geschichte）片段，形塑而成的"历史"（Historia）。然而，乾隆帝出于政治目的，采取类似手法，将皇太极扁平化，重构为一名迂腐的保守主义者，进而将清军入关诠释为骑射精湛的结果。这套话语时至今日，几经演绎，在学界和大众中仍然不乏拥趸。狭隘民族主义者相信野蛮的未开化民族靠铁骑驰射摧毁明朝，中止军事近代化之路，是导致中国在近代听任列强宰割的罪魁，却无法解释"先进"的大明为何竟被蕞尔蛮夷击败，只能消极地归咎于天命、运势、气候乃至瘟疫。真诚的民族史学者认为满洲继承从内陆亚洲带来的有组织的军事生活方式和充沛武德，使清军叩开山海关门户，进而横扫天下，却难以回答为何不是更富有"内亚性"的蒙古集团重新崛起。事实上，清军能够击败明军主力，进而攻入山海关，成为中国之主的原因，并非骑射无敌，而是如本书所言，是"明清军事革命"的推动和受益者。

清入关前步兵研究

## 清人的举措

本书研究清入关前的步兵，是因为作者相信这是一个良好的观察角度，可以对"明清军事革命"有更丰富直观的认识，而这将有助于本人回答两个关键问题：一是清朝何以入关的问题，这个问题也可以理解为，清朝相比竞争对手，在军事上的高度优越性，究竟是来自内陆亚洲的军事文化，抑或革命的产物。二是15—17世纪，中欧"初次军事分流"（The First Military Divergence）出现时段的问题，对该问题的解答，也有助于军事史学人重新研判这一时段，东亚区域"军事革命"出现的时间。讨论以上问题时，作者摒弃了清军纯赖弓马制胜的刻板印象，用档案特别是满文档案绘制了更立体复杂的图景，指出清军步兵逐渐完善，其实是在军事革命背景下，技术进步和战争形态演进导致的必然结果。

关于清朝何以入关的问题，难道清军在大凌河、松锦两度歼灭明军主力兵团，以及在山海关重创大顺集团，诚如乾隆帝所言，是骑兵的胜利，或者像部分学者所说，得自内陆亚洲的军事组织文化和不惮死战的武德吗？作者并不赞同。我认为（而且清太宗也这样认为）清朝的军事优势建立在两个基本点上：首先是由满人勇士，后来也包括部分蒙古和汉人壮丁组成的剽悍骑兵队伍。这批人的骨干当然可视为内亚军事文化的产物，但人数相对有限，只能用于野战，经不起密集会战消耗，不足以撼动中原。其次是主要由汉人，也有新满洲、朝鲜以及蒙古人组成的步、炮兵。这些人数量庞大，经得起消耗，在攻城战中表现卓异。清人能够成功，在于皇太极顺应军事革命潮流，在坚守第一点的同时，主动发掘占领区人力资源，完善兵种，建立起第二个基本点。这不仅令八旗军编制扩大，也填补技、战术空白，成为一支适应作战需求的新军。

皇太极为什么汲汲于建立和完善第二个基本点，是内陆亚洲因素作祟吗？显然不是。构成步兵的主力——汉人和朝鲜人在应召从军前，多为包衣奴仆，大率为陇亩之氓，和内亚骑士大相径庭。至于满洲步兵的骨干，那些从黑龙江流域捉来的"新满洲"，其实并非出自传统认识中，兴安岭以西的内陆亚洲区域。这些渔夫和农民甫至盛京时，在满洲固山的地位也不高。皇太极征发这群迟钝木强之辈充兵，是缘于实战所需。当时明朝通过引入新式火器，整军经武，按下"军事事务革命"运转的开关，令金军在天命十一年至天聪四年间迭次碰壁。皇太极迫于时势，不得已选择在第一个基本点外，建立第二个基本点，希冀重新获得军事优势。换句话说，第二个基本点的建立，是皇太极在明朝发动"军事事务革命"的刺激下，作出的反应，可视为别样的"冲击—回应模式"（Challenge-response dynamic）。[①]

皇太极建立第二个基本点的意图，无疑是为拷贝"军事事务革命"，但他为博得军事优势，不断突破政治桎梏，最终由量变引起质变。第二个基本点的确立和壮大，不仅在军事上给予他丰富回馈，而且由此招致一系列社会、政治、经济、文化层面的变革，使清朝从"军事事务革命"的仿效者，升级为"军事革命"的推动者，进而成为革命的受益人。

---

[①] ［美］费正清（John K Fairbank）、邓嗣禹：《冲击与回应：从历史文献看近代中国》，陈少卿译，民主与建设出版社2019年版，第3—11页。

回顾清军步兵发展史，会对皇太极建立第二个基本点，以及清朝由"军事事务革命"的克隆者，变为"明清军事革命"推动者的过程，认识得更加清晰。自努尔哈赤起兵起，便以骑兵作为主力。万历四十六至四十七年，金军凭借铁骑驰射，在舍里甸、萨尔浒、铁岭迭次撕裂敌手，证实无论是东亚最庞大精良的火器部队抑或威震辽东的游牧骑兵，都无力在野战中抗衡女真甲骑。步兵则无足轻重。如果撤除乾隆御制文集中那些过度修饰的文辞，他对金军骑射制胜的评价基本符合这一时段的真实场景，但仅限区区两年而已。

从天命四年叶赫之战起，至皇太极执政止，战线西移至边墙以内，即人烟稠密、城堡林立的区域，战争形态为之一变，由野战过渡至攻城战，迫使努尔哈赤调整军制以因应，达成席卷全辽的野望。在此期间，金军虽然仍以骑兵为骨干，但不复有单凭甲骑冲锋便粉碎明军主力的战役级别胜利。金军在沈阳、辽阳、广宁历次大会战，都是选拔军士当步兵，身披厚甲，操作战车，当先作战，充当在明军防线上打开缺口的铁锤，再投入骑兵芟刈斩伐，作为扫荡之矛。这种步骑协同作战是金人在天命六至七年连续攻陷坚城，将战线推至辽西的胜利基础。空前大胜刺激努尔哈赤在天命八年推行改革，企图加强火器和攻坚力量，进一步强化步骑协同的威力。可是，金军步兵并未独立成军，仍是依附于骑兵之下的附庸，配备器械相对简陋，不足以防护重火力；天命八年强化步兵的改革最终因为族群矛盾尖锐而废除，令金军在天命十一年宁远之战，即"军事事务革命"伊始之年，仍以一成不变的旧式战役法强攻技术迭代的坚壁，以一场惨败宣告努尔哈赤军事生涯的落幕。

明朝推行的"军事事务革命"引入新式火器升级辽西驻

## 结　论

军火力，将关、宁、锦诸城要塞化，进而加强华北城寨，令金人不可能复制天命六至七年的胜利，从正面迅速攻破通往中原的大门，而迂回蒙古破边抄掠，不仅蒙受更高风险，而且华北州县的堡垒化，进一步提高劫掠成本。单凭满洲兵力资源以及落伍的攻坚手段，承受不起剧烈的攻城消耗。皇太极的应对策略是向明朝学习，克隆"军事事务革命"，升级完善步兵，配合重炮兵攻坚，是其中重要一环。步兵以不同名称（绵甲军、白奇超哈）获得独立兵种地位，分布在满洲、汉人乃至蒙古固山下，以及叛变来降的汉人王公军队中。它的编制因为吸收大批汉人奴仆、高丽臧获、新满洲和蒙古俘虏而膨胀；新兵有能力执行土工作业，配合巨炮攻城，或开掘隧洞，用火药爆破城垒，和围攻布雷达堡（Breda fortress）的西班牙军队并无不同。[①] 兵力规模和战术手段变革，使清太宗完全有能力从事旷日持久，不停吞噬壮丁血肉的围攻战，伺机投入宝贵的骑兵集团，歼灭脱离防线保护的明军主力，终于赢得大凌河和松锦两场决定历史走向的决战。实际上，当清军攻破松、锦防线，打垮明军重兵集团，成功入关不过是时间问题。

然而，皇太极拷贝"军事事务革命"带来的军事进步，只是全面军事革命的冰山一角。他为适应消耗战需要，壮大军队规模，持之以恒地解放汉人包衣，又陆续补充新满洲、朝鲜和蒙古人充兵，招揽明军将士来降，令辽东人口数目和社会阶层都发生变化。旧有的八固山制度以及相伴的军事民主制最终为二十四固山和君主专制所取代，国号也由金国变为大清。清

---

[①] Geoffrey Parker, *The Army of Flanders and the Spanish Road*, 1567 – 1659, Cambridge: Cambridge University Press, 2004, pp. 103 – 104, 233 – 236.

军通过投入步兵特别是火器手,在攻坚战中居于上风,不仅在华北予取予求,依靠劫掠获取经济收益,还因为征服朝鲜和接收汉将控制的东江贸易圈,以及夺取草原贸易中枢归化城和笼络先前为蒙古贵族服务的汉人商民,建立起一套属于自己的经贸网。[1] 文化上,汉人、高丽步兵热衷的鸟枪射击术风靡开来,甚至在清人入关后,不惟皇帝和大贵族常用枪支射猎,普通旗人也以鸟枪赌赛为乐,阳春三月的北京,枪声此起彼伏,形成一幅和清中期截然不同的图景。[2] 因此,皇太极虽然照抄明朝的"军事事务革命",希望建立起第二个基本点,掌握压倒明朝的军事优势,却不期而遇地踏入了"军事革命"的更高门槛,使清朝脱胎换骨,成为革命的推动者和受益人。

作者和抱持内亚倾向的学者存在共识,即承认武力在清朝入关过程中起到的支配作用,但在诠释原因上背道而驰。强调内亚军事文化的学者乐于将清朝的军事优势归咎于恒久以来,主宰中原命运的北族遗产,而作者更倾向于15世纪以还,军事技、战术进步带来的影响。我们的分歧可视为传统与早期近代化的对抗,与其将清朝成功入关归结为蒙古帝国的遗产,毋宁说是军事早期近代化的结果。那支带有内陆亚洲遗风的古典军队,其实在第一次宁远之战,即"军事事务革命"开始后,就不复存在了。清朝在军事上重获优势,根本是皇太极通过一

---

[1] 岩井茂树、狄宇宙和杨海英就此做了初步研究,见岩井茂樹《十六・十七世紀の中國邊境社會》,第633—645頁;Nicolas Di Cosmo, The Manchu Conquest in World-Historical Perspective: A Note on Trade and Silver, in *Journal of Central Eurasian Studies*, 1 (2009), pp. 43–60. 杨海英《从〈唐将书帖〉看明清时代的南兵北将》,第443—444页。

[2] 中国第一历史档案馆藏:宫中满文朱批奏折,正白旗蒙古副都统萨哈察奏,雍正元年十月二十一日。

结　论

系列变革，确立起第二个基本点的成果。倘若清朝没有建立起这个基本点，恐怕自明军抢筑大凌河城起，便会丧失主动权，谈不上日后的成功。正因为有了第二个基本点，清军已蜕变为一支类似奥斯曼或莫斯科国的军队，不可能再回归传统内亚军队的暗影之中。所以，清朝入关本质上是军事革命，而非内亚军事遗产导致的后果。

## 在大历史上的意义

研究清入关前步兵发展史的另一重意义，是有助于重新考量中欧"初次军事分流"的时段，进而研判这一时段，东亚区域"军事革命"出现的时间，即解答本书提出的第二个关键问题，从而对清军入关是否意味着打断自晚明开始的早期军事近代化过程做出恰当回应。"初次军事分流"理论见于欧阳泰先生著《火药时代》，显然受到经济史学者彭慕兰（Kenneth Pomeranz）首创"大分流"（the Great Divergence）概念启发。[①]他将近代中国军事技术落后之因归结为两次分流，即1450—1550年的"初次军事分流"，又名"小分流"（the Little Divergence）阶段，以及1760—1839年的"大分流"阶段，中国在这两个阶段陷入"军事停滞"（militarily stagnant）。两次分流之间，则是"均势时代"（the Age of Parity），中欧军力不分上下。他认为明朝本来具备军事优势，但在15世纪由于很少从事剧烈作战，军事改革缓慢，被欧洲后来居上。到16世纪50

---

[①] ［美］彭慕兰（Kenneth Pomeranz）:《大分流：中国、欧洲与现代世界经济的形成》，黄中宪译，北京日报出版社2021年版，第1—31页。

年代，随着东亚战争频密，中国、日本、朝鲜掌握并优化欧洲舶来的火器技术，创新性地采取新战术，敉平东西落差，从而成功击溃欧洲殖民分队，达成"均势时代"。①

欧阳泰肯定明朝的贡献，认为从晚明开始，中国的军事水平堪与欧洲并驾齐驱，而他立论的标尺，是明军有能力在16世纪后半期至17世纪初，东南沿海的武装冲突中，击溃欧洲殖民分队。② 这种直接选取中欧军事对抗的战例，用实战效能衡量军事发展水平的准绳，具备一定合理性。不过，考虑到这些冲突的年份、参战人数和兵员素质，不得不说这种比较有失公平。当时海战领域的决定性变革尚未到来，欧洲霸权的海外投送能力和单舰火力较之18—19世纪不可同日而语。明军对抗的敌人并非欧陆诸国的主力军，而是次级殖民地队伍，非但兵力有限，训练和斗志也差强人意。本土作战的明军可凭借人力优势弥补在技、战术层面的差距。因此，用明军击败欧洲殖民分队来说明中、西军事处于均势，不存在代差，略嫌言过其实。

考虑到中国和欧洲在历史上都曾经历被骑兵主宰战场的漫长岁月，作者主张不妨换一把标尺，就是配备新式火器的明军是否足以应付以骑兵为核心的古典游牧军队冲击。毕竟欧洲受益于"步兵革命"，单凭骑兵主宰战场的年代早已随风而逝，而中国史上不乏"以步制骑"的成功战例。继承先辈优良经验，又配备新式火器，改行新战术的明军，倘若具备和欧洲军

---

① Tonio Andrade, *The Gunpowder Age: China, Military Innovation, and the Rise of the West in World History*, pp. 4 – 6, 107 – 114.

② Tonio Andrade, *The Gunpowder Age: China, Military Innovation, and the Rise of the West in World History*, pp. 188 – 195.

## 结　论

队同等的能力，理应在野战中挫败古典军队。然而，萨尔浒会战证实明军在兵力相近的前提下，难以在野战中应付铁骑突击。那么，不擅野战的明军在攻坚战中，凭借工事依托，总能挫败古典军队吧？但答案依然是否定的。如本书考证，明军虽然依靠修筑工事避免直面骑兵冲击，却抵挡不住金军步兵进攻，导致天启元年丧师数万，失地千里的骇人溃败。因此，截至17世纪初，明军不过是一只虚有其表的纸老虎，难以挫败靠冷兵器作战，却斗志高昂的古典军队。

或许有读者会认为金军步兵配备绵甲、战车等新装备，抵消明军火器的巨大优势，属于某种军事变革，不再是传统的古典军队。诚然，绵甲和战车固然是针对火器的装备，但无论从装备分类，抑或代表的军事理念来评估，它们都是来自旧时代的解决方案，在同时期的欧洲业已落伍。倘若我们阅读相关军事史作品，会发现12—16世纪的欧洲军队装备着类似兵器。12—14世纪，欧洲骑士为防御十字弩（crossbow）和长弓（longbow），选择在锁子甲衫内外加披一层纺织物甲，统称pourpoint。其中最接近明清绵甲者是gamberson，形如大衣，填以纺织材料，穿在锁子甲外，有时独立穿用。14世纪下半叶，英、法两国在gamberson基础上制成一款长及两股，更精美紧致，可套于板甲（plates）外的纺织物甲，称作jupon。[1] 上述护甲在15世纪，火器广泛使用后，被欧洲军队弃用。15世纪，波希米亚在反抗德意志的胡司战争（the Hussite Wars）中，

---

[1] Kelly DeVries, Robert D. Smith, *Medieval Military Technology*, Ontario: University of Toronto Press, 2012, pp. 71 – 72; Robert C. Woosnam-Savage, *Arms and Armour of Late Medieval Europe*, London: Royal Armouries Museum, 2017, pp. 31 – 32.

采用四轮战车（wagons），是驷马拖曳加固的农用车，每辆车载 18 人，配备手铳、早期火绳枪、十字弩和轻便火炮。战时将车辆排成环形"车堡"（wagenburg），[①] 得以在野战中击溃骑士。奥斯曼军队自 1444 年的瓦尔纳（Varna）战役后，采用类似装备和战术，名曰"营战"（tabur cengi），保证火绳枪手不被骑兵冲垮，在 1526 年的莫哈赤（Mohaç）决战大胜匈牙利重骑兵，[②] 威震欧洲。然而，16 世纪末至 17 世纪，随着火器技术和步兵战术进步，四轮战车和"车堡"战术仅在富有骑兵传统的奥斯曼、莫斯科尚存一席之地。就装备本身而言，金军之丝绵甲比起欧洲各类纺织品护甲无疑更具防弹效能，步兵推行的小车比起胡司武装的高车驷马显得简陋寒伧，但抛除性能上的差异，它们其实是一类装备。当欧洲军队逐渐放弃这类军械时，金人却依靠它们席卷辽东，至少证实金军在技术装备层面存在明显缺陷，难以同欧洲相提并论。

绵甲和战车在东、西方不同的战术地位，其实反映出当时东亚军队在技、战术理念层面，和欧洲存在很大差距。西欧骑士抛弃纺织甲衣、捷克人和安纳托利亚人使用四轮战车意味着火器左右成败，"车堡"与"营战"战术代表着步兵主宰战场，而四轮战车逐渐边缘化，其实暗喻着英荷步兵排枪齐射（volley fire）战术掀起的风暴已然出现在地平线上。反观努尔哈赤虽然敏锐地洞察到本军弱点，靠绵甲和战车弥补缺陷，克敌制胜，但无论装备或战法都是旧时代的产物，停留在掩蔽弓

---

[①] Eduard Wagner, Zoloslava Drobná, Jan Durdik, translated by Jean Layton, *Medieval Costume, Armour and Weapons*: 1350 – 1450, London: Hamlyn, 1962, p. 137.

[②] Mesut Uyar, Edward J. Erickson, *A Military History of the Ottomans: From Osman to Atatürk*, Santa Barbara: ABC-CLIO, LLC, 2009, pp. 48 – 74.

箭手和骑兵冲锋的层次,步兵依旧是骑兵的附庸。金军却靠这套战法多次击垮配备大量火器的明军重兵集团,奄有辽东,堪称17世纪初,世界范围内会战级别的战役中,冷兵器军队重创火器军团的罕见战例。不仅证实明军火器的粗劣落伍,火器手训练水平低下,先进战术付之阙如,也说明所谓16世纪中后期,明朝因为引入近代火器,得以同欧洲并驾齐驱的看法,实在过于乐观。

本书透过八旗步兵发展史观察"明清军事革命"的过程,也是为重估"初次军事分流"和"均势时代"的时间节点寻求答案。事实上,天启六年(天命十一年),首次宁远之战,明军投入新式重炮和烧夷弹,重创金军,扭转关外战局,在军事史上意义非凡。明军投入新兵器弥补之前在技术层面的缺陷,战胜古典军队,宣布旧时代一去不返。那种托庇传统,向旧时代的武库寻求制胜之道的思路已然不适应时代需要,刺激明清两军掀起技、战术革新的滔天巨浪。中欧军事水平才算回到同一起跑线。所以,"初次军事分流"的下限以及"均势时代"的开端,和"明清军事革命"或"军事事务革命"的起点一致,皆为公元1626年。

探索"中欧军事分流"问题,必然涉及重绘东亚区域"军事革命"的时间线。"军事革命"理论倡导者帕克认为东亚三国(中、日、朝)在16世纪后半叶,得益于军事技术舶来和频繁实战,踏入革命之门。[1] 目前学界除高估明军发展水平外,还存在两条基本观念:一是,日本是引领东亚军事进步

---

[1] Geoffrey Parker, *The Military Revolution: Military Innovation and the Rise of the West*, 1500–1800, pp. 136–145.

的力量。此种观点以帕克为滥觞,他迷恋日本大名织田信长在长篠合战,投入大批配备"铁炮"即早期火绳枪的步兵,通过预设阵地、轮番射击,摧毁武田骑兵的"三段击"故事,将描绘这场战斗的屏风画选为《军事革命》一书的封面,视为"军事革命"的标志,认为日本是东亚"军事革命"的优等生。① 二是,朝鲜经历日本侵略后,依靠明朝军官和日本降人训练出的火绳枪部队,是当时亚洲首屈一指的力量,本书首章业已叙及。但是,考虑到明军难以抗衡古典军队冲击,日本、朝鲜火器手实力到底如何,其实存在疑问。名和弓雄质疑"三段击"之说不足为训,日本火绳枪手的战术水平不像舆论宣传得那样出色。武市银治郎则直言东瀛马种低劣,不足以组织强力骑兵集团,② 说明日本火绳枪手其实未曾遭遇精锐骑兵的挑战。故而研判日本、朝鲜火器手战力高低,进而检证16世纪中后期东亚"军事革命"存在与否,仍然要选择盘踞亚洲腹地,威震殊方的骑兵部队,作为共同的评价标尺。

虽然万历援朝战争(1592—1598)不属于本书研究范畴,但综合既有研究和中、日、朝三方史料来看,日军难以在野战中克制明朝自九边抽调,包含大批汉、蒙家丁健儿,骑乘口外骏马的骑兵队,致使丰臣秀吉的宏图付诸东流。③ 惟参战明军骑兵的规模和实力,其实远逊铁马如云的蒙古骑兵。至于朝鲜

---

① Geoffrey Parker, *The Military Revolution*: *Military Innovation and the Rise of the West*, 1500 – 1800, p. 140.

② 名和弓雄:《長篠‧設楽原合戦の真実—甲斐武田軍団はなぜ壊滅したか》,雄山閣 2015 年版,第 5—44 頁;武市銀治郎:《富国強馬:ウマからみた近代日本》,講談社 1999 年版,第 31—34 頁。

③ 北島万次:《豊臣秀吉の朝鮮侵略》,吉川弘文館 1995 年版,第 204—205 頁;久保田正志:《日本の軍事革命》,第 48 頁。

## 结 论

火绳枪队伍,根据件退、萨尔浒两次直面女真骑兵,败不旋踵的经验,在技战术层面必然存在诸多缺陷。鉴于大陆骑兵攻击日本、朝鲜军队,犹如"热刀子切黄油"般轻松写意,加之明军在辽东战场的拙劣表现,本书并不赞同东亚在16世纪后半叶,便达成"军事革命"的观点。

作者主张"明清军事革命"才是东亚区域首次"军事革命",清朝作为革命的推动者和主要受益方,在军事手段和地缘政治两个领域,都达成了令人惊异的成就。军事手段上,清朝编练起一支符合17世纪欧洲标准的先进军队。如前所述,明朝主导的"军事事务革命"深刻刺激着皇太极,使之恢复其父中辍的军事改革。他积极接纳红夷大炮等先进火器,重建并招徕汉人武力,强化炮兵和步兵,使清军面貌一新。清军的出征步兵来自满、蒙、汉等多个族群,不仅兵员增多,也升格为固山正兵即常备军,不再由骑兵临时充任。除满洲、蒙古步兵仍是传统攻城兵外,乌真超哈同汉人王公绵甲军变为辅助红夷大炮作战之军,他们在夜间选择攻城阵地、开掘堑壕、用土囤和挨牌构筑炮垒,掩护大炮和炮手,较之同时代欧洲军队,唯独欠缺组织分队开挖之字形堑壕(saps/zigzag trenches)接近城墙的步骤。[①] 至于挖掘隧道,运入火药攻城之法,虽然较奥斯曼军队同类战术晚百年左右,却是中国乃至东亚区域的首创,堪称炮兵攻城战术的有力补充。皇太极经十余年苦心经营,终于在17世纪40年代将清军提升为一支具备17世纪初欧洲顶级武装水平的军事力量,战力胜过主要竞争对手——明

---

① Christopher Duffy, *Siege Warfare: The Fortress in the Early Modern World 1494–1660*, New York: the Routledge Press, 1997, pp. 93–95.

朝、大顺、喀尔喀三汗和四卫拉特，堪称东亚头号强军。

清朝倚仗军事手段，在地缘政治领域取得前所未有的进展，主要体现在两方面：其一是版图扩大，构成丰厚的地理遗产；其二是确立起一套包含半个亚洲的政治秩序，由北京为其提供安全保障。清入关后，削平群雄，整合资源，将其投入革命的壁炉中，令军事革命的余焰直到17世纪末依然延烧不休。关于这一点，从步兵在八旗军事系统中承担的战术角色，自天聪六年至康熙二十二年（1621—1683）不过60年间，竟发生三次大变，便可窥知一斑。清朝统治者以惊人的毅力，依靠高人一等的军事力量，在入关后一百一十五年（1644—1759）内，将维持内地安全必需的边疆地区——黑龙江流域、蒙古、青海、西藏、天山南北和帕米尔高原纳入版图，奠定今日中国的疆土。清朝收揽这些地区，固然离不开政治谋略、宗教号召和历史传统，但强大的军事实力和由此衍生的"武装规劝"（armed suasion）手段，也是重要因素之一。清朝在领土之外，还建立起东起琉球，西抵拉达克，囊括半个亚洲的一套宗藩体制。这套政治秩序的背后，是清朝愿意凭借出众的军事实力为之提供安全保障，大清皇帝事实上是亚洲的政治盟主与和平维护者。哪怕时光进入19世纪，清朝自身虚弱不堪，饱受欺凌，依然企图履行义务，保护远方藩属免受西方殖民势力的奴役和压迫。足见起于17世纪的"明清军事革命"在中国乃至亚洲大历史的参天大树上，刻画下何等深刻的印痕！

总之，因为16世纪后半叶，东亚区域并未爆发"军事革命"，所谓清兵入关，中止晚明开始的早期军事近代化过程之说，自然是子虚乌有。东亚地区真正出现"军事革命"，是始于天启六年（天命十一年，1626）的"明清军事革命"，故而

## 结　论

17世纪而非16世纪才是中国或者东亚军事史上的"革命岁月"。不过，关于16世纪后半叶即"前革命时代"以及"明清军事革命"本身，尚有诸多重要问题有待申明，其中包含四个核心题目：一是明军在欧洲火器输入后，为何没有达到和欧洲同等水准的军事进步。二是清朝同俄罗斯划分内陆边界过程中，"明清军事革命"起到哪些成效。三是清军既然是革命受益者，为何竟与准噶尔缠斗近七十年之久，刺激清朝军制发生哪些变革。四是革命终结或者说影响彻底结束的节点在哪年，同晚清军事落伍存在何种联系。作者将继续穷究相关史料，以期解答上述问题。

# 参考文献

引用史料，先尽档案，以刊布与否、朝年先后、姓氏拼音为序列出；次叙文献，按四部分类法、朝代顺序、姓氏拼音顺序开列，最末列出满、蒙文图书及朝鲜、俄文史料

## 史　料

### 未刊档案

台北"故宫博物院"藏：宫中档雍正朝朱批奏折。
中国第一历史档案馆藏：宫中朱批奏折。
中国第一历史档案馆藏：军机处满文录副奏折。
中国第一历史档案馆藏：康熙朝满文朱批奏折（缩微胶片）。
中国第一历史档案馆藏：满文内国史院档（缩微胶片）。

### 已刊档案

一　明代档案

国立中央研究院历史语言研究所编：《明清史料》甲编，国立

中央研究院历史语言研究所1930年版。

国立中央研究院历史语言研究所编：《明清史料》乙编，上海商务印书馆1936年版。

国立中央研究院历史语言研究所编：《明清史料》丙编，上海商务印书馆1936年版。

中国第一历史档案馆编：《中国明朝档案总汇》，广西师范大学出版社2001年版。

中国科学院编：《明清史料》丁编，商务印书馆1951年版。

二　清入关前档案

陈湛绮编：《后金汗国（皇太极）天聪朝稿簿奏疏》，全国图书馆文献缩微复制中心2010年版。

关孝廉编译：《天聪五年八旗值月档（二）》，《历史档案》2001年第1期。

关孝廉编译：《天聪五年八旗值月档（四）》，《历史档案》2001年第3期。

郭美兰译：《崇德七年奏事档》，《清代档案史料丛编》第11册，中华书局1990年版。

罗振玉辑：《天聪朝臣工奏议》，国家图书馆出版社2005年版。

神田信夫、松村潤、細谷良夫、加藤直人、中見立夫、柳澤明訳註：《内国史院檔・天聰七年》，東京：東洋文庫2003年版。

台北"故宫博物院"编：《旧满洲档》，台北："国立故宫博物院"1969年版。

台北"故宫博物院"编：《满文原档》，台北："国立故宫博物院"2005年版。

希都日古编译：《清内秘书院蒙古文档案汇编汉译》，社会科学文献出版社2015年版。

中国第一历史档案馆、中国社会科学院历史研究所译注:《满文老档》,中华书局1990年版。

中国第一历史档案馆满文处编译:《盛京满文清军战报》,《清代档案史料丛编》第14册,中华书局1990年版。

中国第一历史档案馆整理、编译:《内阁藏本满文老档》,辽宁民族出版社2009年版。

中国人民大学清史研究所、中国第一历史档案馆译:《盛京刑部原档:清太宗崇德三年至崇德四年》,群众出版社1985年版。

dumdadu ulus-un nigedüger teüke-yin dangsa ebkemel-un sang. öbör mongɣol-un öbertegen J̌asaqu oron-u dangsa ebkemel-un sang. öbör mongɣol-un yeke surɣaɣuli-yin mongɣol sudulul-un töb. čing ulus-un dotoɣadu narin bičig-un yamun-u mongɣol dangsa ebkemel-un emkidkel. köke qota:öbör mongɣol-un yeke surɣaɣuli-yin keblel-ün qoriy-a,2003.

三 清代档案(康熙朝)

关嘉禄、王佩环译,佟永功校:《〈黑图档〉中有关庄园问题的满文档案文件汇编》,中国社会科学院历史研究所清史研究室编:《清史资料》第5辑,中华书局1984年版。

辽宁省档案馆编:《黑图档康熙朝》,线装书局2017年版。

[苏]苏联科学院远东研究所等编,黑龙江大学俄语系等译:《十七世纪俄中关系(1686—1691)》第2卷,商务印书馆1975年版。

四 清代档案(雍正以降)

台北"故宫博物院"编:《宫中档雍正朝奏折》,台北:"国立故宫博物院"1980年版。

中国第一历史档案馆编：《雍正朝汉文谕旨汇编》，广西师范大学出版社1999年版。

中国第一历史档案馆编：《雍正朝汉文朱批奏折汇编》，江苏古籍出版社1987年版。

中国第一历史档案馆、故宫博物院合编：《清宫内务府奏销档》，故宫出版社2014年版。

中国第一历史档案馆编：《乾隆朝上谕档》，档案出版社1992年版。

## 存世文献

### 经部

四书类

（明）邱濬：《大学衍义补》，国家图书馆藏明嘉靖十三年（1534）刻一百六十卷本。

### 史部

一 正史类

（元）脱脱等纂：《宋史》，中华书局1977年版。

（明）宋濂等纂：《元史》，中华书局1976年版。

（民国）赵尔巽等修纂：《清史稿》，中华书局1977年版。

二 编年类

（明）夏元吉、金幼孜等纂：《大明太祖高皇帝实录》，上海古籍出版社1983年出版历史语言研究所景国立北平图书馆藏红格本。

（明）朱纯臣、倪元璐等纂：《大明神宗显皇帝实录》，上海古籍出版社1983年出版历史语言研究所景国立北平图书馆藏红格本。

（明）朱纯臣、傅冠等纂：《大明熹宗悊皇帝实录》，上海古籍出版社1983年出版历史语言研究所景国立北平图书馆藏红格本。

（明）沈国元：《两朝从信录》，《续修四库全书》景明崇祯刻三十五卷本。

（明）金日升：《颂天庐笔》，《四库禁燬书丛刊》景明崇祯二年（1629）刻二十四卷本。

（清）佚名：《清太祖武皇帝弩儿哈奇实录》，故宫博物院1932年版。

（清）勒德洪、鄂尔泰等：《大清太祖高皇帝实录》，中华书局1985年版。

（清）希福等：《大清太宗文皇帝实录》，"台北故宫博物院"藏顺治朝汉文本。

（清）图海等：《大清太宗文皇帝实录》，中华书局1985年版。

（清）巴泰等：《大清世祖章皇帝实录》，中华书局1985年版。

（清）马齐等：《大清圣祖仁皇帝实录》，中华书局1985年版。

（清）鄂尔泰等：《大清世宗宪皇帝实录》，中华书局1985年版。

（清）《满洲实录》（满蒙汉三体），中华书局1985年版。

（清）《满洲实录》（满汉二体），辽宁教育出版社2012年版。

（清）庆桂等：《大清高宗纯皇帝实录》，中华书局1986年版。

三　纪事本末类

（清）《亲征平定朔漠方略》，《景印文渊阁四库全书》景康熙四十七年（1708）内府刻本。

四 杂史类

（明）傅国：《辽广实录》，收入潘喆、孙方明、李鸿彬编《清入关前史料选辑》第1册，中国人民大学出版社1984年版。

（明）郭湜：《东事书》，《玄览堂丛书》本，上海玄览居士1941年版。

（明）李化龙：《平播全书》，《续修四库全书》景清光绪五年（1889）王氏谦德堂刻十五卷本。

（明）彭孙贻：《山中闻见录》，收入潘喆、李鸿彬、孙方明编《清入关前史料选辑》第3辑。

（明）瞿九思：《万历武功录》，《续修四库全书》景明万历刻十四卷本。

（明）王在晋：《三朝辽事实录》，《续修四库全书》景明崇祯刻十八卷本。

（清）善巴台吉（šamba tayiji）著，乌云毕力格译注：《阿萨喇克其史》，内蒙古大学出版社2014年版。

（清）魏源撰，韩锡铎、孙文良点校：《圣武记》，中华书局1984年版。

（清）奕赓著，雷大受校点：《佳梦轩丛著》，北京古籍出版社1994年版。

五 诏令奏议类

（清）允禄等奉敕编：《世宗宪皇帝上谕旗务议覆》，《景印文渊阁四库全书》景雍正九年刻十二卷本。

（明）程开祜辑：《筹辽硕画》，《丛书集成续编》景明万历刊本，台北：新文丰出版公司1989年版。

（明）顾养谦：《冲庵顾先生抚辽奏议》，《续修四库全书》景明万历刻二十卷本。

（明）李化龙：《抚辽奏议》，《四库禁煅书丛刊》景明万历刻本。

（明）刘应节：《白川刘公奏议》，国家图书馆藏明万历刻本。

（明）宋应昌：《经略复国要编》，《四库禁煅书丛刊》景民国印明万历十七卷本。

（明）王琼：《晋溪本兵敷奏》，《续修四库全书》景明嘉靖二十三年（1544）廖希颜刻十四卷本。

（明）吴亮辑：《万历疏钞》，《续修四库全书》景明万历三十七年（1605）刻五十卷本。

（明）薛三才：《薛恭敏公奏疏》不分卷，国家图书馆藏明钞本。

（明）薛三才：《薛恭敏公奏疏》，国家图书馆藏明钞十四卷本。

（明）薛三才：《薛恭敏公奏疏》，国家图书馆藏清·山房清钞十四卷本。

（明）阎鸣泰：《剿事汗语》，国家图书馆藏明刻二卷本。

（明）杨博：《杨襄毅公本兵疏议》，《续修四库全书》景明万历十四年（1586）师贞堂刻二十四卷本。

　　六　传记类

鄂尔泰等：《八旗满洲氏族通谱》，《景印文渊阁四库全书》景乾隆九年（1744）武英殿本。

允祕等奉敕撰：《钦定宗室王公功绩表传》，《景印文渊阁四库全书》景乾隆三十年（1765）十二卷本。

　　七　地理类

（宋）马光祖、周应合等修纂：《景定建康志》，南京出版社2009年版。

（明）毕恭：《辽东志》，《续修四库全书》景明嘉靖刻本。

（明）韩濬、张应武等纂修：《嘉定县志》，国家图书馆藏明万历刻本。

（明）李辅等修纂：《全辽志》，国家图书馆藏明嘉靖刻本。

（明）栗祁等修纂：《湖州府志》，上海古籍书店1963年版。

（明）沈应文、张元芳等纂修：《顺天府志》，《四库全书存目丛书》景明万历刻本。

（明）王在晋：《海防纂要》，《四库禁燬书丛刊》景明万历四十一年（1613）自刻十四卷本。

（清）顾祖禹：《读史方舆纪要》，《续修四库全书》景上海图书馆藏一百三十卷稿本。

（清）洪肇楙、蔡寅斗等纂修：《宝坻县志》，《中国府县志集成·天津府县志辑》，上海书店出版社2004年版。

（清）牛一象、苑育蕃等纂修：《宝坻县志》，《河北大学图书馆藏稀见方志丛刊》，国家图书馆出版社2011年版。

（清）王康、臧岳等纂修：《淄川县志》，国家图书馆藏乾隆八年（1743）刻本。

（清）张钟秀等修纂：《太平县志》，国家图书馆藏乾隆四十年（1775）刻本。

（清）朱懋文等纂：《易水志》，国家图书馆藏顺治二年（1645）刻本。

八　政书类

（明）申时行、赵用贤等修纂：《大明会典》，《续修四库全书》景明万历内府刻二百二十八卷本。

（明）张燧：《经世挈要》，《四库禁燬书丛刊》景明崇祯六年（1633）傅昌辰刻二十二卷本（存二十卷）。

（明）张学颜：《万历会计录》，《北京图书馆古籍珍本丛刊》景明万历十年（1582）刻四十三卷本（存四十二卷），书目文献出版社2000年版。

（清）鄂尔泰等纂，李洵、赵德贵等标点：《八旗通志初集》，东北师范大学出版社1985年版。

（清）嵇璜等纂：《清朝通典》，浙江古籍出版社2000年版。

（清）纪昀等纂，李洵、赵德贵、周毓方、薛虹校点：《钦定八旗通志》，吉林文史出版社2002年版。

（清）崑冈等纂：《钦定大清会典事例》，国家图书馆藏清光绪二十五年（1899）石印本。

（清）托津等奉敕纂：《钦定大清会典》，台北：文海出版社景嘉庆二十三年（1818）内府刻本，1992年。

（清）托津等纂：《大清会典图》，台北：文海出版社景嘉庆二十三年内府刻二百七十卷本，1992年。

（清）伊桑阿等纂：《大清会典》，台北：文海出版社景康熙二十九年（1690）内府刻本，1992年。

（清）尹泰等纂：《大清会典》，台北：文海出版社景雍正十年（1732）内府刻本，1994年。

（清）允禄等奉敕撰，福隆安等校补：《钦定皇朝礼器图式》，《景印文渊阁四库全书》景武英殿刻二十八卷本。

（清）允裪等奉敕撰：《钦定大清会典则例》，《景印文渊阁四库全书》景乾隆二十九年（1764）武英殿本。

## 子部

一　兵家类

（明）程子颐：《武备要略》，《四库禁燬书丛刊》景明崇祯五年（1632）刻十四卷本。

（明）范景文：《战守全书》，《四库禁燬书丛刊》景明崇祯刻十八卷本。

（明）何汝宾：《兵录》，《四库禁燬书丛刊》景明崇祯刻十四卷本。

（明）栗在庭：《九边破虏方略》，台北汉学中心景日本内阁文库藏明万历十五年（1587）刊本。

（明）茅元仪：《武备志》，《中国兵书集成》景明天启刻二百四十卷本，金盾出版社1998年版。

（明）戚继光撰，曹文明、吕颖慧校释：《纪效新书》，中华书局2001年版。

（明）戚继光著，邱心田校释：《练兵实纪》，中华书局2001年版。

（明）佚名：《火龙经三集》，《中国科学技术典籍通汇·技术卷》景清刻本，河南教育出版社1994年版。

（明）周鉴：《金汤借箸十二筹》，《四库禁燬书丛刊》景明崇祯刻十二卷本。

（明）张萱：《西园闻见录》，《续修四库全书》景民国二十九年（1940）哈佛燕京学社印一百〇七卷本。

（明）郑大郁：《经国雄略》，《美国哈佛大学哈佛燕京图书馆藏中文善本汇刊》景隆武元年（1645）序刊本，广西师范大学出版社2003年版。

（清）锺方：《炮图集》，北京大学图书馆藏清钞本。

　　二　小说家类

（明）兰陵笑笑生：《金瓶梅词话》，人民文学出版社1992年版。

## 集部

（元）许谦著，蒋金德点校：《许谦集》，浙江古籍出版社2015年版。

（明）陈仁锡：《陈太史无梦园初集》，《续修四库全书》景明崇祯六年（1633）张一鸣刻三十四卷本。

（明）冯时可：《西征集》，《明别集丛刊》，黄山书社2016年版。

（明）黄克缵：《数马集》，《四库禁燬书丛刊》景清刻五十一卷本。

（明）李维桢：《大泌山房集》，《四库存目丛书》景明万历三十九年（1611）刻一百三十四卷本。

（明）熊廷弼著，李红权点校：《熊廷弼集》，学苑出版社2011年版。

（明）徐光启著，王重民辑校：《徐光启集》，上海古籍出版社1984年版。

（明）俞大猷著，廖渊泉、张吉昌整理点校：《正气堂全集》，福建人民出版社2007年版。

（明）袁崇焕著，杨宝森辑校：《袁崇焕集》，上海古籍出版社2014年版。

（明）张铨：《张忠烈公存集》，《四库禁燬书丛刊》景明刻三十五卷本（存二十九卷）。

## 民族文字图书

满文

## 经部

小学类

傅恒纂：《御制增订清文鉴》（han i araha nonggime toktobuha

manju gisun i buleku bithe），中央民族大学图书馆藏乾隆三十六年（1771）武英殿刻本。

拉锡纂：《御制清文鉴》，中央民族大学图书馆藏康熙四十七年（1708）武英殿本。

拉锡等纂：《御制清文鉴》，北京大学图书馆藏康熙四十七年刻本。

李延基：《清文汇书》，《故宫珍本丛刊》景清三槐堂书坊刻十二卷本，海南出版社2001年版。

沈启亮：《大清全书》，辽宁民族出版社2008年版。

## 史部

一　编年类

《大清太祖武皇帝实录：满文》，民族出版社2015年版。

希福等：《大清太宗文皇帝实录》（daicing gurun i taidzung genggiyen šu hūwangdi yargiyan kooli），"台北故宫博物院"藏顺治朝满文本。

巴泰等：《大清世祖章皇帝实录》（daicing gurun i šidzu eldembuhe hūwangdi i yargiyan kooli），中国第一历史档案馆藏康熙朝满文本。

马齐等：《大清圣祖仁皇帝实录》（daicing gurun i šengdzu gosin hūwangdi i yargiyan i kooli），中国第一历史档案馆藏雍正朝满文本。

二　纪事本末类

温达等撰：《亲征平定朔漠方略》满文本（beye dailame wargi amargi babe necihiyeme toktobuha bodogon i bithe），康熙四十八年殿刻本。

### 三 杂史类

御制《太祖皇帝大破明师于萨尔浒山之战事书文》(taidz'u hūwangdi ming gurun i cooha be sargū alin de ambarame efuleme afaha baita be ejeme araha bithe)，中央民族大学图书馆藏清嘉庆武英殿本。

### 四 诏令奏议类

允禄等奉敕编：《上谕旗务议覆》满文本（dergi hesei wasimbuha gūsai baita be dahūme gisurefi wesimbuhengge），东洋文库藏雍正朝武英殿刻本。

### 五 传记类

鄂尔泰等：《八旗满洲氏族通谱》满文本（jakūn gūsai manjusai mukūn hala be uheri ejehe bithe），东京大学图书馆藏乾隆十九年（1754）刊本。

### 六 政书类

尹泰等纂：《大清会典》满文本（daicing gurun i uheri kooli bithe），东洋文库藏雍正八年刻本。

鄂尔泰等纂：《八旗通志初集》满文本（jakūn gūsa tung jy i sucungga weilehe bithe），日本爱知大学藏清乾隆四年（1739）刊本。

### 蒙古文

tuba tayiji jokiyaba, öljeyitü qarγuγulju tayilburi kibe, ba baγana kinebe, *erten-ü mongγol-un qad-un ündüsün yeke šir-a tuγuči orošiba*, begejing：ündüsüten-ü keblel-ün qoriy-a, 1983.

dharim-a jokiyaba, čoyiji tulγan qaričaγulju tayilburilaba, *altan kürdün mingγan kegesü*, köke qota：öbör mongγol-un arad-un keblel-ün qoriy-a, 2013.

rasipungsuɣ tayiji ǰokiyaba, kökeündür qarɣuɣulǰu tulɣaba, *bolor erike*(*dooradu*), köke qota: öbör mongɣol-un arad-un keblel-ün qoriy-a, 2000.

## 朝鲜史料

慎成善、表沿沫等纂：《成宗康靖大王实录》，国家图书馆出版韩国国史编纂委员会 1955—1958 年（檀纪 4288—4291 年）影印本。

尹孝先等纂：《宣祖昭敬大王实录》，国家图书馆出版韩国国史编纂委员会 1955—1958 年（檀纪 4288—4291 年）影印本。

李植、蔡裕后等纂：《宣祖昭敬大王修正实录》，国家图书馆出版韩国国史编纂委员会 1955—1958 年（檀纪 4288—4291 年）影印本。

尹昉等纂：《光海君日记》（太白山本），国家图书馆出版韩国国史编纂委员会 1955—1958 年（檀纪 4288—4291 年）影印本。

李敬舆、洪命夏等修纂：《仁祖大王实录》，国家图书馆出版韩国国史编纂委员会 1955—1958 年（檀纪 4288—4291 年）影印本。

李民寏：《紫岩集》，广西师范大学出版社 2006 年版。

李民寏：《栅中日录等五篇·建州闻见录》，中国人民大学出版社 1991 年版。

佚名：《沈馆录》，《历代日记丛钞》第 9 册，学苑出版社 2006 年版。

## 俄文史料

Каменский П. К. Записка Архимандрита Петра объ Албазинцахъ, 9 генваря 1831 года в Пекине. Пекин: Типография Успенского монастыря при Русской духовной миссии, 1906.

## 近人研究

汉字（依作者姓名首字母排序）

［日］岸本美绪：《"后十六世纪问题"与清朝》，《清史研究》2005年第2期。

白初一：《内喀尔喀五部历史研究》，民族出版社2017年版。

宝音德力根：《十五世纪前后蒙古政局、部落诸问题研究》，博士学位论文，内蒙古大学蒙古史研究所，1997年。

［英］杰里米·布莱克（Jeremy Black）：《军事革命？1550—1800年的军事变革与欧洲社会》，李海峰、梁本彬译，北京大学出版社2019年版。

蔡美彪：《中国通史》，人民出版社2009年版。

蔡美彪：《清朝通史》，人民出版社2009年版。

蔡美彪：《大清国建号前的国号、族名与纪年》，《历史研究》1987年第3期。

陈捷先：《满文清实录研究》，大化书局1978年版。

陈垣：《通鉴胡注表微》，商务印书馆2017年版。

达力扎布：《明代漠南蒙古历史研究》，内蒙古文化出版社1997年版。

［日］稻叶君山：《满洲发达史》，杨成能译，东亚印刷株式会社奉天支店1941年版。

［美］狄宇宙（Nicolas Di Cosmo）：《与枪炮何干？火器和清帝国的形成》，［美］司徒琳（Lynn A. Struve）主编，赵世瑜、韩朝建、马海云、杜正贞、梁勇、罗丹妮、许赤瑜、王绍欣、邓庆平译：《世界时间与东亚时间中的明清变迁》下卷，生活·读书·新知三联书店2009年版。

杜家骥：《八旗与清朝政治论稿》，人民出版社2008年版。

［美］费正清（John K Fairbank）、邓嗣禹：《冲击与回应：从历史文献看近代中国》，陈少卿译，民主与建设出版社2019年版。

黄一农：《红夷大炮与皇太极创立的八旗汉军》，《历史研究》2004年第4期。

黄一农：《欧洲沉船与明末传华的西洋大炮》，《"中央研究院"历史语言研究所集刊》第75本（2004年），第3分。

黄一农：《明末萨尔浒之役的溃败与西洋大炮的引进》，《"中央研究院"历史语言研究所集刊》第79本，第3分（2008）。

金启孮：《金启孮谈北京的满族》，中华书局2009年版。

［加］江忆恩（Alastair L. Johnson）：《文化现实主义：中国历史上的战略文化与大战略》，郭树勇、朱中博译，人民出版社2015年版。

军事科学院世界军事研究部编：《世界军事革命史》，军事科学出版社2019年版。

李斌：《〈火龙经〉考辨》，《中国历史文物》2002年第1期。

李光涛：《明清档案论文集》，台北：联经出版事业公司1986年版。

李广廉、李世愉:《萨尔浒战役双方兵力考实》,《北京大学学报》(哲学社会科学版)1980年第4期。

刘家驹:《清朝初期的中韩关系》,台北:文史哲出版社1986年版。

刘小萌:《清通鉴》第1册,山西人民出版社1999年版。

刘小萌:《满族从部落到国家的发展》,中国社会科学出版社2007年版。

刘小萌:《清史满族史论集》,中国社会科学出版社2020年版。

罗尔纲:《绿营兵制》,中华书局1984年版。

孟森:《明清史论著集刊》,中华书局1996年版。

[美]米华健(James A. Millward):《清的形成、蒙古的遗产及现代早期欧亚大陆中部的"历史的终结"》,[美]司徒琳主编,赵世瑜、韩朝建、马海云、杜正贞、梁勇、罗丹妮、许赤瑜、王绍欣、邓庆平译,赵世瑜审校:《世界时间与东亚时间中的明清变迁》下卷,生活·读书·新知三联书店2009年版。

潘吉星:《天工开物校注及研究》,巴蜀书社1989年版。

[美]彭慕兰(Kenneth Pomeranz):《大分流:中国、欧洲与现代世界经济的形成》,黄中宪译,北京日报出版社2021年版。

彭勇:《明代北边防御体制研究——以边操班军的演变为线索》,中央民族大学出版社2009年版。

强光美:《〈满洲实录〉满汉文本对勘研究》,《历史档案》2015年第4期。

三军大学编著:《中国历代战争史》,军事译文出版社1983年版。

松村润：《清太祖实录研究》，晓春译，民族出版社2011年版。

特木勒：《将帅家丁与明蒙关系——前近代内亚游牧—农耕关系重审》，《清华元史》第3辑。

滕绍箴：《清初汉军及其牛录探源》，《满族研究》2007年第1期。

乌兰：《〈蒙古源流〉研究》，辽宁民族出版社2000年版。

乌云毕力格：《十七世纪蒙古史论考》，内蒙古人民出版社2009年版。

乌云毕力格、成崇德、张永江：《蒙古民族通史》第4卷，内蒙古大学出版社2002年版。

乌云毕力格、巴拉吉尼玛主编：《土谢图汗—奥巴评传》，内蒙古教育出版社2009年版。

王涛：《清军火器、军制与战争——以旗营与淮勇为中心》，博士学位论文，复旦大学，2007年。

王锺翰：《王锺翰清史论集》，中华书局2004年版。

［日］细谷良夫：《清朝八旗制度的"gūsa"和"旗"》，《满学研究》第2辑。

谢贵安：《明实录研究》，上海古籍出版社2013年版。

谢景芳：《八旗汉军的名称及含义沿革考释》，《北方文物》1991年第3期。

姚念慈：《清初政治史探微》，辽宁民族出版社2008年版。

姚念慈：《定鼎中原之路：从皇太极入关到玄烨亲政》，生活·读书·新知三联书店2018年版。

杨海英：《域外长城——万历援朝抗倭义乌兵考实》，上海人民出版社2014年版。

杨海英：《从〈唐将书帖〉看明清时代的南兵北将》，中国社会科学出版社 2022 年版。

杨勇军：《〈满洲实录〉成书考》，《清史研究》2012 年第 2 期。

尹晓冬：《火器论著〈兵录〉的西方知识来源初探》，《自然科学史研究》2005 年第 2 期。

张建：《火器与清朝内陆亚洲边疆之形成》，博士学位论文，南开大学历史学院，2012 年。

张建：《和通泊之役与大清国的边务危机——以军机处满文档案为中心的考察》，《纪念王锺翰先生百年诞辰学术文集》，中央民族大学出版社 2013 年版。

张建：《雍正朝北路军营"鹿角兵"考》，《历史档案》2015 年第 4 期。

张建：《清入关前"黑营"与"汉兵"考辨》，《中国史研究》2016 年第 4 期。

张建：《八旗汉军火器营的创立》，《历史教学》2019 年第 14 期。

张晋藩、郭成康：《清入关前国家法律制度史》，辽宁民族出版社 1988 年版。

郑诚：《发熕考——16 世纪传华的欧式前装火炮及其演变》，《自然科学史研究》2013 年第 4 期。

郑诚：《中国火器史研究二题：〈火龙经〉与火药匠》，《自然科学史研究》2016 年第 4 期。

郑天挺：《探微集》，中华书局 1980 年版。

周维强：《明代战车研究》，博士学位论文，新竹："国立"清华大学，2008 年。

  日文（依五十音图排序）

阿南惟敬：《露清対立の源流》，東京：甲陽書房 1979 年版。

# 参考文献

阿南惟敬：《清代軍事史論考》，東京：甲陽書房1980年版。

安部健夫：《清代史の研究》，東京：創文社1971年版。

池内宏：《文禄慶長の役・正編第一》，東京：吉川弘文館1987年版。

石橋秀雄：《清代史研究》，東京：緑蔭書房1989年版。

岩井茂樹：《十六・十七世紀の中國邊境社會》，《明末清初の社會と文化》，京都：明文舎1996年版。

宇田川武久：《東アジア兵器交流史の研究——十五—十七世紀における兵器の受容と伝播》，東京：吉川弘文館1993年版。

《鉄砲伝来の日本史：火縄銃からライフル銃まで》，東京：吉川弘文館2007年版。

江嶋壽雄：《明代清初の女直史研究》，福岡：中国書店1999年版。

鴛淵一：《清初擺牙喇考》，《満鮮史論叢》，東京：稲葉博士還暦記念會1938年版。

楠木賢道：《清初対モンゴル政策史の研究》，東京：汲古書院2009年版。

久芳崇：《東アジアの兵器革命：十六世紀中国に渡つた日本の鉄炮》，東京：吉川弘文館2010年版。

杉山清彦：《大清帝国の形成と八旗制》，名古屋：名古屋大学出版会2015年版。

内藤湖南：《清朝史通論》，東京：弘文堂1953年版。

中山八郎：《明清史论集》，東京：汲古書院1995年版。

細谷良夫：《布山総兵官考》，《神田信夫先生古稀紀念論集》，東京：山川出版社1992年版。

洞富雄:《鉄砲——伝来とその影響》,京都:思文閣 2001 年版。

松浦茂:《清朝のアムール政策と少数民族》,京都:京都大学学術出版会 2006 年版。

松村潤:《明清史論考》,東京:山川出版社 2008 年版。

三田村泰助:《清朝前史の研究》,京都:同朋舎 1965 年版。

三田村泰助:《初期満洲八旗の成立過程について明代建州女直の軍制》,《清水博士追悼記念明代史論叢》,東京:大安 1962 年版。

村上信明:《清朝の蒙古旗人:その実像と帝国統治における役割》,東京:風響社 2007 年版。

陸戦史研究普及会:《中国古戦史:明と清の決戦——サルフの戦い》,東京:原書房 1967 年版。

和田清:《東亞史研究(滿洲篇)》,東京:開明堂 1956 年版。

渡辺修:《順治年間(一六四四—六〇)の漢軍(遼人)とその任用》,《清代中国の諸問題》,東京:山川出版社 1995 年版。

英文

Gábor Ágoston, *Guns for the Sultan: Military Power and the Weapons Industry in the Ottoman Empire*, Cambridge: Cambridge University Press, 2005.

Tonio Andrade, *The Gunpowder Age: China, Military Innovation, and the Rise of the West in World History*, Princeton: Princeton University Press, 2016.

Jeremy Black, *War and the World: Military Power and the Fate of Continents, 1450—2000*, New Heaven: Yale University Press,

1998.

Nicolas Di Cosmo, "The Manchu Conquest in World – Historical Perspective: A Note on Trade and Silver", *Journal of Central Eurasian Studies*, 1 (2009).

Kelly DeVries, Robert D. Smith, *Medieval Military Technology*, Ontario: University of Toronto Press, 2012.

Christopher Duffy, *Siege Warfare: The Fortress in the Early Modern World 1494 – 1660*, New York: the Routledge Press, 1997.

Mark C. Elliott, *The Manchu Way: The Eight Banners and Ethnic Identity in Late Imperial China*, Stanford: Stanford University Press, 2001.

Fang Chaoying, *A Technique for Estimating the Numberical Strength of the Early Manchu Military Forces*, Harvard Journal of Asiatic Studies, 13 (1950).

John F. Guilmartin JR., *Gunpowder and Galleys: Changing technology and Mediterranean warfare at sea in the sixteen century*, Cambridge: Cambridge University Press, 1980.

Bert S. Hall, *Weapons and warfare in Renaissance Europe: Gunpowder, Technology, and Tactics*, Baltimore: the Johns Hopkins University Press, 1997.

Ahmed S. Hashim, The Revolution in Military Affairs outside the West, *Journal of International Affairs*, Vol. 51 (1998), No. 2, pp. 432 – 433.

Robert Held, *The Age of Firearms: A pictorial history*, New York: the Harper Press, 1957.

Ray Huang, *Military Expenditures in Sixteenth Century Ming China*,

Oriens Extremus, 17: 1/2.

Iqtidar A. Khan, *Gunpowder and Firearms Warfare in Medieval India*, New Delhi: Oxford University Press, 2004.

Halil Inalcik, "The Socio – political Effects of the Diffusion of Firearms in the Middle East", in V. J. Parry and M. E. Yapp ed., *War, Technology and Society in the Middle East*, London: Oxford Press, 1975.

Paul E. Klopsteg, *Turkish Archery and the Composite Bow*, Manchester: Simon Archery Foundation, 1987.

Peter Krenn, Paul Kalaus and Bert Hall, Material Culture and Military History: Test-Firing Early Modern Small Arms, *Military Illustrated Past and Present*, Vol. 33 (February 1991).

Andrew F. Krepinevich, Cavalry to Computer: The Pattern of Military Revolution, *The National Interest*, No. 37 (Fall, 1994).

Peter A. Lorge, *The Asian Military Revolution: From Gunpowder to the Bomb*, Cambridge: Cambridge University Press, 2008.

Edward Luttwak, *Strategy: The logic of war and peace*, Cambridge, Mass: Belknap Press of Harvard University Press, 1987.

Geoffrey Parker, *The Military Revolution: Military Innovation and the Rise of the West, 1500 – 1800*, Cambridge: Cambridge University Press, 1988.

The "Military Revolution, 1560 – 1660" —A Myth? in Clifford J. Rogers ed., *The Military Revolution Debate: Readings on the Military Transformation of Early Modern Europe*, Oxford: Westview Press, 1995.

*The Army of Flanders and the Spanish Road, 1567—1659*, Cambridge: Cambridge University Press, 2004.

Geoffrey Parker ed. , *The Cambridge Illustrated History of Warfare: The Triumph of the West*, Cambridge: Cambridge University Press, 1995.

Michael Roberts, The Military Revolution, 1560 – 1660, in Clifford J. Rogers ed. , *The Military Revolution Debate: Readings on the Military Transformation of Early Modern Europe*, Oxford: Westview Press, 1995.

Clifford Rogers, The Military Revolutions of the Hundred Years War, in Clifford J. Rogers ed. , *The Military Revolution Debate: Readings on the Military Transformation of Early Modern Europe*, Oxford: Westview Press, 1995.

"Military Revolutions" and "Revolutions in Military Affairs": A Historian's Perspective, in Thierry Gongora and Harald von Riekhoff ed. , *Toward a Revolution in Military Affairs? Defense and Security at the Dawn of the Twenty-First Century*, Westport: Greenwood Press, 2000.

Mesut Uyar, Edward J. Erickson, *A Military History of the Ottomans: From Osman to Atatürk*, Santa Barbara: ABC – CLIO, LLC, 2009.

Eduard Wagner, Zoloslava Drobná, Jan Durdik, *translated by Jean Layton, Medieval Costume, Armour and Weapons: 1350 – 1450*, London: Hamlyn, 1962.

Robert C. Woosnam-Savage, *Arms and Armour of Late Medieval Europe*, London: Royal Armouries Museum, 2017.

# 跋

这册小书及其代表的清入关前史领域，在作者耕耘的不同学术园地里，优先度并不靠前，却在命运之手的操弄下，成为首册问世的作品，不禁令人感慨造化弄人。

人的命运何等奇妙，冥冥中总有股神秘力量，推动有缘人的小舟渡过万水千山，在某个港湾相会，开始一段奇妙的际遇。当我在京城的雪夜里回忆陈年往事，那些深藏在脑海里的记忆，一帧帧浮现出来，宛如冬夜海滩上的焰火，短暂欢愉过后，徒留哀伤和空虚。

时钟拨回2012年，我第一次来到东厂胡同那幢缺乏美感的苏式白楼，见到蔡美彪先生。先生迟暮，威严依旧，独享一间办公室，加之早有耳闻的学林掌故，宛如一头盘踞在山洞中的巨虎，不怒自威，令人惶恐。然而当彼此熟络，我才发现他是位乐于提携后辈的长者。那时我打算研究准噶尔汗国，和先生闲谈数次，后来某个冬日清晨，我陪先生到西单协和分院候诊，不料先生有备而来。他直言我目前主攻准噶尔史，不算好选择，不惟题目偏窄，不利于长线发展，而且有两方面不足，其一是对明清军事发展史缺乏全面认识，其二是明代蒙古史积累不够。他根据我自身情况，认为要讲"一横一纵"，"横"是要同时掌握满洲、蒙古、西域、中俄关系等几个领域，"纵"是了解元亡后，明清政治、军事史，做通贯的研究。他用力将拐杖敲打着水门汀地面，说："不要当专家，要做学者"。多年过后，回忆前尘往事，阳光射进长廊，照亮那位头戴礼帽的老人，也为后学小子指引发展的方向，恍惚如同昨日。

西风吹着窗户，磕托磕托地响着，让我想起十年前和孔小胖（孔源）初见，也是这样的冬日辰光。那时中国第一历史档案馆还在西华门内的屏风楼，夕阳西下，哥俩沿着红墙黄瓦的夹道，交换着查档后的收获，慢慢向神武门踱去。小胖简直是座宝藏，他思维活跃，总能提出新角度、新观点，令人耳目一新；理解能力又是那么敏锐，新想法无须多费口舌解释，交流格外顺畅；更可贵的是，小胖是难得的诤友，会不留情地指出逻辑上的欠缺，哪怕当时难以接受，事后细想，确有其理据，实在比一些见识短浅，虚张声势之辈强太多。2017年的某个秋夜，我在会后向他抱怨同时追逐几个领域，实在疲惫，他搂着我肩膀说："不趁年轻多做点儿，以后老了只能研究衮文会了"，二人拊掌大笑。五柳、楚狂之交，兄弟实足当之，抚今追昔，何其感伤。

天运无常，世事难料，不惟精心安排的棋局抵不过靡菲斯特的低语，那些人生路上的良师益友，也在岔路口挥手作别，隐入尘烟。早在2014年，我便打算以早期清俄冲突及"俄罗斯旗人"史，作为个人首部专著。2019年，将北京、台北相关档案网罗殆尽后，我踌躇满志，随陈开科老师赴莫斯科查档。其间六月、八月两次赴俄，皆系自费，而十七世纪档案数量颇丰，价格高企，不免为之束手。导师刘小萌研究员爱徒心切，竟从个人课题中拨付冬季赴俄经费。斯时我在某全宗内发现专门的"阿尔巴津"（雅克萨）案卷，多系前人未及寓目者，但为替恩师节约经费，仅拷贝半数归国，心想来年再复制另外一半。孰料回国未久，旃蒙作厄，档案复制就此搁浅，书稿写作竟被迫中辍。

因为原计划不幸中止，被迫改弦易辙，才有这册小书面世。那时蔡老常安慰我："学问是一辈子的事，勿争一时之长短"。我在本所师友支持下，游走蓟保、宣大、延绥、宁夏、河套、甘肃诸地，测量火器，踏勘边堡，回京则写作不倦，同时受蔡老和小胖鼓励，精读蒙古史文献，乐此不疲。孰料分别的暗影已悄然逼近。2021年初，蔡先生谢世，那位为我规划学术道路，给予我莫大帮助的学术巨人，自此阴阳两隔。同年初冬，小胖猝然撒手人寰。我强忍悲凄，带着师友、同仁的心意，送他走完从八宝山到天寿陵园的最后一程。

小时候听《文昭关》，哂笑伍员怎能一夜白头，直到我四十一岁，终于明白了。

燕歌远别，悲不自胜。二位师友的离世，令我堕入迷茫困顿，终日枯坐，诸事尽废。端赖多位师友襄助，始能脱离那段最艰困荒芜的时光。当时张广达先生将所藏几大箱俄文书籍慨然赠予，重新点燃我心中的学问之火。乌云毕力格先生应允来所作纪念蔡老的报告，让我觉得自己并不孤单。还有那些同龄好友，有人每天同我联络，谈天说地，希望驱除我的负面情绪；有人来京探望，劝我打起精神，重振旗鼓；有人主动约稿，要帮忙刊发高品质刊物；还有人设席宽慰，愿我早日走出阴霾。这些点滴心意好似黑暗迷宫中的烛光，助我熬过暗夜，

# 跋

旧曲新翻，完成这册小书，也借此机会对诸位师友的关怀合十致谢。

这册书的撰写经历了十余年断续积累，不吝指导，提供资料，协助刊发论文的师友众多，恩情实难尽述。常建华教授是我的授业师，最早激发起我对军事史、西域史地的兴趣，将言必称乔姆斯基（Avram N. Chomsky）的门外汉带上历史研究之路；毕业之后，他依然关心我的动向，在专业和生活上都照顾有加，设身处地为门生规划职业前景，情谊实难忘怀。定宜庄研究员本打算招我入历史所做博士后，不幸因波折提前退休而未果，但多年来始终对我关怀备至，视同自己的学生，亲授考据方法，引荐多位良师益友，甚至手自批订文稿。本书第四章的首节《清入关前"黑营"与"汉兵"考辨》便经她批改修订，后来刊发于《中国史研究》，而前言和结论也在她的鞭策下改成。老师为人坦荡，皎皎峣峣，人品可为世法，是我学习的榜样。

南窗下的梅瓶旁，摆着刘小萌老师所赠华俄字典。昔年我将近博士毕业，横遭变故，不知能否延续学术之路。所幸老师正想招一名兼通满、俄文的学生，主动施以援手，拯溺济困，师生缘分就此而起。多年以来，恩师待我至厚，无事不帮，无话不谈，名虽师徒，情同父子。倘若将老师扶持之事，桩桩尽述，恐怕跋文篇幅有限，将不能容。若无恩师，非但没有这册小书，更不会有今日的我。再造之德，生死肉骨，此生纵使衔环结草，终不能报。

本书撰写及修改过程中，张广达、赵志强、黄一农、欧阳泰（Tonio Andrade）、杨海英教授都曾施予援手，给出宝贵的意见和启示。乌兰老师及学友薛轶群、郭阳就蒙古文、日文资料的翻译多有襄助。赖惠敏老师、吴昕阳主编、许富翔、张楚南、卢正恒、黄振萍、蔡伟杰、张传勇诸君在资料搜集方面惠我良多。乌云毕力格、乌云高娃、汪丹、张彤、曹江红、长山、邱源媛等师友为我提供公开发表的机会。本所崔志海、陈开科研究员赤诚相待，多方照拂，我不是个善于交际的人，但他们都能曲为优容。谨在此稽首拜谢。

缘起缘灭，浮生苦海，凡人在世，毕竟不脱四谛之厄，何况我等执念极重之辈。所幸有家人倾力支持，让我在人嚣马喧的长安市上，还能维持相对体面的生活，不为柴米油盐等琐事所累，一心一意追逐学术梦想。多年以来，自己悠游史海，缺少人生规划，在人子、丈夫、父亲的角色上，做的很不称职，希望这册迟来的小书能弥补内心的些许愧疚，向他们——特别是相濡以沫二十一年，始终真情以待的妻子张丹女士，道一声谢意。

张　建<br>
2023 年 2 月 4 日<br>
于绍兴柯桥